Karl Lippegaus
Die Stille im Kopf

W0045128

Karl Lippegaus

Die Stille im Kopf
Interviews und
Notizen über Musik

*Überarbeitete und
erweiterte Neuauflage*

**Nieswand
Verlag**

Für Cecilia

Ich kannte einen Gitarristen, der nannte das Radio freundlich. Er spürte eine Verwandtschaft, weniger mit der Musik als mit der Radiostimme. Seiner Künstlichkeit. Seine Stimme, die anders war als die anderen Stimmen, die zu hören waren. Seiner Fähigkeit, über eine große Entfernung die Vorstellung von Menschen zu vermitteln. Er ging mit dem Radio ins Bett. Er sprach mit ihm. Er widersprach ihm. Er glaubte an ein fernes Radioland. Er glaubte, es niemals finden zu können, und gab sich deshalb damit zufrieden, ihm nur zuzuhören. Er glaubte sich aus dem Radioland verbannt und daß es sein Schicksal war, auf ewige Zeiten in den Radiowellen herumzustreichen, um nach jenem magischen Kanal zu suchen, der ihn in sein vor langer Zeit verlorenes Erbe einsetzte.

Sam Shepard, »Motel Blues«

Miles

Als ich durch die Tür von Zimmer 206 im Kölner Hotel »Mondial« eintrat, sah ich ihn auf dem Sofa sitzen und malen.

Sein Bodyguard Mike, ein US-Champion in Karate, schüttelte mir die Hand und führte mich herein.

»Miles, this is Karl.«

Er drehte sich zu mir um, schaute kurz über den Rand seiner schwarzen Sonnenbrille, murmelte ein »Hi, Karl!« und malte weiter.

Der Fernseher lief, durch das offene Fenster drangen Straßengeräusche von außen herein.

Ich sagte: »Sorry, ich pack' nur eben mein Bandgerät aus. Das dauert einen Moment.«

Er sagte: »O.k.«

Ich sah, daß er gerade eine neue Zeichnung begonnen hatte. In der oberen Mitte des Blattes hatte er mit einem roten Filzstift zwei Rechtecke schräg versetzt aneinander gemalt. Vor ihm stand ein grünes Glas mit Mineralwasser, an dem er von Zeit zu Zeit kurz nippte. Immer, wenn er trank, fielen ein paar Wassertropfen auf das Zeichenblatt. Er konnte nie so trinken, daß er keinen Tropfen fallen ließ. Ich dachte, das kommt von seiner zerschundenen Oberlippe. Noch nie hatte ich einen Menschen mit solchen Lippen gesehen. Über vierzig Jahre lang hatte er die Trompete an den Mund gepreßt und gespielt, bis er nicht mehr konnte. Sein Solo im ersten Teil der Filmmusik zu »Jack Johnson« könnte eine der vielen Narben verursacht haben oder die tour de force in »Solea«, wo man glaubt, er will gar nicht mehr aufhören zu spielen. Vor mir saß Miles Davis, der »Prince Of Darkness«, wie sie ihn nennen. Der berühmteste Jazztrompeter seit Louis Armstrong, von Duke Ellington auf eine Stufe gestellt mit Pablo Picasso, für mich und andere einer der größten Musiker unserer Zeit.

Er saß da und malte.

Ich sagte: »Können wir den Fernseher vielleicht etwas leiser drehen? Das Interview soll im Radio gesendet werden.«

»O.k.«

Mike stand auf und drehte den Ton ab.

»Willst du auch das Fenster zu haben?«

»Wäre gut.«

Das Fenster wurde geschlossen.

Inzwischen lief das Bandgerät. Ich vergaß gleich erstmal alle meine Fragen, die ich mir seit Stunden zurechtgelegt hatte, starrte auf die Zeichnung und fragte: »Malst du viel, Miles? Ich hab' gehört, das ist eine von deinen Lieblingsbeschäftigungen.«

»Ich mache jeden Tag Skizzen. Eine Freundin von mir ist Malerin. Die hat mir gesagt: ›Miles, du mußt jeden Tag malen. Und das erste, was du hinkriegen mußt, ist deine Linienführung.‹«

»Hast du dir das Malen selber beigebracht?«

»Nein. Unser Vater hat uns das gezeigt. Als ich klein war.«

»Und seitdem malst du?«

»Wir haben immer viel gezeichnet. Mein Bruder kann alles zeichnen, was er sieht. Ich muß mir was ausdenken.

Wir malten Sachen aus Comicbüchern ab, bestimmte Charaktere, die wir ummodelten. Wie man das mit manchen Bildern so macht. Man dreht sie um! So ging's los.

Wenn man einfach das malt, was man sieht, dann wird das schon o.k., wenn man es auch mal umdreht.

Die Leute können ihr Gesicht verziehen und ›straight‹ aussehen. Du kannst die Sache aber auch umdrehen.«

»Ich kenne noch einen Musiker, der ebenfalls viel malt, und der hat mir gesagt, es würde ihn völlig entspannen. Er käme sich danach wie ausgewechselt vor.«

»So läuft das. Und das hat was mit Balance zu tun. Balance!

Wie eine Komposition! Auch die muß ausbalanciert sein..., auf die eine oder andere Art.

Manche Künstler fangen mit einer Sache genau in der Mitte des Papiers an. Ich habe andere malen gesehen, die mit ihrer ›Komposition‹ am äußeren Rand des Blattes anfangen. Ein Teil der ganzen Komposition ist nur am äußersten Rand! In New York hab' ich so ein Bild im Museum gesehen. Ich mag diese Idee.«

»Wer sind die Maler, die dich gegenwärtig am meisten interessieren, Miles?«

»Ich mag Paul Jenkins. Er ist ein New Yorker Künstler. Und Anthony Quinn, den Schauspieler, du kennst ihn. Er malt im selben Stil wie Picasso. Zu meinem Geburtstag hat er mir ein Bild geschenkt, weil er ›Sketches Of Spain‹ so liebt, wie er mir sagte. Er hat mich eingeladen, ihn zu besuchen und ihm beim Arbeiten zuzuschauen. Das ist gut, aber ich werde das nicht machen. Ich weiß, daß ein Künstler gern alleine ist, zumindest trifft das auf einige zu. Aber er ist ein großer Künstler.«

»Kennst du diesen französischen Film über Picasso, wo er auf eine Glasscheibe malte und hinter dem Glas die Kamera stand? Der Zuschauer im Kino meint, Picasso hätte direkt auf die riesige Kinoleinwand gemalt...«

»Ich mache das vielleicht in meinem nächsten Video. Das ist eine gute Idee.«

»Als ich die neue LP ›Tutu‹ hörte..., da ist viel mit Overdubbing gearbeitet worden, nacheinander viele Spuren, die dann zusammengemixt wurden... Das hat was mit Malerei zu tun. In dem Film, den ich eben erwähnte, sieht man, wie Picasso ein Bild anfängt und dann so oft darüber malt, daß schließlich etwas ganz anderes entsteht als das Motiv, mit dem er angefangen hat. Beim Overdubbing oder Playback werden ja auch quasi Schichten übereinandergelegt..., Ton-

9

schichten, könnte man vielleicht sagen... Was in der Musik noch relativ neu ist, hat man in der Malerei schon viel früher gemacht.«

»Heute wird viel damit gearbeitet. Jemand wie Chaka Khan singt selbst den Chor zu ihrem Sologesang. Ich spiele gerne durch Overdubbing mit mir selber zusammen. Das ist eine nette Sache.«

»Es gibt Leute, die meinen, daß durch soviel technischen Einsatz viel an Spontaneität verlorengeht.«

»Es bringt mehr *rein!* Du kannst Fehler machen. Und du kannst diese Fehler *benutzen,* um andere Sachen zu machen! Das ist es, was Spontaneität ausmacht! Wenn du etwas nimmst, was total von dem abweicht, was du normalerweise spielst, und das in einen neuen Zusammenhang bringst! Auch wenn es nur, SHHHHHHT, so kurz ist. Weißt du, was ich meine?«

»Ja. Das erinnert mich an das, was Gil Evans mal gesagt hat: ›Es gibt nicht sowas wie eine Note, – es kommt nur darauf an, was du ihr folgen läßt, was kommt danach?‹«

»Richtig. Der erste Sound steht in einer Beziehung zum folgenden. Es kommt darauf an, wie du die Dinge ineinander führst.«

»Das neue Album muß eine Menge Arbeit gekostet haben. Allein das Programmieren der Computer mit all diesen verschiedenen Sounds. Wie lief das ab?«

»Marcus (Miller) hat das gemacht. Er und Tommy LiPuma, der Produzent. Marcus ging ins Studio und fing an. Als ich hinkam, war schon alles vorbereitet. Die Basis war schon da. Und wenn es da was zu verändern gab, haben wir es verändert. Oder wir haben bestimmten Passagen mehr Ausdruck im Ensemble gegeben, solche Sachen... Im Grunde war alles schon fertig. Ich habe hier und da gespielt. Das gab überhaupt keine Probleme.

Wenn du hingegen mit acht oder neun Musikern zusammen im Studio bist, dann hast du Probleme, also dann hast du sofort Probleme!«

»Welche Probleme?«

»Sind die Herren zu früh aufgestanden? Haben sie das, was sie brauchen? Alles sowas. Ist das Tempo o.k.?

Wenn ihnen das Tempo nicht paßt, nehmen wir die Schlagzeugmaschine. Wenn man die Maschine richtig benutzt, kann man den Drummer zur Maschine spielen lassen. Dann nimmst du die Maschine wieder weg!

Ich hab' viel Geld investiert, um dem Drummer zu erklären, wie er spielen soll und damit er nicht falsch spielt. Die Kerle werden so selbstsüchtig.

Es ist die schlimmste Sache auf der Welt, wenn man jemanden *in the now,* im Jetzt, erwischt, wie Gil (Evans) das nennt. Das heißt, du willst weder spielen, noch willst du untätig herumsitzen. Also spielst du, obwohl es eigentlich nichts bringt. Du willst schlafen und gleichzeitig wach bleiben...

Gil hat mich eines Tages angerufen und gesagt: ›Du warst mir immer ein guter Freund. Bababababa... Durch all die Jahre hindurch. Bababababa... Und vielen Dank auch, für alles. Bababa...‹

Ich rief seine Frau an und sagte: ›Anita, was ist mit Gil los?‹ Sie sagte: ›Er hat ein bißchen was von einer künstlichen Droge genommen.‹

Ich sagte: ›Hast du Tranquilizer da? Also, dann gib ihm vielleicht direkt mal gleich vier von den Dingern!‹

Ich warte eine Weile. Dann rief ich ihn wieder an. Ich sagte: ›Gil, sag mal, was war eigentlich mit *dir* los, als du mir plötzlich all deine Goodbyes übermittelt hast?‹

Er sagte zu mir: ›Ich will aufstehen und mich hinsetzen. Ich will schlafen gehen, bin aber nicht müde. Und wenn ich mich so fühle, dann bin ich *in the now,* im Jetzt.‹«

Miles hörte auf mit dem Malen und nippte an seinem Glas. Er nahm seine Sonnenbrille ab und rieb sich die Augen.

»Weißt du, wenn du sowas von einem Musiker aus der Rhythmusgruppe bekommst, wenn du auf einmal diesen *Nicht-Beat* kriegst, wo auf einmal überhaupt *nichts* passiert, kein Beat, nichts, zwischen allem passiert auf einmal überhaupt nichts, dann ist das so ziemlich das schlimmste Gefühl der Welt. Und da kannst du dir dann nur noch sagen: ›Ooohhssshitt!!!‹«

Seine rauhe Stimme schlug beim letzten Satz in ein kaum noch hörbares Krächzen um.

»Du fühlst dich so seltsam. Du kannst nicht weiterspielen, und du weißt auch nicht, wie du aufhören sollst, denn das klänge komisch...«

Er trinkt wieder aus seinem Glas und starrt durchs Fenster.

Dann sagt er: »Tja, und deshalb haben wir eines Tages die Maschinen reingebracht. Ich hab' dem Drummer gesagt, er soll mal damit spielen. Wenn man sie nicht mehr braucht, kann man die Maschine ja auch wieder rausnehmen.«

Miles beugte sich wieder über seinen Zeichenblock, wählte eine neue Farbe für seinen Filzstift aus und malte kleine Zellen, die wie Bienenwaben aussahen. »Wir nehmen drei oder vier Rhythmen und programmieren die Maschinen damit. Und dann wird gespielt!

Oder du nimmst erstmal nur einen Rhythmus auf, in den du mit einem zweiten einbrechen willst! Der wird dann einfach darüber gelegt, und zwischen beiden wird blitzschnell umgeschaltet! Zuerst nimmst du die Baßtrommel auf, deren Schläge an bestimmten Stellen akzentuiert werden sollen: Nicht jetzt, sondern (er klatscht in die Hände): Jetzt!!! Genau in dem Moment bringst du den Akzent rein. Das kann man durch Knopfdruck machen.

Bei den Schlagzeugern kommt es oft vor, daß sie nicht mit den Maschinen zusammen spielen können. Und wenn sie allein spielen, halten sie das Tempo nicht...

Al Foster brachte mal in einem Stück für ›You're Under Arrest‹ den ganzen Kram dermaßen durcheinander, daß wir wieder ganz von vorne anfangen mußten. Ich hab' dann meinen Neffen als Drummer 'reingeholt.

Aber im Grunde brauchst du all diese vielen Leute im Studio gar nicht. Marcus hat mir alle Stücke für ›Tutu‹ nach Hause geschickt, jedenfalls die Skelette... Ich hab' mir das alles angehört. Und wo ich was geändert haben wollte, haben wir's geändert. Es läuft auf jeden Fall so viel besser, als wenn du ständig acht verschiedenen Individuen im Studio gegenüberstehst. Wir arbeiten jetzt viel mit den Maschinen. Und dazu holen wir uns ein paar Handtrommler ran.

Man kann so viel Geld verlieren mit diesen Sachen, da muß man dran denken, auch an die Moden und an all das.«

Er malte seelenruhig weiter, ohne ein Wort zu sagen. Keiner sagte was. Allmählich war mir klar geworden, daß man Miles Davis nicht interviewen kann. Entweder er redet, oder er redet nicht. Heute schien er in bester Laune zu sein. Seit seiner Heirat mit Cicely Tyson geht er wesentlich freundlicher mit Journalisten um. Aber ich hatte nicht erwartet, daß er so lossprudeln würde. Der Zettel mit den vielen Fragen blieb in der Tasche. Miles bestimmte, worüber geredet wurde.

»In Dänemark hatten wir einen Bassisten, der verstand einfach überhaupt nicht, wovon ich redete. Und wenn er dann endlich mal was kapiert zu haben schien, konnte er's nicht spielen. Trotzdem, das Stück, das wir mit Palle (Mikkelborg) in Dänemark gemacht haben... Wie hieß es noch? Warte... Ach, ›Aura‹! So hieß es, ›Aura‹. Das ist ein sehr gutes Stück, ein wunderbares Stück. Das ist so gut, das wird ewig bestehen. George Butler (CBS Records) hat's gefallen, und er hat zu mir gesagt: ›Miles, wir werden es nennen: *Contemporary Jazz.*‹ Ich hab' ihm gesagt: ›Das werdet ihr nicht tun.‹ Denn dieses Stück wird *ewig* halten.

Ich mußte mein eigenes Geld reinstecken, damit wir es zu Ende bringen konnten.«

»Aber du hast jetzt dadurch alle Rechte an den Bändern und kannst genau bestimmen, was damit passiert!«

»Ja. Aber es wird nur dann rauskommen, wenn es die richtige Präsentation kriegt. Das ist wichtig. Nicht einfach die Dinge in eine Kategorie ›Jazz‹ reinquetschen. Die Leute bei den Plattenfirmen haben keine Ahnung, wie sie diese Art von Musik verkaufen sollen. Das ist einer der Gründe, warum ich Columbia verlassen habe. ›Time After Time‹ war schon vier Monate lang fertig, bevor *sie* es zum ersten Mal hörten.«

»Dieser Song war ja schon lange, bevor er auf Platte erschien, ein Hit in deinen Konzerten. Die Leute schrien auf, wenn du die ersten Töne von der Melodie anspieltest!«

»Ja. Aber George brachte die Platte nicht raus. Er sagte: ›Du hast noch keine ganze LP fertig.‹ Das hat er zu mir gesagt, obwohl er den Song überhaupt noch nicht kannte. Dann war er in Montreux, hörte ihn im Konzert und war völlig hin. Er kam an und meinte: ›Wir *müssen* dieses Lied aufnehmen.‹ Ich sagte: ›George, es ist längst fertig. Du hast es nie gehört. Vor vier Monaten war es schon da. *Ich hab's dir gesagt!*‹ Er meinte, wir sollten es mit älterem Material von ›Decoy‹ als LP neu rausbringen. Ich sagte: ›Nein.‹ Und ein Jahr danach war die Platte immer noch nicht draußen!«

»Vor kurzem sah ich ein Video von deinem Auftritt beim Montreux-Festival 86. Es passiert ja selten, daß du einen Gastmusiker für die Zugabe auf die Bühne kommen läßt. Aber es war sehr interessant zu sehen, wie David Sanborn mit euch gespielt hat.«

»Er ist ein guter Musiker, der schnell kapiert. Aber weißt du, diese Leute werden immer so schnell nervös und wollen ihre Technik auf dem Instrument demonstrieren... Technik muß man vergessen können.

Deshalb war es nicht länger möglich, Mike Stern in der Band zu haben. Er kam immer wieder mit denselben Sachen an. Es war so, wie ich das eben im Zusammenhang mit den Drummern gesagt habe, wenn etwas kein Tempo hat und zwischen zwei Dingen einfach *nichts* passiert.

Mike spielte Ganztöne, die er über längere Strecken ausklingen ließ. Sie paßten aber nicht zu dem, was die Band spielte. Ich sagte: ›Mike, du hörst nicht zu!‹

Mein Sohn hat zu mir gesagt, er wolle Musiker werden. Ich hab' ihm erklärt, daß er als Musiker auf vieles verzichten muß...«

»Auf was zum Beispiel?«

»Auf Sachen, die ihm Spaß machen. Frauen, und all das... Ich weiß nicht, wie er das macht, ich hab' erst mit siebzehn zum ersten Mal mit einer Frau geschlafen. Und das war noch nicht mal eine besonders tolle Leistung von mir. Ich dachte, ich hätte ein Ei gelegt, hab' mich umgedreht und bin eingepennt. Für mich drehte sich alles nur um Musik. Man muß ein bißchen selbstsüchtig sein, wenn man groß rauskommen will. Meinem Sohn hab' ich gesagt: ›Wenn du wirklich Musiker werden willst, dann mach' keinen Bullshit. Beim Lernen kann ich dir helfen.‹ In der Schule lernt man in erster Linie das, was andere Leute komponiert haben. Man lernt andere Musik und die spielerischen Fähigkeiten von anderen Musikern kennen. Dieser Mann kann das spielen, ein anderer spielt jenes. Ein Musikstück erfordert bestimmte Dinge. Und wenn mir das alles überhaupt nicht gefällt, kann ich immer noch was anderes machen. Um das herauszufinden, geht man in eine Schule. Aber wenn einer gut Englisch kann, heißt das noch nicht, daß er Englischlehrer sein will.

In jedem Fall sollte man als Musiker bereit sein zum Lernen.

Mann, als ich zur Schule ging, hab' ich alles versucht, um da so schnell wie möglich wieder *rauszukommen.* Wie? Indem ich versuchte, in allen Fächern die besten Noten zu kriegen. Ich hatte in allen Fächern A- oder sogar A-Plus- Noten. Bloß, um rauszukommen aus dieser von Weißen beherrschten Provinz, wo man als Schwarzer nicht in ihren Bussen fahren konnte und nicht in ihre Bibliotheken reingelassen wurde. Also, ich kann dir sagen, ich war so überrascht, als ich zum ersten Mal nach New York kam und sah, daß die Columbia-Universität direkt in der Nähe des Gettos lag!«

Miles nimmt die Sonnenbrille ab, sieht zur Zimmerdecke hoch und lacht.

»Ich dachte, in New York würden alle wie Dizzy und Charlie Parker spielen. Ich hörte John Kirby im Radio und dachte: ›Was für ein toller Trompeter!‹ Ich erzählte Dizzy davon, und der sagte: ›Das war ich! Charlie Shavers war krank, da bin ich einfach für ihn eingesprungen.‹ Und ich hatte wirklich auch gedacht, daß in New York alle so spielen würden wie er. Dabei gab's nur drei bis vier Trompeter in der Stadt, die von dieser Sorte waren.«

»Hattest du einen richtigen Lehrer für das, was du damals mit der Band von Charlie Parker gespielt hast?«

»Nein. Ich hatte die ganze Arbeit mit der Band.«

»Du hast mit ihnen geprobt, vom Klavier aus, wenn Parker weg war!«

»Ich probte mit ihnen, weil ich wußte, was Bird spielen wollte. Hab' ihnen die Akkorde erklärt. Parker wollte mir nie was sagen. Deshalb hab' ich ihn mal gefragt: ›Bird, was sind die Akkorde für *Confirmation?*‹ Er schrieb sie auf. Ich sah mir das an und sagte: ›O.k., vergiß es.‹ Denn wenn ich die dem

Pianisten Duke Jordan gezeigt hätte, dann hätte der Kerl noch mehr durcheinander gebracht, als er ohnehin schon falsch machte. Er spielte einfach immer an den falschen Stellen!

Max, unser Drummer, hat ihm gesagt: ›Duke, du schuldest mir einen Takt und zwei Schläge.‹ Es gab Krach, und Max wollte ihm einen Aschenbecher an den Kopf werfen. Er kommt aus Brooklyn, da herrschen schon mal andere Sitten. Aber man konnte auch nicht rumbrüllen, wenn jemand mal soviel Mist machte wie Duke. Zu der Zeit war jeder *cool*. Keiner wollte den anderen wissen lassen, daß er keine Ahnung hatte. Wir spielten ja sowieso eine seltsame Musik. Alle sagten: ›Was?‹ Sollten wir uns das gegenseitig auch noch sagen? Dann hätte es direkt geheißen: ›Die Typen wissen noch nicht mal selber, was sie sich da zusammenspielen!‹

»Welchen Einfluß hat Charlie Parker damals auf euch gehabt?«

»*Bird ließ jeden weit über das hinausgehen, was er sonst spielte.* Max bringt heute nicht mehr die Sachen, die er damals gespielt hat. Ich hab' ihn nie wieder so spielen gehört. Schon mit Clifford Brown spielte er mehr oder weniger die gleichen Sachen. Die ganze Rhythmusgruppe hat nach ihrer Zeit mit Parker nicht mehr so geklungen. *Parker brachte einen so zum Spielen!!!* Man konnte nicht anders, man mußte es probieren, man konnte nicht aufhören, man mußte lernen. Und Parker tat ja nie den Mund auf! Mit mir hat er nicht geredet! Ich war einfach da. Und das war gut. Er ließ mich lernen.«

Miles schaut erst Mike an, der am Fenster sitzt, dann trinkt er einen Schluck. Und wieder fallen ein paar Tropfen auf seinen Zeichenblock, die er rasch abwischt.

»Ich kann das heute nicht verstehen. Ich sag' zu meinem Neffen, ich sag: ›Vincent, wenn du irgendwas nicht spielen kannst, dann geh nach Hause und üb'. Wenn du darauf soviel

Zeit verwenden würdest, wie du dir nimmst, um mit all diesen Frauen rumzubumsen, dann wärst du ein Wahnsinnsdrummer.‹ Hab' ich ihm das nicht gesagt, Mike? Hab' ich ihm das nicht gestern noch gesagt?«

»Ja, das hast du«, sagte Mike. »Mehrmals.«

»Ich meine, er soll doch nur mal ein bißchen von der Zeit opfern. Die Mädchen würden schon noch da sein. Und im nächsten Jahr gäbe es dann auch wieder einen Schwung neue...

Ich sag' dir, *ich* wäre gestorben, wenn Bird mir gesagt hätte: ›Du hast es vermasselt!‹ Ich hätte...«

Er imitiert mit der rechten Hand eine Pistole und drückt ab.

»War Parker eine Autorität, ein Freund...?«

»Er war einfach ein Genie. Und wie alle Genies ist er sehr gierig gewesen. Er tat einfach alles zu viel. Coltrane, Bird, Billie Holiday und die anderen... Wer weiß, wenn man die Drogen damals legalisiert hätte, wäre Bird vielleicht noch am Leben. Aber von dem Zeug loszukommen, wieder dranzugeraten: Es macht einem die Lungen kaputt, Bird hat sich zweimal schwer in die Zunge gebissen... Sie schickten ihn nach Camarillo, für eine Entziehungskur. Ich bin in eine Band kurzfristig eingetreten, um da hinfahren und ihn besuchen zu können. Ich wollte sehen, wie es ihm ging. Er sah mich nur an und sagte kein Wort. Sie gaben ihm eine Schockbehandlung. Mit Elektroschocks... Wenn Bird noch da wäre, er wäre immer noch den anderen so weit überlegen!

Bud Powell ist dasselbe passiert wie ihm. Aber Bud hatte diesen Drive, und er versuchte zu spielen, trotz allem wollte er immer noch spielen. Aber ich konnte bei ihm den Hügel erkennen, so wie man in der Boxersprache sagt: ›Er ist über den Hügel gegangen!‹ Als Außenstehender kann man sowas nicht erkennen, aber ein Fighter kann das bei anderen sehen.«

Das Gespräch über Charlie Parker hat anscheinend viele Erinnerungen wachgerufen. Miles erzählt von Stücken, die sie zusammen gespielt haben. Er singt die Melodien vor und schlägt mit der Hand den Rhythmus dazu. Dann erklärt er uns den Aufbau der Kompositionen. Wir hören ihm gespannt zu, und plötzlich muß er lachen.

»Ihr seht mich an, als wüßtet ihr genau, wovon ich rede. Es kommt darauf an, wie man *auf* dem Beat spielt. Entweder du hast es drauf, oder du hast es nicht drauf. Bird wußte, wie man spielen muß. Das machte ihn so außergewöhnlich. Er konnte so *gut* spielen und auch noch so *laut!* Er konnte schnell spielen, und du hörtest ihn die ganze Straße hinunter!

Wir spielten mal in Indiana oder Chicago, da war Bird schon total abgefuckt. Drei oder vier Jahre später sagte er zu mir, es habe ihm damals so leid getan, daß er nicht mehr alles habe geben können.«

»Hörst du dir die alten Platten noch an, die ihr zusammen aufgenommen habt?«

»Ich hab' gerade noch eine gehört, bevor ich hierher gekommen bin. Und ich, ich hatte fast vergessen, wie *fabelhaft* er war! *Sogar verglichen mit jemandem wie Coltrane!* Bird hatte drei bis vier verschiedene Stile, in denen er spielen konnte. Diese Sachen mit den halben Phrasen, die Sonny Rollins später auch gemacht hat. Heute spielt Sonny nicht mehr so, aber er würde es tun, wenn du ihn danach fragen würdest. Ich hab' irgendwann herausgefunden, daß Birds Vater ein Steptänzer gewesen ist. Daher kamen diese Dinge in seiner Musik, die Steptänzer tanzten so! Das war für Saxophonisten eine sehr interessante Sache. Es war was anderes. Lucky Thompson spielte mit uns ›Moose The Mooche‹ und wurde fast hysterisch wegen der Art, wie Bird das Stück notiert hatte. Wenn du dir das mal ansiehst, das sieht ganz schön seltsam aus.

Ich war damals sehr eingespannt in das, was da ablief, und ich war musikalisch sehr gefordert, um Bird was anzubieten, das zu ihm paßte. Ich bin erstaunt darüber, wie gut ich den Rhythmus damals mithalten konnte. Wenn wir mit dieser Wahnsinnsgeschwindigkeit spielten, dann konnte ich zwei Chorusse lang so spielen, und für den dritten fummelte ich mir dann noch irgendwas zusammen.

Meine Sachen waren nicht vorprogrammiert, aber ich dachte viel über alles nach.

Einige von diesen Aufnahmen waren in Ordnung. Aber es ist schwer, sich das heute noch anzuhören, denn jetzt spielt jeder so. Damals konnte keiner so spielen wie wir, auch nicht so schnell. Bird spielte so, aber er kam ja auch aus Kansas City und hatte mit Jay McShann richtigen *funky* Blues gespielt. Und das war so einzigartig an ihm, er konnte schnell *und* funky spielen. Einmal haben wir in einer Show in Detroit drei Stücke hintereinander in rasendem Tempo runtergefetzt.«

»Demgegenüber sind die Stücke auf deiner Platte immer in einem mittleren Tempo.«

»Das Tempo hängt vom Tag ab. Damals hörte keiner wirklich genau in die Zwischenräume hinein, also konnte man so schnell spielen. Auch waren die Balladen, die wir zu der Zeit spielten, langsamer als heute. Die Form der Ballade hat sich geändert.

Es gibt heute keine schnelle Musik. Das sind alles nur Replays von ›Donna Lee‹. Das war das erste Stück, das ich geschrieben habe. Und das ist *schnell!* Für die heutige Musik sind da zu viele Noten drin. Keiner mag das. Und es ist nicht mal nur das, keiner kann heute noch so *fühlen.* Das war o.k. für die fünfziger Jahre. Aber nicht für jetzt.«

»Glaubst du, daß die Leute bei allem, was heute auf sie einstürmt, wieder ein verstärktes Bedürfnis nach Langsamkeit haben?«

»Die Leute fühlen mehr. Es ist mehr los. Und die Musik ist sehr gemischt. Es gibt die Computer, die Synthesizer... Man hat die Möglichkeit, mit all den verschiedenen Sounds zu arbeiten. Und das mußt du schaffen, es geht nicht darum, schnell zu spielen, du mußt in den Sound der Synthesizer und der Drums hineinkommen. Man arbeitet viel mit Polyrhythmen. Es gibt Sänger, die in einem Song drei bis vier verschiedene Rhythmen haben, wenn du dir zum Beispiel mal Chaka Khan anhörst.

Ich hätte nie geglaubt, daß sie jetzt sogar schon in der Musik für die TV-Werbespots Klischees verwenden, die wir früher benutzt haben. Aber es ist so! Vor fünf Jahren habe ich im Fernsehen ein paar Sachen gehört, die besser klangen als einige von den Bands, die ich früher live erlebt habe. *Ich hätte nie gedacht, daß das mal passieren würde. Wirklich, ich hätte nie geglaubt, daß sie jemals die Art mögen würden, wie wir früher Musik machten. Aber genau das ist geschehen. Die Dinge dringen ein.* Du sitzt vor dem Fernseher, und plötzlich kommt da eine Melodie in einem Werbespot, die du am liebsten sofort aufschreiben und zu einem Song umarbeiten würdest.

Jeder hat jeden gehört, und einer bedient sich beim anderen. Aber es ist schon irre, wieviele Liebeslieder die Männer überhaupt bis heute über die Frauen geschrieben haben. Es gibt jetzt so viel Musik. Du hast alles schon gehört. In den vierziger Jahren, wenn du da mal eine gute Platte fandest, dann gab es da genug zum Aufschreiben drauf. Damals war es auch leicht, einen eigenen Sound zu haben.

Heute ist es schwer, einen Musiker zu finden, der einen eigenen Sound hat, vor allem auf dem Tenorsaxophon. Sie klingen alle wie dieser Typ, der mit Bruce Springsteen zusammen spielt. Wie heißt der Kerl?... Eh, Clarence, Big Clarence! Wie der spielen sie jetzt. Und sein Stil kam von... Wie hieß der?... King Curtis! Das war so ähnlich wie das, was

David Sanborn dann machte, und vorher gab's Cannonball! Du kannst sie praktisch alle hintereinander aufzählen – alle, außer: Prince! Du kannst immer raushören, wenn Prince spielt. Denn er hat dieses kleine Ding! Er und James Brown. Prince hat ein Timing, und die Art, wie er auf dem Beat spielt... Ich hab' nie einen so *auf* dem Beat spielen gehört seit James Hendrix! Und Marcus! Die haben alle diese Sache mit dem ersten Beat raus.

Prince ist ein verdammt guter Typ. Ich liebe das, was er komponiert. Er gehört in eine Klasse für sich. Und ich kann genau hören, wenn *er* Gitarre spielt. Auf den Platten mit The Time und mit Morris Day, wo er mitgesungen und die Firma seinen Namen nicht mit aufs Cover geschrieben hat. Ich kann hören, wo er da auch Gitarre spielt, weil er echt was anderes macht als die anderen. *Bam!! Auf dem Beat!!!* Und wenn du ihn dazu beim Spielen *aufspringen* siehst! Ich liebe sowas. Das ist James Brown. Denk' dran, wie er das gemacht hat. Wenn du so sein willst wie James Brown und ein bißchen originell dazu, gibt es nur: Prince! Und Marvin Gaye! Und Michael Jackson... Sie haben alle dieses kleine Ding.«

Miles legte den Zeichenstift beiseite und stand auf.

»I'm finished. Say: ›O.k., Miles, that's enough.‹«

Ich lachte und sagte: »O.k., Miles, that's enough.«

Er riß das oberste Blatt aus seinem Zeichenblock heraus und sagte: »Hier, Karl. Das ist für dich.«

Ich war ganz überrascht, dankte ihm und sah auf dieses Bild, das er während unseres Gespräches gemalt hatte.

Man erkennt zwei tanzende Gestalten darauf. Die eine wendet der anderen den Rücken zu. Es sieht aus, als beschwöre ein Tänzer den anderen durch seine Bewegungen, damit er auf ihn hört. Aber sowas kann man nicht mit Worten erklären. Miles Davis kann sowas malen. Oder so Trompete spielen. Er hat dieses kleine Ding. That's it.

Index
For
Karl

9/17-86

Zwischen Tür und Angel(n)

Ein Gespräch mit Paco de Lucia

Paco steht leicht genervt im knallroten Jogginganzug und schwarzen Stiefeln aus spanischem Leder in der Garderobe. Für einen vierminütigen Liveauftritt in einer dieser unsäglichen TV-Shows, die im Abendprogramm zwischen sieben und acht Uhr laufen, war er mit seiner Band angereist. Während die Show weitergeht und das Lachen des Publikums mit dem Geplapper des Moderators abwechselnd herüberschwappt, rauchen wir und trinken gemeinsam den schlechten Kaffee aus dem Automaten auf dem Flur.

»So, what do you want to know about flamenco?«

Naja, eigentlich kenne ich fast nur Platten. Die tolle LP mit den Stücken von Manuel de Falla, Sabicas mit Joe Beck und Pacos erste Live-LP aus Madrid waren die »Einstiegsdroge«. Aber im Grunde weiß ich noch immer sehr wenig über die Musik der andalusischen Zigeuner.

»O.k., let's sit down and talk.«

In brüchigem Englisch beginnt er zu reden, und ich denke an die Art, wie er und seine Musiker mit den Stiefeln beim Spielen den Takt schlugen. Die Akzente lagen ganz woanders als da, wo ich sie beim Plattenhören immer vermutet hatte. Die Musik von Paco de Lucia live zu erleben – das kann keine noch so gute Platte ersetzen, auch wenn es nur vier Minuten sind.

»Die meisten Leute haben von Flamenco keine Ahnung. Sie kennen bestenfalls das, was ihnen jemand wie Manitas de Plata darüber vermittelt, viel Tanzen und Klatschen, die üblichen Klischees. Der wahre Flamenco ist was ganz anderes. Ich glaube, kaum einer im Publikum hat außerhalb von Spanien wirklich eine Vorstellung davon, was Flamenco *ist*.

Eine sehr ernste Musik, ja sogar elitär. In Andalusien gibt

es sowas wie eine große Flamenco-Familie. Nur dort kan man den echten Flamenco finden und erleben.

Mein Image als Musiker ist vielleicht mittlerweile ein bißchen zu modern für die Art von Flamenco, mit der das Publikum Andalusiens vertraut ist. Aber im Grunde spiele ich noch immer Flamenco, auch wenn ich mit Musikern wie John McLaughlin, Chick Corea oder Al Di Meola zusammenarbeite. Ich benutzte nicht immer dieselben Rhythmen, Kadenzen und Strukturen, die der traditionelle Flamenco vorschreibt – aber das Feeling, das in den Noten liegt, ist dasselbe.

In der Welt, in der wir leben, ist nahezu alles eine Fusion oder Synthese, wenn man so will. Das gilt nicht nur im

Flamenco. Niemand, glaube ich, erfindet wirklich etwas Neues. Alles war in der ein oder anderen Form schon mal da. Es gibt einen ständigen Wechsel von Einflüssen aus anderen Kulturen und von anderen Menschen, denen man begegnet, mit denen man lebt und arbeitet. Andalusien zum Beispiel war jahrhundertelang kolonisiert, vor allem von den Arabern, die in dieser Gegend bleibende Spuren hinterließen. Der Flamenco ist eine Fusion verschiedener Kulturen; nicht nur in der Musik, sondern auch in der Lebensphilosophie der Andalusier haben sich diese Einflüsse ausgeprägt. Das kommt in ihrer ganzen Art zu denken, ihrem Handeln und der gesamten Lebensweise im Süden Spaniens zum Vorschein. Wie in der afrikanischen und indischen Musik hat jeder Lebensabschnitt eine besondere Melodie – zum Beispiel, wenn zwei Leute heiraten. Der Flamenco ertönt meistens im Rahmen eines Festes, einer Party. Man sagt, der Zigeuner sucht immer nach einer Entschuldigung, um ein Fest zu veranstalten.

Zuerst spielt man Bulérias, die haben einen sehr fröhlichen, aufmunternden Charakter. Man tanzt und singt zu den Rhythmen der Bulérias. Das geht stundenlang so weiter, bis zum frühen Morgen, wenn alle betrunken sind und eine andere Musik einsetzt. Sie ist traurig, und manchmal treten die Melodien wie Alpträume oder schwere Gedanken hervor. Manche Leute fangen an zu weinen und reißen sich die Kleider vom Leib, und eine sehr verrückte Atmosphäre kommt langsam auf. Ist der richtige Moment, um traurig zu sein, oder?

Der Flamenco entstand in Andalusien. Man sagt, daß die Zigeuner vor rund fünfhundert Jahren von Indien aus nach Spanien kamen. Sie sind äußerst sensible Menschen, künstlerisch sehr begabt und höchst musikalisch. Wenn sie sich irgendwo ansiedelten, in Andalusien, Ungarn, der Tschechoslowakei oder Rußland, wuchsen sie förmlich in die lokale Volksmusik hinein, brachten ihre Musik mit und absorbierten das Neue. So prägten sie auch die Musik Andalusiens mit ihrer Persönlichkeit, ihrer Art des Fühlens und bewirkten, daß diese Musik ungeheuer raffiniert und subtil wurde. Der Flamenco übertrifft in seiner Expressivität alles, was sonst in Spanien an traditioneller Musik vorhanden ist. Dabei muß man wissen, daß wir in Spanien noch immer eine sehr reichhaltige Folklore besitzen. In allen Teilen des Landes gibt es einen großen Vorrat an traditionellen musikalischen Ausdrucksformen. Aber der Flamenco ist die stärkste. Die Zigeuner, die aus Andalusien auf der Suche nach besseren Arbeits- und Existenzmöglichkeiten in die Industriestädte des Nordens abgewandert sind, haben ihr musikalisches und kulturelles Gepäck mitgenommen und lassen dort wiederum etwas Neues entstehen. Die Rhythmen verändern sich und kommen auf einmal anders zum Ausdruck als in Andalusien.

Das ist ja auch ganz klar. Die jungen Zigeuner hören andere Musik im Radio, sie empfangen andere Fernsehkanäle im Norden als im Süden; wenn die neuen Platten herauskommen und von den UKW-Stationen rauf und runter gespielt werden, beeinflussen sie diese neuen Klänge.

Die Zigeuner haben ein sehr großes Solidaritätsgefühl. Sie fühlen sich wirklich als eine Rasse, sie lieben das, was sie tun; und nur das, was innerhalb ihrer Gemeinschaft passiert, hat für sie eine echte Bedeutung. Sie akzeptieren keine andere Lebensform für ihr Volk. Die Kultur der Leute, die nicht zu dieser Familie oder Gemeinschaft gehören, lehnen sie im Grunde ab. Wir alle wissen, daß der amerikanische Einfluß heute die moderne Welt regiert, nicht nur hier bei euch in Deutschland, auch in Spanien. Aber ich muß sagen, um den Flamenco ist es mir bei dieser Sache nicht bange. Wie ich schon sagte: Sie leben in einer anderen Welt, sehr geschlossen unter sich, mit ihrer eigenen Moral in allen Lebensfragen, anderen Wertmaßstäben und einer sehr individuellen Philosophie. Unsere westliche Kultur wirkt auf sie geradezu lächerlich – die okzidentale Kultur und was wir dafür halten. Sie berufen sich also auf diese sehr starke Tradition und akzeptieren zum Beispiel auf musikalischem Gebiet nichts anderes als nur Flamenco. Das hat natürlich seine zwei Seiten; aber ich sehe, daß sowas möglich ist.

Es gab eine ziemliche Aufregung, als in meiner Band plötzlich jemand anfing, Flamenco auf einem E-Baß zu spielen! Da gab es Leute, die heftig protestierten, als Carlos Benavent loslegte. Aber ich glaube, der Musiker macht die Musik, und nicht umgekehrt. Ich will damit sagen: Es spielt im Grunde keine Rolle, auf welchem Instrument du spielst – das Instrument ist nur das Vehikel, ein Mittel, um dich auszudrücken, die eigenen Empfindungen nach außen mitzuteilen. Einen Bassisten im Kontext dieser Musik zu hören war für viele so etwas wie ein Sakrileg. Aber die jungen Flamencofans haben die Sache akzeptiert und sehr gut verstanden, einfach, weil der Typ, der den Baß spielt, ein ganz hervorragender Spieler ist. Er ist dem echten Flamencofeeling sehr nah und weiß genau, was es bedeutet. Die jungen Zigeuner haben das sofort gemerkt.

Die Basis im Flamenco sind die Rhythmen, in diese rhythmischen Strukturen hinein spielen wir die sogenannten Falsettas. Die Falsetta ist eine Art Kurzgeschichte, eine kleine Erzählung. Wenn man diese Geschichte zu Ende erzählt hat, beginnt man eine neue. So folgt eine Falsetta auf die andere, viele Geschichten werden erzählt, so viele, wie wir Lust haben zu erzählen, oder in einer bestimmten Situation angebracht erscheinen. Heute abend in der Fernsehsendung haben wir Bulérias gespielt und dazu eine Falsetta benutzt, die man auf Schallplatte finden kann. Aber eine dieser Bulérias kann auch einen ganzen Abend ausfüllen.

Unserem Empfinden nach muß die Falsetta eine starke Pointe besitzen. Sie muß Witz haben; wie bei einem guten Witzeerzähler müssen die Leute am Ende was zu lachen haben. Wenn sie nicht lachen, hat der Witz nicht gezündet. Diesen Witz konntest du vergessen, schmeiß' ihn in die Mülltonne, denn er taugt nichts. Im Flamenco trifft dasselbe auf die Falsetta zu. Wenn sie wirklich gut war, ruft das Publikum am Ende: ›Olé!‹ Das ist das Zeichen, daß der Witz angekommen ist. Wenn sie nicht ›Olé!‹ rufen, hast du die Sache im Grunde vermasselt.

Im Flamenco können die meisten Musiker weder Noten lesen noch schreiben. Alles, was wir wissen, haben wir über die Tradition und durch Intuition vermittelt bekommen. Und dieses Wissen müssen wir in jedem Moment des Spielens zur Anwendung bringen.

Viele Jahre wurde der Flamenco praktisch nur mit drei Akkorden gespielt – davor war die Sache noch primitiver, und ich dachte, irgendwann brauche ich mehr Akkorde, mehr Harmonien. Aber wie sollte ich dieses Wissen vermittelt bekommen? Ich hatte mit elf Jahren die Schule verlassen. Man hatte mir ein bißchen Rechnen und ein paar andere Dinge beigebracht. Aber dann sagte mein Vater, der aus sehr bescheidenen Verhältnissen kam, daß er mir keine teure Ausbildung bezahlen könne. Ich mußte raus und meinen eigenen Lebensunterhalt verdienen. Die einzige Sache, die mein Vater mir beibringen konnte, war, Gitarre zu spielen. Ich fing so schnell wie möglich damit an und übte täglich zwölf Stunden.

In unserer Musik brauchen wir neue Harmonieverbindungen. Ich wollte alles über Akkorde erfahren, ohne nochmal zur Schule gehen zu müssen. Das beste war, mit anderen Musikern zu arbeiten, die mehr darüber wußten als ich. Zum Beispiel verwenden die Jazzmusiker sehr komplexe Akkorde in ihrer Musik. Ich tat mich also mit Jazzmusikern zusammen und lernte ihre Musik auf dieselbe Art, wie ich immer das notwendige Wissen gelernt hatte: indem ich ganz einfach mit diesen Menschen zusammenlebte, in der Welt herumreiste und mit ihnen arbeitete, von einem Konzert zum anderen.

Anfangs fühlte ich mich auf der Bühne sehr verwirrt, wie ein Außenseiter, verloren. Denn es war eine Musik, wie ich sie noch nie gespielt hatte. Die Improvisation läuft im Jazz über einem Zyklus von Akkorden, die sich in einer bestimmten Abfolge immer wiederholen. Du mußt in jedem Moment genau wissen, wo du bist; ohne das Nachdenken läuft gar nichts.
Natürlich folgte ich als Ahnungsloser den Akkorden erstmal nur nach meinem Gehör, ohne ihre Namen und Bedeutungen zu kennen und ohne zu wissen, welche Tonleiter gerade an der Reihe war. Ich spielte auf intuitive Weise. Aber gleichzeitig erlitt ich höllische Qualen und fühlte mich völlig verloren, allein gelassen. Die Akkorde kommen und gehen beim Spielen. Du hast einfach keine Zeit. Ich kniete mich also tiefer in die Sache rein – bis ich auf die Idee kam, daß es immer eine Tonleiter gab, die man für das jeweilige Stück mehr oder weniger durchgängig benutzen konnte. Da hab' ich zum ersten Mal aufgeatmet. Mann, kannst du dir das vorstellen? Vorher hatte ich immer Kopfschmerzen, der Rücken tat mir weh beim Spielen, ich hing ganz schön durch. Nachts wälzte ich mich nach dem Konzert im Bett herum und hatte Alpträume.
Wir improvisieren im Flamenco anders als die Jazzmusiker.
Das ist im Grunde die pure Anarchie, was da passiert, wir kennen keine Disziplin und keine Akkordverbindungen, an

die wir uns halten müssen. Du schaust dem anderen Spieler tief in die Augen und auf seine Hände, hörst ihm zu, was er macht, und dann spielst du mit ihm zusammen. Aber es war eine sehr aufregende Sache, als ich lernte, wie man sich in diesen Ketten von Akkorden bewegt. Irgendwann war das Eis gebrochen, eine Tür öffnete sich, und die Sache fing an, mir großen Spaß zu machen. Von dem Punkt an genoß ich es (s. »Friday Night in San Francisco« mit John McLaughlin und Al Di Meola!).

Dann kann es magisch sein, wenn alle Spieler wirklich inspiriert sind. Man ist zusammen auf einer Bühne, und plötzlich geht es los. Man merkt auf einmal, wie das Gefühl umschlägt, eine neue Dimension tritt ein. Das passiert nicht sehr oft. Manchmal aber kommt die Inspiration und fließt durch dich hindurch. Du hebst total ab, und alle Noten, die du spielst, klingen irgendwie richtig und schön. Das kommt selten vor – aber es ist oft genug der Fall, um zu wissen, daß diese Art der Improvisation magisch sein kann.

Wir spielen täglich, um dieses Gefühl wiederzufinden, dieses rätselhafte Ding.

Was ich mache, wenn ich nicht spiele? Dann gehe ich zum Angeln ans Meer, verschwinde für ein oder zwei Monate und öffne den Gitarrenkoffer nicht ein einziges Mal. Das ist auch gut so, denn die Musik zerfrißt dir manchmal das Hirn. Du wirst verrückt dabei. Wie wir in Spanien sagen: ›It eats up your balls.‹«

Ein Besuch bei Robert Wyatt

Fitzcarraldo trifft einen Missionar im Urwald. Dieser sagt:»Wir bringen die Indianer einfach nicht von der Grundvorstellung weg, daß unser gewöhnliches Leben nur eine Illusion darstellt, hinter der sich die Realität der Träume versteckt.« Und Fitzcarraldo entgegnet:»Das interessiert mich sehr, wissen Sie, ich bin ein Mann der Oper.«

Werner Herzog, Fitzcarraldo

Es hatte Monate gedauert, bis unser Treffen in seinem kleinen Haus im Londoner Vorort Twickenham endlich stattfinden konnte. Robert Wyatt gibt kaum Interviews. Er ist es leid geworden, daß Journalisten zu ihm kommen, um ihn über seine Vergangenheit auszufragen:»Über Soft Machine und über den Psychedelic Rock im London der sechziger Jahre, – als ob das heute noch jemanden interessieren würde!« Erst mußte ich ihm telefonisch versichern, daß ich keines der üblichen Interviews machen wollte, sondern eine Radiosendung, in der er seine Lieblingsplatten vorstellen konnte.

Robert Wyatt liebt das Radio. Es ist für ihn die intensivste Verbindung nach draußen. Vor einigen Jahren erlitt er einen schweren Unfall, als er bei einer Party betrunken aus dem vierten Stock eines Hauses fiel. Seitdem ist er querschnittgelähmt. Stundenlang sitzt er in seinem Arbeitszimmer und hört über Kurzwelle die Radiosendungen aus aller Welt. Sein Lieblingssender ist Radio Havanna.

Freundlich lächelnd empfängt er mich an einem Samstagnachmittag um dreizehn Uhr an der Tür zu seinem Haus. In der Küche ist seine Frau Alfie, eine Malerin, von ihr stammen die meisten seiner Plattencovers. Robert fragt mich, ob ich

Kaffee will, und mir fällt auf, daß er niemals seine Frau um irgend etwas bittet. Ständig fährt er selber mit seinem Rollstuhl herum, bringt Brote, Kaffee und Zigaretten, während unser Gespräch langsam beginnt. Es dauert insgesamt fünf Stunden, und es hätten ohne weiteres noch weitere fünf sein können.

Während ich Bandgerät und Mikrofon aufbaue, zeigt er mir eine Liste mit seinen aktuellen Lieblingsplatten. »Das Einheitsfrontlied« von Ernst Bush, ein vertontes Gedicht von Ringelnatz, die Last Poets, Dollar Brand, Carlos Puebla und vor allem viel Folklore aus Albanien, Griechenland und Finnland. Nur zwei Pop-Platten sind dabei: »The Man Next Door« von The Slits und Spaniens Beitrag zum Grand Prix d'Eurovision 83, Remedios Amaya mit »Quien Maneja Mi Barca«. »Ein wirklich tolles Lied, mit einem Ska-Rhythmus und Flamenco-Feeling, barfüßig gesungen von einer jungen Zigeunerin, es wurde prompt ein totaler Mißerfolg in Spanien ...« Robert Wyatt ist seit den sechziger Jahren oft in Spanien gewesen und verbringt seit einigen Jahren die Wintermonate dort, wenn's in London für sein Rheuma zu kalt wird.

Seit dem tragischen Tod eines Freundes hat sich Robert mehr und mehr mit den politischen und sozialen Umständen, unter denen Musik entsteht, auseinandergesetzt. Das begann, als ein Freund, der südafrikanische Jazztrompeter Mongezi Feza, nach einer harmlosen Erkältung in London durch fehlende Hilfe erfror, ohne daß Robert davon wußte. Robert Wyatts später veröffentlichte Version des Antirassismus-Liedes »Strange Fruit«, das ursprünglich durch die schwarze Jazzsängerin Billie Holiday bekannt geworden war, gehört zum Ergreifendsten, was ich je von einem weißen Sänger zu diesem Thema gehört habe.

Zur Zeit interessiert sich Robert Wyatt u.a. sehr für Jazz aus den osteuropäischen Ländern. Stimmt es, daß die Jazzbegeisterung bei den Polen und die hochaktive Free-Jazz-Szene in der Sowjetunion mit dem starken Verlangen nach Freiheit zusammenhängt?

»Ich weiß nicht. Die Leute interpretieren immer alles auf viele verschiedene Arten. Das hängt ganz davon ab, wonach sie selber gerade am meisten suchen.

Ich bin nicht sicher, ob man solche direkten Verbindungen ohne weiteres herstellen kann. Absolut gesehen, gibt es da enorme Unterschiede zwischen Ost und West. Und man findet ja die gleiche Jazzbegeisterung wie in den osteuropäischen Ländern zum Beispiel auch in Japan.

Dort würde man dieses Phänomen einer massenhaften Begeisterung für den Jazz mit ganz anderen Argumenten erklären. Man spricht dann von der Liebe der Japaner für westliche und speziell amerikanische Populärkultur, die ebenfalls sehr intensiv und mit Bedeutungen befrachtet ist. Die gleiche Begeisterung entfachte sich auch in England nach dem Zweiten Weltkrieg, als man hier die schwarze Musik Amerikas entdeckte.

Für die Engländer hatte diese Musik eine viel stärkere Bedeutung als für die weißen Amerikaner. Das ist ja heute noch so! Die englische Revolution durch die Rockmusik in den sechziger Jahren war deshalb so stark, weil die Engländer diese Musik der Schwarzen in Amerika viel intensiver aufnahmen als die weißen Amerikaner. Für die war es immer nur die Musik gewesen, die man ›downtown‹ spielte, in den häßlichen Teilen der Großstädte. Noch immer gilt für die meisten der schwarzen Amerikaner, was der schwarze Schlagzeuger Max Roach mal gesagt hat: ›*Jazz ist zu gut für Amerikaner!*‹ Ich kann sehr gut verstehen, warum jemand sowas als Jazzmusiker sagt.«

Hat es dem Jazz gutgetan, als man ihn später in Europa zur Kunst erklärte und ihm die Tore der Opernhäuser öffnete?

»Naja, machen wir uns nichts vor. Der Jazz ist nie eine reine Straßenmusik gewesen. Meines Wissens fühlten sich schon Leute wie Sidney Bechet in New Orleans als was Besseres als die Tanzmusiker vom Lande. Und die Geschichte des Jazz ist nun mal auch die Geschichte von einigen ziemlich versnobten Leuten. Duke Ellington war ein Snob.«

Es gab aber doch auch Leute wie Lionel Hampton, die bei allen Bevölkerungsschichten ankamen und wie die heutigen Popstars gefeiert wurden!

»Das stimmt. Aber auch jemand wie Hampton hat enorme soziale Aufstiegswünsche. Der Mann hat auf der Wahlparty der Republikaner gespielt, als Ronald Reagan die Wahl zum Präsidenten gewonnen hatte!

Die Amerikaner gehen mit Dissidenten viel cleverer um als andere. Sie heißen sie mit offenen Armen in ihren Rängen willkommen – und machen dann kleine Schoßtierchen aus ihnen. Das ist natürlich auch der einzige Weg, wie man mit Dissidenten und Subversiven wirklich fertigwerden kann, indem man sie an seinen Tisch lädt.

Mit dem Jazz ist das immer so gelaufen. Es war gar keine Überraschung, daß der moderne Jazz den Zugang zur Avantgarde der zeitgenössischen Kunst in Europa fand, besonders was die Generation von Ornette Coleman betraf. Leute wie er suchen jeden Weg, um endlich reinzukommen und etwas mehr Geld zum Leben zu haben – auf der Suche nach ein paar sozialen Sicherheiten. Ich will auch mal sagen, daß ich es völlig berechtigt finde, wenn jemand wie Ornette Coleman sagt: *›Ich habe ein Recht, als Avantgardekünstler in Amerika akzeptiert zu werden. Warum nehmen sie all diese neuen Ideen ernst, wenn sie aus der Malerei, aber nicht, wenn sie aus einem Saxophon kommen?‹* Vor kurzem habe ich eine amerikanische Zeitschrift für Kunst gelesen, die sich vor allem auf Avantgarde konzentriert, den Jazz aber noch immer mit der gleichen

Abscheu behandelt wie die Viktorianer zur Zeit der Jahrhundertwende. Für diese Leute sind das noch immer Rhythmen, die so *sexy* sind, und all das ist *degeneriertes* Zeug! (Lacht.) Der Jazz ist ein Bastard, ja, eine Mischform, und von daher bezieht er ja auch seine Antriebskräfte. Die Einflüsse für diese Musik kommen von überall her.

Ich sehe erst jetzt ganz deutlich, wie eng der Jazz mit der traditionellen Musik vieler Länder verbunden ist. In der Volksmusik Osteuropas, die außerhalb Spaniens vielleicht die stärkste Volksmusik des gesamten Europa ist, gibt es genau wie im Jazz eine Gratwanderung zwischen komponiertem bzw. überliefertem und improvisiertem Material.«

In den letzten Jahren habe ich immer häufiger traditionelle Musik gehört. Vor allem die Musik aus den islamischen Ländern hat eine große spirituelle, magische Ausstrahlungskraft. In Afrika wird Musik noch heute für heilende Zwecke benutzt. All das vermisse ich in unserer europäischen Populärmusik.

»Die Menschen erwarten eine ganze Menge von Musik. Aber wir wissen im Grunde noch gar nicht so viel darüber, *welche* Art von geistiger Nahrung die Musik für den Menschen darstellt. In ein paar hundert Jahren werden unsere Wissenschaftler bestimmt viel genauer sagen können, daß Harmonien und Rhythmen tatsächlich einen sehr spezifischen Effekt auf den Zuhörer haben, auch einen körperlich heilenden Effekt usw.

Das Verlangen der Menschen nach Musik scheint sogar ihr Bedürfnis nach Luxus zu übertreffen, obwohl ich mir durchaus vorstellen kann, daß es Leute gibt, die ohne Musik leben können. Immerhin fühlen sich viele von der Musik dermaßen angezogen, daß man daraus Rückschlüsse ziehen könnte auf die Art, wie ihr Gehirn funktioniert und wie wir überhaupt miteinander kommunizieren.

Die Welt hat eine so lange und komplizierte Geschichte. Verschiedene Kulturen haben für das, womit sie sich stimulieren, verschiedene Rangordnungen geschaffen. Es mag stimmen, was du über die spirituellen und heilenden Kräfte von Musik gesagt hast, aber ich kann dir keine einfache Antwort auf solche Fragen geben.

Verschiedene Dinge haben zu verschiedenen Zeiten eine unterschiedliche Bedeutung für mich. Dasselbe Musikstück kann eine ganz unterschiedliche Wirkung auf mich haben, je nachdem, wann und unter welchen Umständen ich diese Musik höre.

Auf Radio Moskau spielten sie den ›Marche Funèbre‹ von Chopin, als Breschnew gestorben war. Nun, Chopin war ein frankophiler Pole! Was bedeutet also dieses Musikstück? Für jeden, der es spielt oder auch nur hört, hat es einen gewaltigen emotionalen Gehalt. Aber der Kontext spielt eine nicht zu unterschätzende Rolle. Solche Fragen interessieren mich mehr und mehr. Nur wenn der Kontext klar wird, kann ich wirklich sagen, ob mir etwas gefällt oder nicht.

Die heutige Discomusik hat einen ganz klar erkennbaren Background. Sie propagiert ständig nichts anderes als erotische Freuden im Non-Stop-Rhythmus. Aber das ist keine finstere kapitalistische Verschwörung, was dahinter steckt. Ich glaube, die Leute selber *wollen* das. Es ist *eine Form von Eskapismus*. Das Gleiche passiert, wenn Leute aus armen Verhältnissen religiöse Fanatiker werden. *Du steckst deinen Kopf einfach tief genug hinein in diese ekstatische Phantasiewelt, damit sich dein Körper nicht mehr so verdammt schlecht anfühlt.* Kunst und Religion können immer solche Fluchtmöglichkeiten anbieten.«

Wie stehst du zu dem Satz: ›Durch großes Leid kann große Kunst entstehen?‹

»Ich glaube, ich muß auch hier wieder sagen, daß ich keine passende Antwort darauf geben kann.

Ich weiß es nicht, ich bin mir nicht sicher. Möglicherweise kann auch in viel Luxus und Komfort große Kunst entstehen. Die Gründe, warum gerade die schwarzen Amerikaner zum Beispiel im Gegensatz zu den Westafrikanern so viele Genies im Jazz hervorgebracht haben, hängt vielleicht eben auch damit zusammen, daß sie aus einem reichen Land kommen.

Jemand hat Charlie Parker gefragt, warum er denn bloß immer sein Saxophon ins Pfandhaus brächte. Parker sagte: ›Du brauchst doch nur die Straße hinunter zu sehen. Man kann überall Saxophone kaufen. Wenn ich wieder eines brauche, werde ich bestimmt irgendwo ein Horn bekommen!‹ Mit anderen Worten, er besaß selber nicht viel Geld, aber er lebte in einem Land, wo er auf irgendeine Weise eben doch immer ein Saxophon bekommen konnte.

Ich sehe das etwas zynisch. Der Grund, warum so viele große Kulturereignisse gerade in reichen Ländern stattfinden, ist einfach der, daß diese Länder sehr reich sind. Was meinst du, welches künstlerische Potential in den armen Ländern brachliegt, weil ganz einfach die Mittel fehlen?

Zu allem, was ich jemals an Musik geliebt habe, hat das schwarze Amerika einen riesigen Beitrag geleistet. Aber das geschah *gegen,* zum Teil aber auch *mit* den weißen Amerikanern. Es wäre nett, wenn man einfache politische Erklärungen für diese Phänomene hätte, aber die Dinge sind leider sehr kompliziert.

Jedenfalls kann auch in Afrika die Musik zu einem Sprachrohr werden für Menschen, die man auf andere Weise bei uns nicht hören würde, so zum Beispiel die Musik des südafrikanischen Pianisten Dollar Brand. Die Musik, die jemand wie er macht, kann man unmöglich von der Umgebung trennen, aus der er kommt. Und was das schwarze Afrika betrifft, möchte ich noch hinzufügen, daß die USA wahrscheinlich, kulturell gesehen, immer noch weit zurückliegen würden, wenn es nicht diese zehn Prozent Schwarzen dort gegeben hätte. Dann hätten die USA wahrscheinlich in kultureller Hinsicht ein ähnliches Niveau wie z.B. Australien. Es wäre immer noch ein nahezu kolonialer Seitenfluß. Ein paar interessante Sachen passieren ja in Australien...

Ich bin bestimmt nicht der erste, der das sagt. Aber immer, wenn ich Fred Astaire tanzen sehe, muß ich an den schwarzen Tänzer Jack Bojangles denken. Obwohl Fred Astaire ein hervorragender Tänzer war, wurde das Steptanzen von den Schwarzen erfunden, aber nur die Weißen bekamen die Rollen in den großen Filmen und Musicals, das amerikanische Kino erzählt auf eine sehr akkurate Weise, wie die Mächtigen in Amerika sich selber gerne gesehen haben.

Was mit Fred Astaire passierte, wiederholte sich mit John Travolta, der wiederum aufgriff, was die Schwarzen schon lange vorher entwickelt hatten. Travolta und Astaire profitierten beide vom Rassismus in diesem Land. Was sie machten, war ein systematischer Diebstahl, der sich täglich wiederholt.

Ich kann verstehen, daß Menschen, ganz gleich welcher Hautfarbe, sich für dieselben Dinge begeistern. Natürlich gibt es heute auch einige Schwarze, die im Musikgeschäft Riesensummen verdienen. Aber die Geschichte nimmt nun mal einen bestimmten Verlauf, daran gibt's keinen Zweifel. Wenn man sich in hundert Jahren nochmal die Hollywood-Filme mit etwas Abstand ansieht, wird man feststellen, daß die Schwarzen immer nur die Rollen von Außenseitern spielten, entweder als Problemfälle oder als Opfer, aber nicht als treibende Kräfte.«

Es gibt viele Musiker, die mit Politik nichts zu tun haben wollen. Andere sind sehr stark engagiert und machen häufig schlechte Musik. Wie siehst du die Verbindung von Musik und Politik?

»Für mich ist Politik ein Weg, wie man bestimmte Dinge

erfassen kann. Mann kann etwas aus einer politischen Perspektive heraus sehen, und wenn man Freudianer ist, sieht man's unter sexuellen Aspekten. Das *muß* man nicht, aber es ist nicht bestreitbar, daß vieles im Leben einen sexuellen und einen politischen Aspekt hat. Man sucht sich selber aus, wie man was erklärt.

Zuerst interessiert mich die Musik, und dann will ich wissen, wer sie spielt. Ich erkenne, daß er nicht allein ist, sondern aus einer bestimmten sozialen Umgebung kommt, die seine Musik mitgeprägt hat. Mir ist es egal, ob jemand als ein herausragendes Genie dargestellt wird. Denn auch ein individueller Musiker wie Bach stand in engster Beziehung mit Staat und Kirche und mußte mit den Techniken arbeiten, die damals zur Verfügung standen. Man kann diese Dinge nicht isoliert voneinander sehen.

Da gibt es in Ungarn einen Bassisten, der Aladar Pege heißt und vor einiger Zeit in England auftreten sollte. Ich habe einen Freund, der Jazzprogramme für die BBC macht und diesen ungarischen Bassisten für ein Rundfunkkonzert in London verpflichten wollte. Er hatte Pege bei einem Jazzfestival in Neu-Delhi gehört und war total begeistert von seiner Musik. Also versuchte er, seine Vorgesetzten bei der BBC davon zu überzeugen, Pege für ein Konzert nach London zu holen. Das BBC-Department lehnte ab mit der ›Begründung‹, Pege sei aller Wahrscheinlichkeit nach ein Dissident und würde garantiert um politisches Asyl bitten. Aber das war völlig aus der Luft gegriffen! Der Mann ist einer der hervorragendsten Musiker in Ungarn. Er spielt nicht nur im Jazzbereich, sondern ist auch in der klassischen Musik ein sehr gefragter Mann. Aladar Pege denkt nicht im Traum daran, sein Land zu verlassen.

Das ist doch seltsam! Über Pege durfte keiner mehr reden, weil irgend jemand bei der BBC diese unsinnigen Befürch-

40

tungen gehabt hatte. Ich finde, das sagt einiges über die BBC, jenes wundervolle, angeblich so freie Radio.

Ich glaube, daß wir uns in einer schwierigen Situation befinden, was Informationen über Länder betrifft, die unsere Regierungen als Feindländer ansehen.

Ich weiß nicht, wie das in Deutschland ist. In England gibt es eine lange Tradition innerhalb der Mittelklasse, die Kunst nicht politisch sieht, sondern als Ausdruck der eigenen Persönlichkeit. Sie ist ein ›way of life‹. Künstler interessieren sich nicht für Politik, andere gehen lieber auf die Jagd oder haben andere Hobbies.

Die Mittelklasse behandelt die Künstler so, als würden sie irgendwo auf einer schönen Wolke sitzen.

In der Sowjetunion stehen Kunst und Politik in einem anderen Zusammenhang.

Es gibt eine Periode von tiefem Konservatismus, die dort um die Mitte der dreißiger Jahre herum begann. Man sagt zwar immer, nur Stalin sei für den Rechtsruck verantwortlich gewesen. Er sei der Philister gewesen, der den neokolonialistischen Stalinismus erlassen habe.

Ich glaube aber, es ist unmöglich, daß ein einzelner Mensch diese gewaltigen Veränderungen bewirkt hat. Wenn die Leute sich einen einzelnen herausgreifen, dann suchen sie damit nur einen Sündenbock. Die Sowjetunion hatte sich damals binnen kürzester Zeit so stark verändert, daß nur eine Art von Panik das Land aufhalten konnte. Man war plötzlich in einer neuen Welt, die man nicht kannte. Das Establishment wurde deshalb von einer großen Welle des Konservatismus ergriffen, danach erfaßte diese Bewegung auch große Teile der übrigen Bevölkerung, und man klammerte sich auf einmal wieder an klar erkennbare, traditionelle Werte. Außerdem stand der Zweite Weltkrieg bevor, und rund zwanzig Länder versuchten damals, die russische Regierung zu stürzen.

Die gesamte Phase von anarchischem Experimentieren wurde ersetzt durch eine Ära der systematischen Konsolidierung in Ideen und Bildern. Und ich glaube, man hätte Stalin damals in der Wiege erschießen können – es wäre trotzdem alles so gekommen, wie es kam. Rußland war im neunzehnten Jahrhundert ein Land der sogenannten ›Dritten Welt‹ und wurde plötzlich eine Industriemacht, die sich binnen kürzester Zeit auf den Beinen halten konnte. Wenn sowas passiert, erlebt das psychologische Kollektiv einen Schock, der für Länder wie die unsrigen, mit einem viel langsameren Wachstum, geradezu unfaßbar ist. Das muß man immer mit bedenken. Übrigens ist das dümmste am ›sozialistischen Realismus‹ sein Name, denn es handelte sich dabei keineswegs um den großangelegten Versuch, *realistisch* zu sein. Man wollte *idealistisch* sein. Kunst ist eigentlich nie realistisch. Das sagt schon das Wort selber. In den christlichen Kirchen sieht man idealisierte Bilder vom Leben nach dem Tod. Die Vision, die der ›sozialistische Realismus‹ entwarf, verlagerte diese idealisierten Bilder nur vom Himmel auf die Erde. Die sowjetischen Künstler versuchten damals, Bilder des zukünftigen Paradieses zu schaffen, und dieses Paradies konnte von Menschen geschaffen werden, wenn die Künstler diese Bilder lieferten. Das war das Wunschdenken des Establishments. Sie hätten gerne gehabt, daß diese idealisierten Bilder das wiedergaben, was wirklich passierte.

Im Grunde verfährt jeder Mensch so. Jeder, den ich kenne, lebt mit einer Hoffnung oder Zielsetzung, die er mit Bildern und Ikonen umgibt. Das ist völlig in Ordnung. Und da klafft immer eine Lücke zwischen dem eigentlichen Leben und dem Traum, den man im Kopf mit sich herumträgt und der wiederum das eigene Leben stimuliert. Man könnte fast sagen, die Ironie am ›sozialistischen Realismus‹ war, daß er so eine Art Wiedergeburt eines religiösen Impulses war, eine Form von sozialistischer Religion.

Alle Menschen, die ich je gekannt habe, besitzen diesen religiösen Impuls, dieses Bedürfnis nach Spiritualität und nach Inspiration *jenseits* ihres täglichen Lebens. Und wenn es auch nur Eltern sind, die durch ihre Kinder leben, indem sie sagen: ›*Meine* Kinder sollen es mal besser haben als ich!‹ Auch das ist eine Form von Religion.

Gertrude Stein hat mal gesagt: ›Wir sind alle wie kleine Hunde. Wir wollen alle weglaufen. Und wir wollen alle auch wieder nach Hause zurück.‹ Wir stecken alle voller Widersprüche. Der Mensch hat ein Bedürfnis nach Schutz und Sicherheit. *Und* er sucht das Abenteuer, er will Entdeckungen machen. Fast alle Dramen, die sich im zwischenmenschlichen Bereich abspielen, finden aus diesem ewigen Widerspruch heraus statt.«

Du hast dich in letzter Zeit viel mit der Musik der Zigeuner beschäftigt. Wie siehst du ihren Beitrag zur europäischen Musik?

»Es wird viel gerätselt über die Bedeutung der Zigeuner für unsere Kultur. Die Zigeuner sind Nomaden. Sie haben nie Universitäten gehabt, in denen man ihre Geschichte rekonstruiert aufgezeichnet hat. Sie haben auch keine Computer, die sofort mitschreiben, wenn irgendwo jemand ein neues Musikstück komponiert hat. Ihre Stämme in den verschiedenen Ländern Europas haben sich dem jeweiligen Land in unterschiedlicher Weise angepaßt. Man sagt sogar, die Zigeuner hätten Sitten und Gebräuche angenommen und weiter bewahrt, nachdem die Urbevölkerung sie schon längst verloren hatte! Das sind alles sehr komplizierte Vorgänge gewesen.

Was interessiert dich bei den Zigeunern?

»Ich glaube, eine Art von Wiedererkennung. Biologisch gesehen, ist jeder von uns ein Nomade. Das hängt mit der

Evolution des ganzen Lebens auf diesem Planeten zusammen. Der gravierende Unterschied zwischen Tieren und Pflanzen ist, daß sich die Tiere von einem Ort zum anderen fortbewegen. Es scheint vollkommen natürlich, daß die Menschen im Gegensatz zu anderen Lebewesen deshalb so gut überlebt haben, weil sie problemloser als die meisten Tiere von einem Ort zum anderen weiterziehen und sich neuen Gegebenheiten besser anpassen konnten.

Wahrscheinlich ist, daß die meisten Menschen aus der Zeit, über die wir keine schriftlichen Aufzeichnungen besitzen, Nomaden waren. Der Übergang zu festen Siedlungsgemeinschaften hat erst vor relativ kurzer Zeit stattgefunden.

Die Zigeuner sind die letzten, die noch so leben, wie unsere Vorfahren mal gelebt haben. Sie rufen in ihrer Art zu leben bei jedem von uns starke Gefühle wach. Deshalb sind sie so verfolgt und andererseits mit so vielen romantischen Vorstellungen umschwärmt worden. Wir erkennen da vielleicht etwas wieder, was wir längst vergessen hatten. Das gilt auch für den musikalischen Bereich. Wenn sich jemand dafür interessiert, wie die Musik in Europa klang, bevor sie akademisch wurde, dann ist es keine schlechte Idee, wenn man sich mal die Musik der Zigeuner anhört. Nicht nur die Musik der spanischen Zigeuner, sondern auch die aus den Balkanländern oder aus Finnland.

Ich habe eine wunderbare Platte mit Musik von Zigeunern, die in Finnland leben und Rentiere züchten. Das schlimme ist, daß die Kultur dieser Menschen stark bedroht ist, weil man von ihnen verlangt, daß sie seßhaft werden. Die Rentierzucht ist ein wichtiger, durchrationalisierter Industriezweig in Finnland. Das gleiche passierte den Eskimos und Indianern in Nordamerika sowie vielen anderen ethnischen Minderheiten. Ich fühle mich als Brite persönlich verfolgt von den Geistern der Menschen, die für unsere

Zivilisation den Weg räumen mußten. Aber was kann man machen? Was soll man bloß dagegen tun? Es gibt Leute, die mir sagen, ich solle mich nicht so sehr mit den Problemen anderer herumquälen. Aber ich *brauche* das, was die Zigeuner hinübergerettet haben bis hinein in unsere Zeit, um mir über meinen eigenen Standort klarzuwerden. Diese Menschen besitzen ein Wissen, das für unsere eigene geistige Gesundheit von größter Bedeutung ist.«

Ich möchte am Schluß noch einige Dinge über die Zeit als Schlagzeuger und Sänger bei Soft Machine wissen.

Eine der schönsten Aufnahmen von Soft Machine ist »Moon in June«, das du für das dritte Album der Gruppe komponiert hast. Es gibt eine dreizehnminütige Version, die später auf der LP »Triple Echo« erschienen ist und live aufgenommen wurde für eine BBC-Sendung vom Juni 1969. Darin singst du mit einer Technik, die man in der Literatur von William Burroughs u.a. als ›automatic writing‹ bezeichnet hat. Du singst von allem, was dir gerade durch den Kopf geht, von der Teemaschine draußen auf dem Flur, von den Leuten im Studio, deinen Freunden, dem Leben der Rockstars usw. Wie entsteht eine solche Musik? War das vorher geplant?

»Nein. Ich denke nicht viel darüber nach, wie ich selber Musik mache. Und ich wüßte auch gar nicht, wie ich das erklären könnte. Wenn ich Musik mache, schalte ich mein Bewußtsein auf Empfang, und dann passiert alles fast automatisch. Aber ich bin wählerisch in den Dingen, von denen ich mich inspirieren lasse. Ich suche nach ganz bestimmten Inspiration.

Ich glaube nicht, daß ich ein besonders origineller Künstler bin. Da passiert nicht viel Neues, was einen radikalen Bruch mit der Tradition bedeuten würde. (Pause.) Wenn ich mir überlege, daß eine alte Kultur wie die der Zigeuner einfach kaputtgemacht wird, würde ich sogar auf meinen Status als Künstler verzichten! Ich würde gerne etwas dafür tun, daß eine Musik wie die von den finnischen Zigeunern gehört wird. Zumindest sollten sie einen würdigen Tod bekommen. (Pause.) Ich komme aus einer Kultur, die es sehr leicht findet, Kunst zu produzieren, wobei mich das meiste davon überhaupt nicht interessiert. Die Musik der Zigeuner bedeutet mir so viel mehr als das meiste von dem, was im Bereich der Popmusik Tag für Tag produziert wird. Ich weiß, ich könnte jetzt sofort rausrennen und mir irgendeine aktuelle Kunstzeitschrift besorgen oder mir zu Hause die neueste Avantgardemusik anhören. Aber diese Dinge bedeuten keine Herausforderung mehr für mich. (Pause.)

Ich mache im Grunde diese Musik, weil ich sie machen *muß*. Ich weiß auch, daß sie sich verkaufen muß, und das ist für mich schon fast eine Form von Prostitution. Ich stelle etwas her, das die Leute kaufen, damit ich was zu essen habe. Und so weiter. Weißt du, es ist schwierig, mit mir als einem Künstler zu reden. Ich bin eigentlich gegen meinen eigenen Willen ein Künstler. Angefangen habe ich als Fan, und ein Fan bin ich wohl auch immer geblieben. Aber man bezahlt dich nicht dafür, daß du *ein Fan* bist.«

Damit endete unser Gespräch.

Gegen Ende war mir klar geworden, daß Robert durch seinen schweren Unfall und die Folgen in tiefe Depressionen geraten konnte. Wir hatten fünf Stunden geredet, und immer, wenn er von persönlichen Dingen sprach, fiel ihm das schwer.

Seine Frau erzählte mir, daß er kaum Tantiemen für seine Platten bekommt und Soft Machine hochverschuldet waren. Als Robert Wyatt die Band verließ, war er danach beim Arbeitsamt gewesen und hatte sich nach einem Job erkundigt. Für Rollstuhlfahrer wie ihn gab es nur die Möglichkeit,

zu Hause kleine Papierkisten für die Verpackungsindustrie
bunt anzumalen.

Roberts Frau bot mir an, mich bis zu dem Bahnhof in
Twickenham zu fahren. Ich packte mein Bandgerät ein und
verabschiedete mich in der Küche. Wir gingen zum Auto,
und ich schaute nochmal zurück. Robert Wyatt saß in der Tür
und winkte mir lächelnd zu. Ich brachte kein Wort mehr
heraus.

Im Dezember 1985 erschien eine der schönsten Platten,
die er je gemacht hat – völlig im Alleingang. Auf dieser LP,
»Old Rottenhat«, kann man hören, warum ihn ein Kritiker
als den »größten lebenden Soulsänger Englands« bezeichnet

47

hat. Diese Musik hat »Soul« im wahrsten Sinne des Wortes. Das erstaunlichste ist die Stimme, mit der Robert Wyatt seine neuen Lieder singt. Sie hat – trotz des begrenzten Stimmumfangs – die starke Ausdruckskraft und das tiefe Gefühl der Gospelsänger.

Der indische Philosoph Hazrat Inayat Khan schrieb: »Das wunderbarste an der Stimme ist (...), daß sie nicht nur den Charakter eines Menschen ausdrückt, sondern daß man an ihr auch die Entwicklung eines Menschen erkennen kann. (...) Man braucht ihn gar nicht zu sehen, seine Stimme allein macht deutlich, wie weit entwickelt er ist. (...) So wie sich alles im Leben eines Menschen wandelt, so wandelt sich auch die Stimme eines Menschen mit jedem Schritt, den er in seiner spirituellen Entwicklung tut.«

In einem seiner neuen Songs singt Robert Wyatt:
»It seems to me if we forget
Our roots and where we stand
The movement will disintegrate
Like castles built on sand.«
Er kämpft gegen dieses Vergessen an.
(London, 2.12.83)

48

Zwei Wochen in New York

> Everything is music and everywhere is the best seat.
> *John Cage*

26.3.84

Die Frau am Informationsschalter des Kennedy-Airports:
»Würden Sie bitte die Zigarette aus meinem Gesicht nehmen?«

Der Polizist im A-Train nach Manhattan: Er stellt sich vor
jeden Fahrgast, der ihn um Auskunft fragt, klatscht in die
Hände und vollführt ein paar Tanzschritte: »Hey Mann, wo
willst du hin? O.k., kein Problem, paß' auf...«

Beim Umsteigen in die U-Bahn nach Harlem: Fahles, gelbes
Licht durchschimmert das Halbdunkel. Die Bahnsteige sind
so schmal, daß man meint, an jeder Seite könne man
runterfallen. Hundert Paar schwarze Augen sehen dich an,
langsam, von unten nach oben, und wieder von oben nach
unten. Du bist der einzige, der einen Koffer trägt. Und alle
denken: »Da kommt der Tourist.«

27.3.84

125. Straße, Harlem: Gerade als wir durch einen transparenten,
halbkreisförmigen Plexiglastunnel mit der Rolltreppe zur
U-Bahnstation hochfahren, schlägt genau neben uns ein
schwerer Stein gegen die Scheibe. Die Gefahr im völlig
unerwarteten Moment. Wir hätten nichts machen können.
Oben an der Kasse zwei Schwarze in Lederklamotten. Normal
weitergehen.

Nachmittags muß ich plötzlich lachen, weil alle in der U-Bahn mir gegenüber Zeitung lesen, als sei das genau die Sache, die sie jetzt gerade unbedingt machen wollten.

Krampfartige Gefühle der Einsamkeit, wenn ich lange allein durch die Straßen gehe. Kann kaum einen konkreten Gedanken fassen.

Die Bedienung im Restaurant in Greenwich Village sieht einer Frau, die ich in Deutschland kenne, verblüffend ähnlich. Merkwürdig, wie zwei Menschen an weit voneinander entfernten Orten *parallel* leben.

Rush-hour: In der U-Bahn jongliert ein junger Schwarzer mit einem Basketball und beschimpft die Leute. Er brüllt: »Ich sage euch jetzt die Wahrheit über euch, obwohl ihr das eigentlich gar nicht verdient!« Keiner stört sich an ihm. Alle lesen Zeitung oder sitzen da, mit halbgeschlossenen Augen, die Taschen fest in der Hand.

Die Stadt hat kein Geld für den Unterhalt der psychiatrischen Kliniken. Man hat Hunderte von Verrückten auf die Straße gesetzt. Sie laufen verloren herum, sitzen auf Parkbänken, liegen auf den Trottoirs. Keiner kümmert sich um sie. Mittags steht auf der Bowery ein alter Schwarzer völlig besoffen mitten auf der stark befahrenen Straße und rührt sich nicht. Er trägt drei Wintermäntel übereinander, und seine Füße sind mit dicken Stoffresten umwickelt. Ich gehe bis ans Ende des Blocks und drehe mich nochmal um. Er steht immer noch da.

Susanne Lingemann, eine deutsche Journalistin, die in New York lebt, hat letztes Jahr Weihnachten zwei Wochen lang mit Alkoholikerinnen in New York zusammengelebt. »Du kannst dir nicht vorstellen, wie die leben. Die wohnen in so kleinen Hütten, wie in Hühnerkäfigen. Jeder denkt, die gehen abends ins Heim oder schlafen unter irgendwelchen Brücken. Aber das sind nur ein paar. Die anderen haben diese Hütten...« Dann immer wieder der Satz: »Du kannst es dir nicht vorstellen...«

Zärtlichkeit in N.Y.: Ein schwarzes Liebespärchen umarmt sich auf der höchsten Stelle im Central Park, als ob sie ihre Liebe weithin leuchten lassen wollten.

U-Bahnstation, 125. Straße: Ein schwarzer Muskelmann steigt vor uns die Treppe runter, dreht sich plötzlich blitzschnell um und fragt eine hinter ihm gehende Frau, ob er ihre Einkaufstaschen tragen soll. Sie gibt ihm alle.

Ein blindes Mädchen betritt die U-Bahn. Es wäre der Brutalität völlig hilflos ausgeliefert. Jeder der Anwesenden scheint das zu spüren. Eine Frau steht Sekunden später auf, geht zu der Blinden hin und sagt: »Excuse me, can I help you?«

Im Radio dauernd Stationsansagen: »Hi, you're listening to...« Discjockeys nennen ständig ihre Namen. Kaum Bemerkungen zur Musik, und wenn, dann nur ganz kurz: »special«, »fantastic«, »great«. Lebensfreude vermitteln ist ihr oberstes Gebot. Musiktitel werden kaum an- und abgesagt, dafür aber sehr geschickt ineinandergefahren. Überraschende Überleitungen wie schnelle Bildschnitte in Action-Filmen, ständige Szenenwechsel. Viel Discomusik, dazwischen oft Telefongespräche, Wetterberichte, rasend schnell heruntergesagt, dazu immer Musik unterlegt: »Theweatherfortonigtht, notbadclear...«

Disco-Mixes: Ganz junge Typen, die zu Hause stundenlang mit mehreren Plattenspielern und Cassettenrecordern verschiedene Musikstücke zusammenmischen. Musikalisches Recycling: aus vorhandenem Material wird nochmal was Neues hergestellt. Der Rhythmus wirkt nur in den ersten Minuten stupide. Wenn man die Mixes über längere Zeit hinweg hört, wird man süchtig danach. Ein Special-Hot-Mix ist nicht selten dreißig Minuten lang und klingt wie afrikanische Trommelorgien im Raumzeitalter. Alles ist total elektronisch.

Späte Zeichnungen von Picasso im Guggenheim-Museum: Sex und Spiele. Alte Damen aus Texas werden mit Bussen in die Ausstellung gebracht und reden über Picassos Titten und Schwänze wie über das letzte Kaffeekränzchen beim Herrn Pfarrer.

28.3.84
Die Autogeräusche auf der Brooklyn Bridge. Ein Musiker sagt zu mir: »*Ja, die sind toll, nicht? Ein Supersound. Ich hab' mir die mal nachts reingetan, als ich auf Acid war. Way back in the sixties.*«

Von Brooklyn aus sieht die Skyline von Manhattan wie die Kulisse zu einem Science-Fiction-Film aus. Ich stelle mir all die Menschen vor, die in diesen Legokästen sitzen, jeder für sich. Sie könnten plötzlich alle verschwinden. Das Ganze würde danach immer noch genauso absurd wirken.

Idee zu einem Bildband über die Kopfbedeckungen der Schwarzen in Harlem. Jeder trägt einen anderen Kopfschmuck. Ein Vater geht mit seinem etwa vierjährigen Sohn vorbei. Ich höre, wie er zu dem Kleinen sagt: »Be yourself, man!«

Wenige Kinder, kaum alte Leute auf den Straßen.

Alte Größen des Showgeschäfts tingeln noch immer durch die Clubs. Es gibt sie immer noch. Sie schaffen nur nicht mehr den Sprung nach Europa. Die Loft-Gegend unterhalb der 14. Straße ähnelt um Mitternacht einer schönen, traurigen, grauen Geisterstadt. Fast völlige Ruhe, wie lange nicht mehr.

You can never know too much about the shadow line and the people who walk it.
Raymond Chandler

Viele ethnische Minderheiten bewahren sich in New York ihre eigene Sprache. Vielleicht müssen sie das tun, weil man sie in andere Viertel der Stadt sowieso nicht reinläßt.

Susanne nach einem Stromausfall: »Bei großen Katastrophen entwickeln die New Yorker plötzlich ein ungeahntes Solidaritätsgefühl.«

Schulen werden bewacht wie Staatsgefängnisse. Viele Schüler in Schwarz, mit grell gefärbten Haaren und verhärteten Gesichtszügen: Resultate der zunehmenden Brutalität in den Massenmedien. Jeder Schüler wird morgens bei Schulbeginn auf Waffen untersucht. Messer, Schlagringe, Ketten und oft auch Schußwaffen werden eingesammelt.

Aber: Die Jugendlichen sind es auch, die diese Stadt lebendig halten: Graffittis, Ghettoblaster etc.

Die Stadtverwaltung versucht jetzt, mit neuen U-Bahn-Zügen das Aufsprühen von Graffittis zu verhindern. Im Schnellverfahren werden die Wagen über Nacht neu gespritzt. Eine neuer Wagen kostet den Steuerzahler 750 000 Dollar.

Die kreative Phantasie der Sprayer wird vom Establishment

entweder verhindert, beschränkt oder – was sie noch mehr kaputtmacht – als Kunst erklärt und in die Museen verbannt.

Andererseits das Beispiel Bruce Jenner: Der berühmte Zehnkämpfer macht überall Reklame für Orangensaft. Aber er ist bei der Mehrzahl der Amerikaner unten durch, weil er seine Frau verließ, gerade als er weltberühmt wurde.

Nur keine Hemmungen, der Dollar regiert über alles. Der schwarze Bürgermeister von Atlanta, Mr. Andrew Young, macht in schwarzen Zeitschriften Reklame für Haaröl, damit das krause afrikanische Haar schön glatt liegt, wenn man mit dem weißen Bruder zum Geschäftsessen geht.

Mit einem freundlichen »Have a nice day« wirst du rausgeworfen, wenn du dich nicht anpaßt. Die Szenen in »King of Comedy«, wo de Niro immer wieder versucht, zu Jerry Lewis vorzudringen, um ihm zu beweisen, daß er genauso gut ist wie er, und jedesmal von der Vorzimmerdame freundlich abgewiesen wird, ist wie aus dem Leben gegriffen.

Jeden Abend im Fernsehn die Talk-Show mit Johnny Carson. Immer dieselben Gesten, dieselbe Mimik, dieselben Sprüche. Alles reduzierbar auf ein paar konstant wiederkehrende Stereotypen.

Metropolitan-Museum, die Impressionisten: ein Gefühl, wie endlich nach Hause zu kommen bei Van Goghs »Nacht-Café in Arles«. Er wurde nur siebenunddreißig. Das Bild der »Frau in Schwarz auf gelbem Hintergrund« war in einer Stunde fertig. Sie wollte sich nicht von ihm malen lassen. Er sagte: »Halten Sie still, Madame. Ich werde Sie weltberühmt machen. Ihr Bild wird im Louvre hängen.« In seinem ganzen Leben hat er nie ein Bild verkauft. Fast eine Stunde lang stehe ich vor der »Frau in Schwarz«.

Van Gogh: »Man malt nicht allein mit der Farbe, sondern auch mit dem Verzicht und der Selbstverleugnung und gebrochenen Herzens.« *(Briefe an Theo)*

Ein Bild von Pissarro, das eine Landschaft in Nordfrankreich darstellt. Man sieht ein Bauernhaus und ein paar Bäume, umgeben von grünen Wiesen. Ich bleibe lange davor stehen und mich überkommt eine große Sehnsucht nach Europa, nach diesem Grün, nach der Luft, nach den Landschaften meiner Kindheit. Ich schließe die Augen bis auf ganz kleine Schlitze, so daß die Konturen des Bildes wie im Weichzeichner verschwimmen. Es ist, als ob mir jemand an einem weit entfernten Punkt der Erde durch einen Spiegel meine Vergangenheit zeigt. Ich will zurück, wenn auch nur für einen Augenblick.

29.3.84
Plötzlicher Wetterumschlag. Ein Blizzard tobt über der Stadt: Regen, Hagel, dann Schnee und eisige Kälte. Die New Yorker bleiben cool. Alle machen weiter. Mit halbkaputten Tennisschuhen laufe ich durch die Straßen, während rings um mich herum heißer Dampf aus den Rissen in der Straßendecke aufsteigt. Nach kurzer Zeit bin ich völlig durchnäßt. Aber das endlose Laufen in dieser seltsamen Umgebung wird bald zur Droge. Ich gehe in Dutzende von Plattenläden, um nach alten Jazzplatten zu suchen. Obwohl ich vor Kälte zittere, nehme ich weder Bus noch Taxi. Irgendwann sehe ich in meiner Einbildung vor mir die Schlagzeile »Letzte Entscheidung vor Stalingrad!« und muß einer Passantin ins Gesicht lachen. Sie verzieht keine Miene, senkt schnell den Kopf und geht weiter. Meine Füße stehen förmlich im Wasser. Jedesmal, wenn ich in einen Laden komme, versuche ich heimlich, für ein paar Sekunden die

verdammten Schuhe auszuziehen. Eine Verkäuferin merkt es, schüttelt mit dem Kopf und ermahnt mich.

In einem der Plattenläden bleibe ich sehr lange, obwohl ich gar nichts kaufe. Toll an dem Laden ist, wie die Verkäufer dort miteinander reden. Es klingt wie Musik. Der Laden ist ziemlich alt, und sie müssen an großen Leitern hochklettern, um Platten aus den obersten Regalen zu holen. Dabei reden sie ständig miteinander, von oben nach unten und von einer Leiter zur anderen. Sie scheinen richtig zu singen: »Jooohn!« – »Yes, honeeyyy?« – »Joooohn, where did you put the Booob Dylan albuuuuum???« – »I dooon't knowww.« – »Okayyyy.« Es klingt so friedlich. Ich will gar nicht mehr weg, bleibe bis Ladenschluß.

30.3.84

Gestern nacht unterhielten sich in der U-Bahn zwei Muttersöhnchen aus gutem Hause über irgendein belangloses Zeug. Der eine saß schräg gegenüber vom anderen. Einer der beiden trug ein rosa Lacoste-Hemdchen. Etwa einen Meter von ihm entfernt saß ein etwa gleichaltriger Mexikaner, der die beiden anscheinend nicht ausstehen konnte. Er zeigte seine Wut auf seltsame Weise.

Während die beiden Weißen miteinander redeten, tat der Mexikaner so, als würde er ständig mit seinem Gegenüber in einer Phantasiesprache reden, wobei er ständig lachte. Die beiden Weißen störten sich nicht im geringsten an ihm. Selbst wenn sie es bemerkten - sie taten, als existierte der Mexikaner gar nicht. Es geht eben nichts über eine gute Erziehung.

Ein paar Stunden früher, ebenfalls in der U-Bahn: eine schwarze Frau in einem langen schwarzen Umhang, wie eine Tuareg, Anfang vierzig, neben ihr ein kleines Kind in einem knallroten Overall. Sie rezitierte im ohrenbetäubenden Lärm der ratternden Wagen eigene Gedichte: »Auch die eisigen Winterstürme werden meine Liebe zu euch nicht erkalten lassen.« Keiner schaute sie an. Die meisten lasen Zeitung. Einige ältere Frauen gaben ihr ein bißchen Geld.

Alle sind sportbesessen. Wer raucht, gilt schon fast als sozialer Außenseiter. Auf jeder Zigarettenreklame hingekritzelt das Wort »Cancer«, oft noch der Zusatz: »And you know it.«

»Die Japaner sind geschäftlich stark im Kommen, mit viel Fleiß, Geschick und einem starken Rückhalt in der Großfamilie.« (Irgendwo gelesen...)

Kurze Werbespots im amerikanischen Fernsehen sind untersagt, wenn sie nur zehn oder fünfzehn Sekunden lang sind. Man befürchtet, die Leute würden dazu erzogen, in immer simpleren Klischees zu denken.

Ein kleines Mädchen interviewt im Fernsehen alle drei Spitzenpolitiker für den bevorstehenden Wahlkampf.

Ein etwa vierjähriges Mädchen schaut auf eine riesige Wahlkampfanzeige in der »New York Times« und diskutiert darüber lebhaft mit seiner Mutter.

Mir gegenüber sitzt ein Mann, der laut aus einem Buch mit der Überschrift »German in pictures« vorliest.

Ich schreibe sehr schnell in mein Notizbuch, während tausend Dinge um mich herum passieren. Man könnte an jeder Ecke einen Film drehen.

31.3.84

Jon erzählt mir, daß er fünfzig Dollar Strafe zahlen mußte, als er heute morgen um fünf in der menschenleeren Straße seinen Hund für ein paar Minuten ohne Leine laufen ließ. Er sagt: »Der Polizist, der mir den Strafzettel verpaßte, lebt total das Image des braven Polizisten, wie es in unseren TV-Serien tagtäglich vorgeführt wird. Immer wachsam, ein strenger Hüter des Gesetzes, auch wenn die Gesetze manchmal völlig idiotisch sind, und nach Feierabend ist dieser Mann, der immer gut frisiert ist und auch schon mal hart zuschlagen kann, ein ganz braver, netter Familienvater.«

Als ich zu einem Freund in die Wohnung komme, sitzt er allein vor dem Fernseher und raucht einen Joint: »That's what you do in America. Gettin' stoned and watchin' tv!«

Der Horrorsatz: »Have a nice day!« Überall dieser Satz. Ich kann's nicht mehr hören. Gekritzel auf einer Sportreklame mit zehn glücklichen Champions: »The hairspray news. Skip it. Listen to WBA, 99.5 fm, for news at 6.30 and 11.30 pm. Find out, what ABC, CBS and NBC don't want you to know.« Yeah, baby.

Nochmal über die Brooklyn Bridge. Wieder dieser Autolärm, der so unbeschreiblich klingt. Unter der Williamsburgh Bridge hat Sonny Rollins in den Fünfzigern auf seinem Tenorsaxophon geübt, jeden Tag.
Please listen to Sonny Rollins playing »Blue seven« or something like that. There's nobody like Sonny Rollins.
Ich hab' ihn mal »getroffen«, beim Jazzfestival in Berlin. Das heißt, ich konnte gar nicht mit ihm reden, so aufgeregt war ich. Wir waren im selben Aufzug. Und ich dachte nur immer, das ist er, das ist er wirklich, das ist Sonny Rollins!!!

Im »Ting Fu Garden«, einem Restaurant in Chinatown, verliebe ich mich in die Kellnerin und komme fünf Abende hintereinander, nur, um sie zu sehen. Meistens sitze ich allein dort. Draußen regnet es auf die flimmernden Leuchtreklamen. Am letzten Abend bestelle ich das schärfste Essen auf der Speisekarte, irgendwas mit roten Pfefferschoten, die ich brav alle mitesse. Meine Angebetete, der Koch und die gesamte Belegschaft wenden sich vom Fernseher zu mir um, sehen, wie mir die Tränen in Strömen übers Gesicht laufen, und lachen.

Ein junger Amerikaner bittet die malayische Bedienung auf japanisch um eine Auskunft. Sie versteht ihn nicht.

Fünfzig Meter weiter schießen junge Schwarze und Puertoricaner in der Spielhölle mit dem lebenden Glückshuhn auf Ziele aus »Star Wars«. Es ist mittlerweile zwei Uhr nachts.
    I wanna wake up in a city that never sleeps.
    Diese Stadt schläft nie.
    Preßluftbohrer auf der Canal Street.
    Der riesige weiße Cadillac vor dem Restaurant in Little Italy. Nebenan ein Posterladen. Die Posters von Mussolini gehen zur Zeit anscheinend besonders gut.
    Ich gehe zu Fuß nach Hause zum Riverside Drive an der 125. Straße. Vorbei an Schaufenstern mit Stickereien aus der Ukraine und Tüchern aus Vietnam, den Broadway rauf über den Times Square mit den Pornokinos und dann noch durch den südlichen Teil von Harlem, vorbei an dunklen Hauseingängen, in denen Schwarze stehen und mir zuflüstern: »Smoke, smoke!«

31.3.84

In dieser U-Bahnstation müßte man jetzt Polaroids machen von all den Leuten, die hier stehen und warten. An ihren Gesichtern kann man ablesen, daß sie aus allen Teilen der Erde kommen. Und wenn man die Fotos hat, müßte man eine Suchaktion machen und die Spur jedes einzelnen zurückverfolgen wie Alex Haley in »Roots«. Haley hat diese Wahnsinnsarbeit geleistet. Im Museum of Natural History wird der Lebensweg einer Familie aus China, die nach Amerika auszog, bis ins fünfte, sechste Glied zurückverfolgt.

Die Michael C. Rockefeller-Collection im Metropolitan Museum: unglaubliche Schätze an Volkskunst aus aller Welt. Irgendwo in einer Ecke ein Bild des jungen Rockefeller, der früh gestorben ist, ein sympathischer Typ.

From a letter, November 16, 1961

The Asmat artist enjoys some real advantage over the artist in the Western world. The Asmat culture offers the artist a specific language in form. This is a language which every artist can interpret and use according to his genuis, and a language which has symbolic meaning for the entire culture. Our culture offers the artist no such language. The result is that each painter or sculptor must discover his own means of communicating in form. Only the greatest geniuses are able to invent an expression which has meaning for a nation or people. Furthermore, the Asmat is a culture where art is a necessary and integrated element. There can be no war, no feasting without the expenditure of tremendous effort on the part of the sculptor. Thus as long as the culture is intact, art will flourish...

Michael C. Rockefeller

»Up the Creek«: ein neuer Film. Plakate überall in der Stadt. Junge Typen, alles Weiße, in engen Jeans und roten Thermowesten ohne Ärmel, sitzen in Schlauchbooten und fahren einen reißenden Fluß hinunter, nur lachende Gesichter, Coladosen in den Händen, noch mehr leere Coladosen im Wasser, links in einem anderen Boot jede Menge geiler Frauen mit dicken Titten und langen blonden Haaren. Rechts im Bild Soldaten, die aus ihren MGs ballern. Dazu der Werbeslogan: GET SET TO GET WET!

Mein schönstes Erlebnis
Morgens beim Frühstück mit Franco in einem Straßencafé in Harlem. Pfannkuchen mit Ahornsirup, Orangensaft, Milchkaffee. Franco schäkert mit der Bedienung. An der Bar drei alte Schwarze. Draußen noch immer viel Schnee und Matsch. Plötzlich kracht ein fürchterliches Kältegewitter los. Als es einmal besonders laut donnert, dreht sich einer von den Alten langsam um, schaut aus dem Fenster und sagt: »Yeah, well. March is just sayin' goodbye to us.«

Musik aus der Vierten Welt
Ein Interview mit Jon Hassell

Seine Wohnung liegt im südlichen Teil von Manhattan, dort, wo die Straßen richtige Namen und nicht bloß Nummern haben. Zwischen den teuren Lofts, in denen sich Prominente wie Robert de Niro und Martin Scorcese angesiedelt haben, lebt Jon Hassell in einem umfunktionierten Ladenlokal, aus dem er einen großen Wohnraum gemacht hat. Am Eingang bittet er mich, erstmal meine regennassen Schuhe auszuziehen. Die Sauberkeit und Ordnung, die dem Besucher schon gleich in den ersten Minuten auffällt, erinnert an die Atmosphäre in japanischen Zen-Klöstern. Vorne rechts auf dem Boden steht ein Synthesizer, daneben ein aufgeklappter, mit blauem Samt ausgeschlagener Koffer, in dem die goldene Trompete liegt. An der Wand aufgestapelt eine lange Reihe von Kassetten, dazu ein paar Schallplatten, vorwiegend traditionelle Musik aus Asien und Afrika. In der Mitte steht ein bequemes, knallgelbes Sofa. Und nur ganz hinten erinnern der laufende Fernseher und ein riesiger Kühlschrank aus den fünfziger Jahren daran, daß der Besucher sich immer noch in Amerika befindet.

Mit New York verbindet den achtundvierzigjährigen Trompeter eine Art Haßliebe. Wie viele andere Musiker ist er vor allem wegen der Jobs, Auftrittsmöglichkeiten und Kontakte zu anderen Musikern darauf angewiesen, hier zu sein. Eigentlich kann er es sich kaum noch leisten, gerade hier in dieser Gegend von Manhattan zu leben. Reiche Bürgerssöhne, die es inzwischen todschick finden, auch solche Lofts zu besitzen, haben die Wohnungspreise in astronomische Höhen getrieben. Jon sagt: »Alle Leute, die früher mit Aufzügen in ihre Penthouse-Wohnungen hoch über der Stadt gefahren sind, finden es jetzt auf einmal wieder in Ordnung, jeden Tag die Treppen bis zum vierten oder fünften Stock hochzuklettern.«

Vor allem macht ihm die Lärmbelästigung zu schaffen. Zum Komponieren braucht er viel Ruhe. Als ich nach meiner Rückkehr aus den USA die Bänder mit unseren Interviews höre, stelle ich fest, daß niemals wirkliche Ruhe herrscht. Irgendwo hört man immer das Rattern der U-Bahn, die Hupen der Taxifahrer oder die Sirenen der Krankenwagen.

Wir reden über die bevorstehenden Wahlen zwischen Walter Mondale, Gary Hart und Jesse Jackson. Jon sagt: »Es gibt zwar drei Kandidaten, aber nur zwei politische Richtungen.« Sein Favorit ist Jesse Jackson. An dem schwarzen Politiker gefällt ihm die inspirierende Kraft seiner Reden. Jackson entwirft wenigstens noch Utopien, während die beiden anderen nur Taktiker sind. »Rainbow Culture« war ein Kernwort aus einer Jackson-Rede, das Jon aufgefallen war. Es wäre ein guter Titel für seine nächste LP, denke ich.

Die Wohnung liegt gleich in der Nähe von Chinatown. Wir gehen um ein paar Häuserblocks und landen in einem großen chinesischen Kaufhaus. Obwohl es fast Mitternacht ist, wimmelt der Laden von Menschen. Große Säcke mit Tee und Gewürzen stehen auf dem Boden herum. Fast alle Produkte tragen chinesische Aufschriften. Wir sind die einzigen im Kaufhaus, die nicht aus Asien kommen, aber das scheint niemanden zu stören.

Im Restaurant bestellt Jon auf chinesisch und führt mich anschließend ins benachbarte Little Italy, wo er mir beim Capuccino von seiner Liebe zu den Kitschbildern in italienischen Eisdielen erzählt. Er deutet diskret auf unsere Tischnachbarn und sagt: »Der Typ da hinten ist bestimmt von der Mafia. Der hat eigentlich eine Wohnung in New Jersey. Er kommt nur ab und zu hier rüber, um mal wieder ein bißchen italienische Luft zu schnuppern.«

Dann führt mich Jon in eine Spielhölle, die größte und lauteste, die ich je gesehen habe. Überall stehen Jugendliche an den Videogames und drücken wie wild auf die Knöpfe. Jedesmal, wenn einer ein Flugzeug abgeschossen hat oder sein Auto von der Fahrbahn abgekommen ist, ertönt ein elektronisches Signal. Bei über fünfzig Automaten kann man sich unschwer vorstellen, was das für eine Lärmkulisse abgibt. Man hat den Eindruck, eine elektronische Symphonie zu erleben, aufgeführt von fünfzig wildgewordenen Typen zwischen achtzehn und zwanzig und zusätzlich inspiriert durch die Tatsache, daß es Freitagabend ist und daß neben den Typen ihre Freundinnen stehen.

Jon Hassells eigene Musikstücke klingen dagegen wie Inseln der Ruhe. Hassell entwirft mit dem, was er komponiert, sowas wie eine akustische Gegenwelt zu dem Wahnsinn, der ihn tagtäglich umgibt. Wie jemand, der sich mitten im Verkehrschaos plötzlich auf einen hohen Berg hinwegträumen möchte. Und trotzdem scheint Jon diesen äußeren Wahnsinn zu brauchen, um seine musikalischen Visionen zu bilden. Während unseres Gesprächs redet er immer wieder davon, Musik müsse die Kraft haben, Fenster zu einer anderen Welt aufzustoßen. Als ich zum ersten Mal eine Platte höre, die er mit dem Engländer Brian Eno gemacht hat, kommen mir die seltsamen Klänge aus seiner Trompete wie Geheimsignale aus unbekannten Sphären vor. »Possible Musics« heißt die Platte. Das Coverfoto aus dem Bilderarchiv der amerikanischen Weltraumbehörde NASA zeigt den Flußverlauf des Blauen Nil, aufgenommen aus riesiger Entfernung von der Erde. Während ich dieses Foto anschaue und dazu die Musik höre, denke ich an das, was der erste deutsche Astronaut im Weltraum nach seinem ersten Flug gesagt hat: »Wenn man diesen kleinen blauen Planeten Erde mal als kleinen Teil im riesigen Kosmos gesehen und umflogen hat, dann ist man so von der Schönheit des Ganzen beeindruckt, daß man einfach nicht verstehen kann, warum die Menschen auf dieser kleinen Kugel so viele Kriege miteinander führen.«

Die Musik von Jon Hassell ist der perfekte Soundtrack zu einer abenteuerlichen Klangexpedition durch das Innere Afrikas, wie ein Flug über endlose Steppen, gewagte Vorstöße in unbekannte Räume. Hin und wieder mischen sich die Sphärenklänge von Synthesizern und der verfremdete Klang der Trompete mit dem fernen Dröhnen von Buschtrommeln. Die Stücke tragen rätselhafte Überschriften wie »Delta Rain Dream«, »Chemistry« oder »Rising Thermal«. Immer neue Bildassoziationen stellen sich beim Hören ein. Jon Hassell scheint einem den Wind der Sahara mit seiner Trompete ins Gesicht zu blasen. Man meint, mit den Ohren sehen zu können, und wird vom ersten Moment an hineingezogen in exotische Klangwelten, die weit entfernt sind von allem, was man bisher gehört hat.

Schon in frühester Kindheit hatte Jon den sehnlichen Wunsch, seiner gewohnten Umgebung zu entfliehen. Er wuchs auf in Memphis, einer Stadt im tiefen Süden der USA. Das war in den vierziger Jahren. Als Jugendlicher spielte der Sohn eines Steuerbeamten in Rock'n'Roll-Bands. Laute Gitarren dröhnten aus voll aufgedrehten Verstärkern. Bloß weg von den Spießern, wenn auch nur für ein paar Stunden. Jon dachte ähnlich wie ein anderer Jugendlicher der Stadt. Sein Name war Elvis. Sie wuchsen zur gleichen Zeit in Memphis auf, ohne sich zu kennen, und fühlten sich beide wie Fremde im eigenen Land. So wie es der Dramatiker Sam Shepard beschrieben hat:

»I have American scars on my brain. It was only in England that I found out what it really means to be an American. The more distant you are from it, the more the implications of what you grew up with start to emerge. You can't escape, that's the whole thing, you can't.

You finally find yourself in an situation where... that's the way it is – you can't get out of it. But there's always that impulse towards another kind of world.«

Jon wollte weg, immer nur weg. Er sagt: »Ich zähle mich zu den Millionen von Menschen, die erstmal durch das amerikanische Kino einer Art Gehirnwäsche unterzogen wurden. Ich erinnere mich noch sehr deutlich daran, daß ich als kleiner Junge immer besonders die Filme mochte, die auf einer einsamen Insel spielten. Es war meistens irgendeine exotische Insel im südlichen Pazifik, mit vielen Vulkanausbrüchen, abenteuerlich aussehenden Eingeborenen und hübschen Mädchen, die nicht viele Kleider trugen. Und da lag immer diese eigenartige Musik in der Luft. Man tanzte und sang. Es war pure Magie. Ich glaube, ich verspürte als Kind diese natürliche Liebe zu Dingen, die außerhalb meiner gewohnten Umgebung lagen. Natürlich kommt man später, wenn man viel gereist ist, an einen Punkt, wo einem diese frühe Umgebung, aus der Rückschau betrachtet, selber sehr exotisch erscheint, vom Standpunkt anderer Kulturen aus betrachtet.«

In den sechziger Jahren ging er erstmal nach Köln, um bei Karlheinz Stockhausen elektronische Musik zu studieren. Zurück in New York, wirkte er auf Terry Rileys bahnbrechender LP »In C« als Trompeter mit und gehörte zum Kreis der Avantgardemusiker um LaMonte Young. Die entscheidende Wende kam für ihn mit dem Studium bei dem indischen Gesangslehrer Pandit Pran Nath. Von indischen Vokaltechniken her entwickelte Jon Hassell seine spezielle Technik auf der Trompete und das Improvisieren in langen, reichverzierten Linien. Mit der Zeit fügten sich all die verschiedenen Erfahrungen zu einer eigenständigen musikalischen Konzeption zusammen, die mit seiner ersten Soloplatte »Vernal Equinox« deutliche Konturen bekam.

Brian Eno hörte irgendwann diese Platte, als er tagelang krank im Bett lag und die Musik leise aus einem Nebenzimmer zu ihm herüberdrang. »Ich bin ganz sicher, daß sie eine wohltuende Wirkung auf mich hatte, die mich, schneller als erwartet, wieder gesund werden ließ!« sagte Eno. Er nahm Kontakt zu Jon Hassell auf, und bald danach entstand »Possible Musics« mit dem Untertitel: »Musik aus der Vierten Welt«.

»In vielem, was ich tue, suche ich den Punkt, an dem sich das Authentische mit der Kopie oder Fälschung trifft«, sagt Jon Hassell. »Zum Beispiel interessiert mich die Musik eines Filmkomponisten aus Hollywood, die für einen dieser Filme über eine Südseeinsel geschrieben wurde. Es sollte möglichst asiatisch klingen, aber der Komponist, der vielleicht als deutscher Emigrant mit klassisch-europäischer Vorbildung nach Hollywood gekommen war, hatte wahrscheinlich nur durch Komponisten wie Debussy eine *indirekte* Vorstellung davon bekommen, wie asiatische Musik klingt. Die fremde asiatische Kultur war sozusagen schon ›gefiltert‹ durch eine europäische Sensibilität. Und so ergab sich in der Arbeit des Filmkomponisten eine merkwürdige, neue Vorstellung von asiatischer Musik, die mich sehr interessiert. Dieses neue Bild fasziniert mich, und ich halte den Prozeß, wie solche ›Fälschungen‹ entstehen, für sehr wertvoll. Natürlich sollte solchen Unternehmungen immer ein gründliches Quellenstudium vorausgehen. Man sollte nie Sachen durch bloßes Hörensagen einfach übernehmen.«

Für Jon Hassell ist es absolut selbstverständlich, daß es nicht so etwas wie eine »reine« Musik gibt und daß eigentlich jede Art von Musik im wahrsten Sinne des Wortes »Fusion-Music« ist. Sogar Mißverständnisse oder Fehler können interessant werden und neue kreative Prozesse auslösen.

Die »New York Times« schrieb über Jon Hassell:
»In seiner Musik koexistieren Stammeskulturen und west-

liche Technologie, mit glitzernden, elektronisch modifizierten Improvisationen, die über den Klängen einer Trommel fließen und über dem verhallenden Echo eines Gongs. Jon Hassell sieht seine Musik als Modell für eine kulturelle Fusion und Zusammenarbeit auf breiterer Front.«

Mit den Worten seines Malerfreundes Mati Klarwein, der einige seiner Plattencovers entworfen hat: »Alle Dinge als gleichwertig ansehen, alle Werte akzeptieren und/oder verwerfen, die ästhetischen, die moralischen und die anderen. Jedes Ereignis, das aufkommt, mit einer unendlichen Zahl von Gründen sehen; deshalb alle möglichen Lösungen als berechtigt und/oder unberechtigt ansehen.«

Oder, wie T.S. Eliot schrieb: »Du bist die Musik, während die Musik erklingt.«

Jon Hassell, ein Amerikaner, der in Deutschland elektronische Musik studierte und in New York indische Gesänge auf die Jazztrompete übertrug.

»Musik kennt keine Grenzen«, hat Duke Ellington gesagt. Ihm hatte mal ein Kritiker vorgeworfen, er kopiere Delius. Ellington schwor, daß er noch *nie* in seinem ganzen Leben von Delius gehört habe. Man schenkte ihm einen Riesenstapel Delius-Platten, er hörte sie alle an und sagte schließlich: »Ich könnte nicht das kleinste bißchen davon kopieren.«

Der Künstler kreiert aus der Beschäftigung mit dem Fremdartigen etwas Neues, das sich nicht mehr ohne weiteres in die früheren Bestandteile zerlegen läßt. Im Jazz ist viel von Fusionen geredet worden: Schon zu Beginn des Jahrhunderts hatte der Pianist Jelly Roll Morton behauptet, der Jazz sei keine eigenständige Art von Musik, sondern eher eine bestimmte *Art,* Dinge zu tun. Der Jazz ist ein Mischling.

Als der Jazz-Rock aufkam, sprach man viel häufiger von Fusionen und Synthesen als früher. So richtig funktioniert haben diese Fusionsversuche dann nur selten. Meist wurde aus kommerziellen Überlegungen heraus probiert, verschiedene gängige Klischees auf clevere Weise zusammenzubringen. »Fusion-Music« ist heute schon fast ein Schimpfwort geworden. Es hat zwar viele Annäherungsversuche – zum Beispiel an die Kultur asiatischer und afrikanischer Völker – gegeben, aber es gab auch jede Menge traurige Beispiele dafür, wie die fremden Kulturen nur benutzt und ausgeplündert wurden, meint Jon Hassell. »Ich gebrauche dafür den Begriff ›Kultureller Kolonialismus‹. Damit kritisiere ich das, was ich als achtlosen oder schlechten Gebrauch ethnischer Quellen empfinde. Man muß leider vielen Leuten diesen Vorwurf machen. Viele Popmusiker benutzen im Grunde nur irgendeine ethnische Musik, um ihren eigenen Sachen damit etwas mehr Salz und Pfeffer zu geben. Das halte ich für sehr schlecht. Es ist genau dasselbe, wie wenn jemand in diese fernen Länder reist und sich dort vollkommen falsch verhält. Er mißachtet völlig die örtlichen Sitten und Gebräuche. Und in dem Fall sollte er eigentlich gar nicht erst hinfahren. Man muß eine fremde Kultur sehr genau studieren, bevor man dort hinreist und wahrscheinlich, ohne es zu wissen, auf heiligen Gräbern herumtrampelt.

Meine eigene Beschäftigung mit ethnischer Musik sah anders aus. Ich habe acht oder neun Jahre lang bei dem indischen Sänger Pandit Pran Nath studiert. Die indische Musik ist eine außergewöhnlich raffinierte und kultivierte Musik, in der, ganz allgemein gesagt, die Kurve entlang der Melodielinie studiert wird. Bei einem herkömmlichen Klavier kann man sich vorstellen, daß jede Note eine gerade Linie darstellt, der auf einer anderen Ebene eine andere gerade Linie folgt. In der indischen Musik hingegen liegt die Kunst zwischen den Noten, sagt Pandit Pran Nath. Die unterschiedlichen Tonhöhen sind wie Punkte, die den Verlauf

dieser ›beautiful line‹, dieser schönen Linie andeuten. Ich kann behaupten, daß mir dieses Studium der indischen Musik wirklich ein Fenster für alle anderen Formen traditioneller Musik geöffnet hat. Ich weiß jetzt bei jeder anderen ethnischen Musik, wo was herkommt, ob es nun reich ornamentierte Musik aus dem Orient, aus Java oder von wo auch immer ist. Ich weiß das allein aufgrund dieses gründlichen Studiums der Verzierungen.

Du kannst dir vielleicht eine Art ›Melodieskelett‹ vorstellen, an dem man dann solche Verzierungen anbringt. Eine dieser typischen Ornamentierungen ist zum Beispiel: eine Note tiefer plus eine Note höher. In der westlichen Musik gibt es ja auch viele solcher Ornamentierungen. Jedenfalls glaube ich, daß ich mir durch das gründlichen Studium dieser Phänomene einen Wissensvorrat angeeignet habe, der es mir möglich macht, viele der anderen Erscheinungsformen besser zu verstehen. Wenn man dann natürlich sieht, wie respektlos andere oft mit der Musik fremder Völker umgehen, kann einem das sehr achtlos und bedenklich erscheinen. Viele reissen einfach Dinge aus ihrem Zusammenhang heraus und setzen sie irgendwo anders ein.«

Jon Hassels Umgang mit ethnischem Quellenmaterial ist sehr individuell. Er übernimmt nicht einfach irgendeine rhythmische Struktur aus Afrika, über der er dann auf seiner Trompete improvisiert. Für seine LP »Aka-Darbari-Java/ Magic Realism« nahm er beispielsweise nur ein winziges Melodiesegment aus der Musik der Pygmäen des zentralafrikanischen Regenwaldes, fütterte diese Informationen in einen Musikcomputer, er multiplizierte und modifizierte sie, um dadurch ein Klangmosaik herzustellen, das mit der eigentlichen Pygmäenmusik kaum noch Ähnlichkeiten aufweist.

Einige dieser neuen Kompositionsmethoden von Hassell stammen aus der modernen Videotechnik. Man kann ein Computerbild von der Mona Lisa auf einem Bildschirm herstellen, indem man zum Beispiel winzige Lichtpunkte aus einer ganz anderen Quelle benutzt. (Jon: »... like a Mona Lisa which, in closeup, reveals itself to be made up of tiny reproductions of the Taj Mahal.«) Das Computerbild hat eine andere, nicht notwendigerweise schlechtere Qualität als das Original, wie er am Beispiel des Filmkomponisten in Hollywood erklärt hat. Das Resultat ist neu. Auch das Ausgangsmaterial, also in dem Falle die Lichtpunkte aus der Aufnahme vom Taj-Mahal-Tempel, ist im Grunde austauschbar. Es kommt nur darauf an, was man selber damit macht. Und da wird nun der Komponist gefordert, in der alten, ursprünglichen Bedeutung von componere = zusammensetzen. Das scheinbar Unvereinbare – Pygmäenmusik und Computertechnik – wird vom Komponisten in eine neue Verbindung gebracht. »Es ist ein Vorschlag für eine Art von klassischer Musik für die Zukunft, die in formaler Hinsicht genauso wohldefiniert ist wie eine Symphonie, aber mit einem neuen Angebot an Klanggeweben und -gebärden, in denen diese Strukturalität ausgedrückt werden kann.«

1980 erschien die LP »Possibe Musics« von Jon Hassell und Brian Eno, die von vielen Kritikern zu den zehn besten Platten des Jahres gezählt wurde, u.a. von Robert Palmer in der ›New York Times‹. Die Zusammenarbeit mit Brian Eno brachte für Jon eine Menge gravierender Veränderungen: »Es war sowas wie eine radikale Wende für mich. Bis zu dem Zeitpunkt, an dem ich Brian kennenlernte, war ich durch all die Stationen hindurchgegangen, die ein Komponist erlebte, wenn er in den sechziger Jahren studiert hatte. Obwohl ich bis zu meinen ersten Treffen mit Brian gedacht hatte, ich würde wohl irgendwann mal als Musikprofessor an einer Uni enden, wurde ich durch den Kontakt mit ihm sehr rasch unzufrieden mit dieser alten Idee. Ich probierte neue Dinge aus, die mit dem, was man gewöhnlich an einer Universität treibt, nicht mehr viel zu tun haben. Als ich Brian Eno kennenlernte, bekam ich Einblicke in eine Welt, die mir vorher fremd war: die Welt der Popmusik, oder sagen wir genauer ›Avantgarde-Pop‹, was immer das auch heißen mag. Immerhin war es eine Welt, in der einem erstaunlich viele Leute sehr interessiert zuhörten.«

»Diese Veränderung brachte für mich eine ganze Menge Verwirrung mit sich. Im buddhistischen Sinne ist der Zustand der Verwirrung natürlich etwas sehr Positives... Für mich bestand die Verwirrung darin, daß ich plötzlich an einem Scheideweg angekommen war. Ich stand mit einem Male vor der Entscheidung, ganz neue Dinge auszuprobieren, und hatte die Möglichkeit, mit einigen sehr bekannten Leuten zusammenarbeiten zu können. Es kam auch noch was anderes hinzu. Ich bin jemand, der sein Leben lang nicht viel Geld gehabt hat. Jetzt sah das etwas anders aus, und ich konnte auch die Versuchung nicht so einfach ignorieren, endlich etwas mehr ökonomische Freiheit zu genießen.«

Wenn man »Possible Musics« mit der vorher veröffentlichten LP »Vernal Equinox« vergleicht, erkennt man deutlich den wichtigen Einfluß von Brian Eno auf Jons Musik.

Eno, der sich selber gerne als »non-musican« bezeichnet hat, besitzt das große Talent, der Musik von anderen Leuten den richtigen Rahmen zu geben. Er ist ein großer Klangästhet, der wunderbare Atmosphären und Umgebungen schaffen kann, wobei er sich selber nie in den Vordergrund spielt. Enos Beitrag zu »Possible Musics« besteht hauptsächlich in weiträumigen Synthesizerpassagen und den raffinierten Klangmanipulationen besonders auf der zweiten Seite der Platte, wo die Trompetentöne durch ein ausgeklügeltes Echo- und Hallsystem bereits wenige Sekunden vor dem eigentlichen Anblasen hervorkommen, so als schwebten sie schon durch die Luft und würden lediglich vom Spieler umgewandelt. Die ganze Platte ist wesentlich besser produziert als »Vernal Equinox«, sie hat mehr Klangfülle. Eno erkannte sofort, in welche Richtung Hassells Musik gebracht werden konnte. Er hat an den zentralen Stellen dieser Musik neue Verstärkungen angebracht. Im wesentlichen aber ist auf »Vernal Equinox« schon alles vorhanden. Für Jon Hassell war der Engländer ein idealer Partner.

»Brian und ich hatten eine Vielzahl gemeinsamer Interessen. Wir mochten den gleichen Frauentyp, begeisterten uns für persische Miniaturen usw. Viele Dinge kamen zusammen. Außerdem kann man, glaube ich, sagen, daß ich eine Art Spätzünder, ›a late bloomer‹, bin, und das spielte für uns auch eine Rolle. Ich bin jetzt achtundvierzig. Als ich Brian zum ersten Mal begegnete, war er noch keine achtunddreizig. Zu der Zeit wurde mir klar, wo ich selber meinen eigenen Platz in der Welt zu suchen hatte. Es gibt nun mal gewisse Dinge, die ein älterer Mann tut und ein jüngerer nicht, stimmt's? Es kommt darauf an, daß man lernt, sein jeweiliges Alter zu leben. Man muß lernen, wie man von der Weisheit und von der Erfahrung Gebrauch macht, die einem die Jahre geschenkt haben. Das ist sehr wichtig. Man darf sich nicht einfach hinlegen und von einem jüngeren Typen wie von einer Dampfwalze überrollen lassen, nur weil dieser Typ sehr bekannt ist und Glamour oder sowas besitzt. Da sieht man selber nicht sehr gut aus. Trotzdem, mit solchen Problemen wurde ich damals konfrontiert.« Als »Possible Musics« erschien, hatten nämlich die meisten, die die Platte kauften, schon mal von Brian Eno gehört, aber kaum jemand kannte Jon Hassell. Er hatte selten Konzerte gegeben, und seine erste Platte war auf einem obskuren Kleinlabel erschienen.

»Ich habe viele Monate damit zugebracht, den Leuten zu erklären, daß ›Possible Musics‹ wirklich meine Musik ist und nicht die neue LP von Brian Eno.

Ich befand mich zu der Zeit wirklich an einem Scheideweg. Private Dinge spielten auch noch eine Rolle. Jedenfalls arbeitete Brian damals gerade viel mit den Talking Heads zusammen, vor allem mit ihrem Sänger David Byrne. Es gab also noch einen Popstar. Zuerst begrüßte ich die neue Situation mit offenen Armen. Wir teilten die gleiche Begeisterung für ethnische Musik, von der ich mit Sicherheit sagen kann, daß ich viel vertrauter damit war als die beiden anderen. Ich spielte damals viele Sachen vor. Nachdem Brian und ich die ›Possible Musics‹-Platte gemacht hatten, war die Rede davon, daß wir zu dritt gemeinsam nach Kalifornien in die Wüste gehen sollten, um dort eine Idee zu verwirklichen. Wir wollten dort zusammen eine Band gründen, unsere eigene ethnische Gruppe, so wie die Residents das auf ihrer LP ›Eskimo‹ probiert hatten, als ironische Idee. Aufgrund vieler Umstände gingen Brian und David Byrne alleine nach Kalifornien, und ich blieb in New York, unter anderem wegen Geldmangel. Aus dem Enthusiasmus der beiden heraus entstand ihre LP ›My Life In The Bush Of Ghosts‹. Brian schickte mir schon vor dem Erscheinen der Platte immer Kassetten, wenn sie wieder ein neues Stück fertig hatten. Und ich muß sagen, ich war ziemlich wütend über das, was ich da hörte, d.h. wie sie Dinge benutzten, auf die sie durch mich gestoßen waren.«

Es gibt u.a. ein Stück auf der Platte, in dem der Originalgesang einer libanesischen Sängerin von einer anderen Platte für »Bush Of Ghosts« von Eno und Byrne lediglich »garniert« wurde mit ein paar neuen Klängen und Rhythmen. Wer die Originalaufnahme des Gesangs auf der LP »Music In The World Of Islam, Volume I: The Voice« hört, wird sofort merken, daß die ganze Magie des Stückes dieser Libanesin durch die Eno & Byrne-Spezialbehandlung verloren ging. Die junge Frau aus dem Bergdorf im Libanon bekommt auf einmal die Rolle einer x-beliebigen Popsängerin zugewiesen. Sie verliert ihre ursprüngliche Identität.

»Sie benutzten diesen Gesang und schalteten als Effektgerät einen Harmonizer mit rein, um ihrem Gesang parallele Intervalle beizugeben. Ich war ziemlich sauer darüber und sah das als eine Art von Raub an. Wie auch immer, alle Erfahrungen aus der Zusammenarbeit mit Eno waren für mich sehr wichtig, denn sie zwangen mich dazu, die alten Fäden wieder aufzugreifen. Ich kehrte wieder zu den Dingen zurück, die mich seit Jahren am meisten beschäftigt haben. Ich bin nun mal kein Popmusiker, ich bin nicht so aufgewachsen wie sie. Meine innere Stimme sagte mir: ›Nimm die Dinge, die du gelernt hast, denk' an die Orte, an denen du gewesen bist. Du kannst nicht auf derselben Basis arbeiten wie ein Brian Eno oder David Byrne, nach all dem, was du selber in all den Jahren erlebt hast: die Jahre bei Stockhausen, die Zeit mit Pandit Pran Nath, all diese Dinge.‹

Ich konnte mir nicht vorstellen, mich auf derselben Ebene zu bewegen wie zwei junge Typen, die zehn oder sogar fünfzehn Jahre jünger waren als ich und auf der Kunstschule angefangen hatten, Gitarre zu spielen, dann hatten sie irgendwas anderes gemacht. Natürlich hatten beide eine wirklich interessante und zweifellos auch sehr originelle Art, sich mit bestimmten Dingen auseinanderzusetzen, das will ich keineswegs bestreiten. Ich sollte die beiden auch nicht immer in einem Atemzug nennen. Ich bin immer noch mißtrauisch gegenüber der Art, wie David Byrne bestimmte Dinge, die ihn interessieren, kurzerhand an sich reißt. Kennst du diese Füllhalter, die man in die Hülse schiebt und die sich dann einfach festsaugen? So ähnlich saugt David Byrne die Sachen, die ihn interessieren, einfach ab! Er ist sehr clever darin, mit welchen Leuten er sich umgibt und welche Dinge ihn interessieren. Bei Brian habe ich ein ganz anderes Gefühl. Er ist viel jünger als ich. Und ich weiß, daß dieser Altersunterschied eine entscheidende, nicht zu unterschätzende Rolle spielt. Aber ich glaube, Brian meint es ehrlich. Wir sind enge Freunde, und es besteht – wenn man so will – eine wirklich gute Vibration zwischen uns. Diese Vibration kann jedoch nur so lange fließen, wie ich zu ihm sagen kann: ›Hör' mal, lieber Freund, erinnerst du dich noch daran, wie du mir damals kräftig auf die Füße getreten bist?‹ Ich mußte einfach in der Zeit nach dem Erscheinen von ›Possible Musics‹ erstmal nachdrücklich klarstellen, wo was hergekommen war. Ich mußte daraufhin mit den nächsten Platten meine eigenen Ideen erstmal wieder allein verwirklichen. Dann erst kamen wir an einen Punkt, wo wir auch mal wieder was zusammen machen konnten.«

Brian Eno spielte auf Jon Hassells dritter LP »Dream Theory In Malaya/Fourth World, Volume 2«. Und Jon war Gastmusiker auf Enos phantastischer LP »On Land«, für mich eine der aufregendsten Platten der letzten Jahre.

Eines der Lieblingsstücke von beiden ist »He Loved Him

Madly«, die musikalische Widmung des Trompeters Miles Davis an Duke Ellington auf der LP »Get Up With It«. Ein sehr meditatives, atmosphärisches Stück, das einen Raum und Zeit vergessen läßt. Dreißig Minuten, die zur Ewigkeit werden. Für Eno war dieses Stück einer der Gründe, warum er das Projekt »On Land« wagte.

1972 hatte Jon Hassell eine Auftragskomposition »Ocean/Desert« realisiert: Der reale Klang des Pazifischen Ozeans wurde von der kalifornischen Küste durch eine elektrische Übertragungsleitung an einen weit entfernten unterirdischen Ort in der Wüste gebracht und dort live in einem Konzert gesendet. Diese Aktion ist für mich zu einem Bild geworden für die gesamte Arbeit von Jon Hassell. Seine Musik stößt Fenster auf. Man hört plötzlich in eine andere Welt.

Momentaufnahmen 1

In New York mittags mit Klaus Felder ziellos durch den südlichen Teil von Manhattan gewandert. Es war einer der ersten schönen Frühlingstage, kurz nach einem heftigen Schneesturm, und man merkte richtig, wie die Leute aufatmeten an diesem Tag.

Wir gingen auf der sonnigen Seite einer großen Straße, irgendwo, in der Nähe der Houston Street, zusammen mit vielen anderen Fußgängern. Wenige Meter vor uns war ein Schwarzer, der beim Gehen ständig eine bestimmte Melodie sang. *»There's a ribbon in the skyyy..., there's a rrriiiibbon iiinn the skyyy...«* Eine Zeile aus einem wenig bekannten Song von Stevie Wonder über ein buntes Band, das am Himmel flattert. Genau im Rhythmus seiner Schritte sang der Mann dieses Lied, während er vor mir herlief.

Es klang wunderbar, und er sang ziemlich laut. Anscheinend störten ihn die anderen überhaupt nicht.

Wir liefen eine ganze Weile hintereinander her. Und während wir ihm zuhörten, kam es uns plötzlich so vor, als ergäben alle Geräusche und Bewegungen auf der Straße zusammen eine Begleitmusik zu diesem Lied. Klaus kramte beim Laufen seinen Walkman raus und nahm auf. Den Sänger, unsere Schritte, die Stimmen der Leute um uns herum, Autohupen, Reifenquietschen, einfach alles. Ich weiß nicht, wie oft wir uns später diese Kassette angehört haben, unsere private »Frühling-in-New-York«-Symphonie.

Der rechte Weg ist in der Welt wie die Flüsse und Bäche in Strömen und Meeren.
Lao Tse

Der STERN machte eine Umfrage unter Jugendlichen, was
für sie »Glück« bedeute. Ein junger Maler aus Düsseldorf
sagte, er sei in Neapel gewesen und habe dort zum ersten Male
erlebt, was Wasser sei. »Ich will werden wie das Wasser!« hat
er gesagt.

13.5.88
Nach einem Konzert von Weather Report in Köln mit den
Musikern in der Garderobe. Zwischen Tür und Angel,
inmitten des Lärms beim Abbauen der Verstärkeranlage, mit
Wayne Shorter ein Gespräch über Religion. Wayne zitiert
einen Satz, den er jeden Tag sagt, wie ein Mantra: »Total
devotion to the mystic law of cause and effect through
sound.«

Was bedeutet Musik für dich? Was wärst du ohne Musik?
Musik ist alles. Natur ist Musik. Zikaden in der tropischen
Nacht. Das Meer ist Musik, der Wind ist Musik. Der Regen,
der aufs Dach trommelt, und der Sturm, der am Himmel
tobt, sind Musik. Musik ist das älteste Wesen. Der Bereich
der Musik ist unermeßlich und unbegrenzt. Sie ist das
»Esperanto der Welt«.
Duke Ellington

23.1.86
Bis spät in die Nacht hinein Platten aufgelegt. Als ich den
Plattenspieler abschaltete, hörte ich, wie der Wind laut um
die Häuserecken heulte. Es war die faszinierendste Musik, die
ich an dem Tag gehört habe. Ich lag noch stundenlang mit
weit aufgesperrten Ohren im Bett und hörte mir das an. Ich
wollte gar nicht mehr aufhören zu hören.

7.12.85

Im Café Kibo am Kölner Ebertplatz. Samstagmorgen, elf
Uhr, gerade aufgestanden. Luciana und ich wollten dort
frühstücken. Außer uns waren noch zwei Gäste und der
Kellner in dem großen Raum. In jeder Ecke standen
Lautsprecherboxen. Heraus dröhnten die gesammelten Werke
von Spandau Ballet. Als der Sänger brüllte: »*Communication
let me down!!!*«, rief ich den Kellner und beschwerte mich
über die laute Musik. Ob man die nicht leiser stellen könne.
Er lachte. »Also, du bist wirklich der erste, der das verlangt.
Die anderen beschweren sich immer, wenn mal gerade keine
Musik läuft.« Ich sage ihm: »Was meinst du denn, wer von
uns hier jetzt diese Musik hören will? Der alte Mann da vorne
nicht, ich nicht und das Mädchen da hinten wahrscheinlich
auch nicht. Da ist man gerade aufgestanden, will in Ruhe
aufwachen, sich eventuell noch an die Träume der letzten
Nacht erinnern. Und dann kommt man bei euch rein wie in
eine Disco.« Er schaute mich an, grinste und zuckte nur mit
den Schultern. Die Musik drehte er nicht leiser. Spandau
Ballet grölten weiter. Ich stand auf und ging in eines dieser
sogenannten »Oma-Cafés«. Hier ließ man mich in Ruhe.

Der Sänger von Killing Joke, als er die Bühne des Rockpalast-
Festivals auf der Loreley betrat und ins Publikum sah: »Hello,
it's good to be back in the USA!« Die Schönheit der einfachen
Sprache in alten Bluessongs: »I'm waiting at the end of the
road.«

Gedichtzeilen von Paul Celan klingen wie Musik:
»Es kam eine Stille«
»Die Stundentür und ihre Geräusche«
»Das Schweigen der Nacht«
»Einiges sprach in der Stille, einiges schwieg«
»Über die Nächte hinweg in den Tag»

Drei Wochen lang nur mit drei Platten gelebt. Robert Wyatt:»Old Rottenhat«; Brian Eno:»Thursday Afternoon«; Michael Brook:»Hybrid«.

27.12.85
Zum Abendessen bei einer Spanierin, die mit einem Franzosen verheiratet ist. Im Fernsehen läuft eine lange Sendung über Bach. Als die »Toccata« gespielt wird, sagt er:»Bis jetzt fand ich alles ganz schön. Aber die ›Toccata‹ hab' ich nun wirklich jetzt schon so oft gehört, daß ich sie, glaube ich, nicht mehr ertragen kann.« Darauf sagt sie:»Dann hör' sie dir trotzdem nochmal an. Das ist ein wirklicher Dialog.« Keiner sagt mehr was, bis das Stück zu Ende ist. Plötzlich ist Bachs »Toccata« spannend wie ein Krimi.

2.1.86
K. erzählt:
»Ich bin aufgewachsen bei Eltern, die überhaupt keine Musik mochten. Sie haßten Musik. Es gab bei uns zu Hause nie Musik zu hören. Auch jetzt nicht, wo meine Eltern schon alt sind. Als ich zehn Jahre alt war, beschlossen sie, daß ich wie jede andere Tochter aus gutem Hause auch Klavierunterricht bekommen sollte. Wie sich das gehörte. Es gab keinen anderen Grund dafür.
Für mich, die überhaupt kein Verhältnis zur Musik hatte, war es schier unerträglich, von einer Klavierlehrerin die

Finger auf die Tasten gelegt zu bekommen und dumme kleine Liedchennachzuspielen, die sie selber komponiert hatte. Außerdem schleppten mich meine Eltern in jedes große Klavierkonzert, das damals in Paris stattfand. Die endlosen Abende in der Salle Pleyel waren eine furchtbare Folter für ein kleines Mädchen wie mich. Erst viele Jahre später bekamen einige meiner neuen Freunde mit, daß ich nicht das geringste Interesse an Musik hatte. Sie waren geradezu entsetzt darüber, wie wenig mir Musik im Gegensatz zu ihnen bedeutete. Eine Freundin überredete mich nach langem Hin und Her, mit ihr in ein Konzert des Chansonsängers Claude Nougaro zu gehen. Sie sagte: »Hör zu, es gibt zwar viele verschiedene Arten von Musik, aber im Grunde ist alles eine Musik, mit vielen unterschiedlichen Inhalten. Da ist bestimmt auch was für dich dabei.« Ich wollte gar nicht mitkommen, versuchte mich zu drücken und sagte: »Ich komme nur mit, wenn ich einen Platz in der Nähe des Ausgangs kriegen kann. Ich kann doch gehen, falls es mir nicht gefällt, oder?« Jaja, das war alles kein Problem. Und ich muß sagen, dieser Abend war für mich ein großes Erlebnis. Ich blieb bis zur letzten Minute. Nougaro konnte wunderbar erzählen in seinen Liedern, und ich hatte noch nie eine so mitreißende Musik erlebt. Ich bekam Lust zu tanzen. Es war ein Abend, den ich nie vergessen werde.

Danach wurde ich regelrecht süchtig nach Musik. Zuerst die französischen Chansonkünstler, dann war's der Blues mit seinen ruhigen, fließenden Rhythmen, und danach wollte ich nur Trompeten hören. Ich kannte ja keine Instrumente! Erst vor kurzem wurde mir klar, was eine Harfe ist, wie sie klingt usw. Von Trompeten konnte ich nicht genug kriegen: Miles Davis, Louis Armstrong, Maurice André... Und dann hörte ich bei meinen Freunden Musik von Edward Elgar. Seitdem liebe ich klassische Musik.

Wenn viele Leute zusammensitzen und reden, dann kriege

ich nichts mit von der Musik. Das ist mir zu schade. Dann höre ich lieber gar keine. Wenn ich Musik höre, will ich ganz allein sein. Ich schließe die Augen und höre. Und dann bin ich oft so ergriffen davon, daß ich anfange, am ganzen Körper zu zittern. Ich weine dann manchmal. Die Schubert-Lieder, wie schön die sind! Das kann man mit Worten nicht beschreiben.

Der Sopransaxophonist Steve Lacy über den Tenoristen Sonny Rollins: »I've never seen anyone in love with the tenor saxophone the way Sonny is. He really loves that horn and understands it. He knows everything about it.«

Das Ereignis ist unserem Denken und unseren Absichten so weit voraus, daß wir es niemals einholen und seine wahre Erscheinung erkennen können.
Rainer Maria Rilke

AwopBopaLooBop AlopBamBoom!!!
Little Richard

3.1.86
Früher hatten die Radiosendungen andere Titel als heute: »Herr Sanders öffnet seinen Plattenschrank«, »Zwischen Tag und Traum«, »Leise Musik für leise Lautsprecher« oder »Zum Tanzen, Träumen und Verliebtsein«. Das Radio ist leise Begleitung durch die späten Stunden des Abends, nicht andauernd »shouting for attention«, wie die meisten Popsendungen heutzutage.

Ich habe als Kind sehr viel Radio gehört, besonders abends. Wir durften uns noch längst nicht jedes Fernsehprogrammm anschauen. Wenn um viertel nach acht die US-Krimiserie mit der tollen Intromusik von Quincy Jones oder Lalo Schifrin anfing, hieß es meistens: »Ab ins Bett!«. Und wenn bald darauf das Licht ausgedreht wurde, gab's nur noch das Radio. Ich liebte Hörspiele über alles. Im Dunkeln liegend, während meine Geschwister schon schliefen, und all diese verschiedenen Stimmen hörend, die Stimmen von René Deltgen, Peter Pasetti, Rolf Becker und Martin Held haben mich durch meine ganze Kindheit begleitet. Im Radio wirkten sie fast noch stärker als im Fernsehen. Bob Dylan hat kürzlich in einem Interview gesagt: »Die alten Schwarzweißfilme wirken besser als die Farbfilme, sie geben deinem Auge und deiner Vorstellungskraft was zu tun. Es wird heute zuviel chaotisches Zeug durch den Äther gejagt. Das können die Sinne gar nicht alles aufnehmen. Es ist ein Anschlag auf unsere allzu zerbrechliche Vorstellungskraft.«

Der WDR sendete damals abends eine Musiksendung, die ich lieber hörte als jede andere. Sie hieß »Bei Scotch und Candlelight«. Moderiert wurde sie von Renata Calani. Diese Frau spielte exakt die Musik, die in diese späte Nachtzeit hineinpaßte, und ich hörte sie immer heimlich unter der Bettdecke, all diese tollen Lieder: »Cry me a river« von Julie London, Sinatra, die Bossa Novas von Tom Jobim und Astrud Gilberto, das Saxophon von Stan Getz... Meine absolute Lieblingsnummer war »I will wait for you« von Astrud Gilberto. Ich kriege heute noch manchmal eine Gänsehaut, wenn ich die höre:

»If it takes forever
I will wait for you
For a thousand summers
I will wait for you
(...)«

Dieses Gefühl, von einer Musik weit weggetragen zu werden, hab' ich da zum ersten Mal gespürt. Die Stimme von Astrud Gilberto, die Komposition von Michel Legrand zu dem Film »Umbrellas of Cherbourg«, das Arrangement von

Gil Evans und das Trompetensolo von Johnny Coles. Es klang phantastisch.

Renata Calani schaffte es, eine Stimmung zu erzeugen, die dieser Musik genau entsprach. Sie schien übrigens gar nicht viele Platten zu haben, denn sie spielte oft dieselben Titel und Interpreten. Aber das störte mich überhaupt nicht. Man hatte, wenn man die Sendung öfter hörte, bald das Gefühl, sich in einem Freundeskreis zu bewegen. Astrud, Tom, Stan... man kannte sie bald alle. Als Acht- oder Zehnjähriger lag ich mit meinem kleinen Radio fünfzig Kilometer von Köln entfernt unter meiner Bettdecke, während im Kölner Funkhaus spätabends diese Frau im Studio am Mikrofon saß und diese Platten spielte. Ich bin ihr nie begegnet. Und es wurde mir auch erst viele Jahre später klar, wie sehr sie meinen Musikgeschmack und meine Vorstellungen vom Radio beeinflußt hat.

Der englische Gitarrist Robert Fripp hat mir mal gesagt: »Man muß versuchen, mit all den Dingen in einem innigen Kontakt zu bleiben, die einen von jeher tief im Herzen am meisten berührt haben.« Man läßt sich von so vielen Dingen ablenken, nur weil sie aktuell und grell und wichtig erscheinen, daß man sowas leicht aus den Augen verliert. Dylan gab den jungen Songschreibern und Sängern mal den Rat: »Kümmert euch nicht so viel um das aktuelle Zeug. Vergeßt es, dann seid ihr besser dran. Lest John Keats, Melville. Hört euch Robert Johnson und Woody Guthrie an. Filme auch, ich hab' Hunderte von ihnen gesehen, wie viele davon bleiben dir in Erinnerung und bedeuten dir wirklich was? Shane, Red River, On The Waterfront, Freaks? Vielleicht noch eine Handvoll mehr... Ich hab' gestern einen Film gesehen, und sobald er zu Ende war, konnte ich mich an nichts mehr erinnern. Das schien zu der Zeit aber ein ganz *wichtiger* Film zu sein!«

Es gibt eine Szene aus einem Film mit Gene Hackman, die immer wieder vor mir auftaucht, wenn ich Musik von Zoot Sims höre. Hackman spielt in dem Film »Der Dialog« von Alan J. Pakula einen Privatdetektiv, der nebenbei in seiner Freizeit auf  einem Tenorsaxophon zu alten Jazzplatten spielt. Er lebt allein, und man sieht, wie er in seinem Apartment vor dem Wohnzimmerschrank steht und Saxophon spielt, wenn er sich einsam fühlt.

Das Gefühl, das diese Bilder im Film vermitteln, finde ich in der Musik von Zoot Sims wieder. Auch wenn er schnelle Nummern spielt, klingt Zoots Ton nicht rauh und aggressiv, sondern bittersüß. Alles hat einen soften Swing.

Die beste Zoot Sims-Platte, die ich kenne, heißt »If I'm Lucky«. Vorne auf dem Cover ist ein Foto von ihm, wie er mit geschlossenen Augen im Studio sitzt, mit dem Horn in der Hand, und Musik hört. Ich weiß nicht, wie oft ich mir dieses Foto angesehen habe. Der französische Regisseur Bertrand Tavernier hat 1985 spontan angefangen, seinen Film »Autour de Minuit« zu drehen, weil er zu Hause ein altes Foto von dem Saxophonisten Lester Young wiedergefunden hatte. Lester Young war das große Idol von Zoot Sims.

Ein einziges Mal habe ich Zoot Sims live im Konzert erlebt. Es war bei einer »Jazz At The Philharmonic«-Tournee vor einigen Jahren in der Kölner Sporthalle. Viele Topstars, von Oscar Peterson bis zu Ella Fitzgerald, traten in kurzer Folge hintereinander auf und wurden enthusiastisch gefeiert. Aber am meisten beeindruckte mich dieser rothaarige Saxophonist, der auf seinem alten, verbeulten Horn ein grandioses Solo nach dem anderen spielte. Immer, wenn er den letzten Chorus zu Ende gebracht hatte, setzte er sich auf seinen Stuhl, zündete sich eine neue Zigarette an, lehnte sich zurück und hörte den anderen mit gelassener Miene zu. Es war genau der Typ von Jazzmusiker, den Steely Dan in ihrem »Deacon Blues« verewigt haben. Jemand hat mal gesagt, die wahren Helden wohnten gleich nebenan, man erkennt sie nur nicht als solche. Zoot Sims war einer von diesen unscheinbaren Giganten.

Ein amerikanischer Jazzkritiker hat mal erzählt, wie er ihn besuchte. Zoot Sims hatte lange keine Platten mehr gemacht. Er war mit seiner Familie raus aufs Land gezogen. Der Journalist fand nach langem Suchen die Adresse, fuhr hin und sah den legendären Zoot Sims beim Anstreichen seines Hauses, auf einer Leiter stehend. Er fragte ihn, warum er keine Tourneen mehr mache. Zoots lakonische Antwort war: »Zu viele kalte Sandwiches und zuviel warmes Bier.« Und warum er keine Platten mehr mache, wollte der Kritiker wissen. »Naja, ich glaube, es liegt daran, weil ich noch immer kein Telefon habe.« Das war so ziemlich das ganze Gespräch. Danach machte er doch wieder Platten, vor allem mit seinem Freund, dem Pianisten (und Sänger!) Jimmy Rowles. Ihre gemeinsamen Aufnahmen aus den späten siebziger Jahren gehören zu den schönsten aus Zoot Sims' gesamter Karriere. Er starb im März 85 an Lungenkrebs. Musik von Zoot Sims zu hören, das war jedesmal ein Erlebnis, als würde man die Stimme eines guten Freundes, den man lange vermißt hat, endlich wiederhören. A man alone with the blues.

Am Ende des Filmes von Pakula dreht Gene Hackman plötzlich durch. Er hat es satt, dauernd ein junges Liebespaar abhören zu müssen, und bekommt auf einmal selber das Gefühl, abgehört zu werden. Also rast er nach Hause, um seine gesamte Wohnung nach Wanzen abzusuchen. Er reißt den Fußboden auf, räumt die Schränke aus und zerrt die Tapeten von den Wänden. Aber er findet nichts. Am Ende sieht man, wie er völlig niedergeschlagen mit seinem Saxophon in einer Ecke sitzt, mitten in dem völlig demolierten Apartment. Er fühlt sich total einsam. Und dann führt er langsam das Saxophon zum Mund und spielt den Blues. Das ist die Schlußeinstellung. Und so klingt es, wenn John Haley Sims eine von seinen Balladen spielt. Goodbye, Mr. Sims. We love you madly. (Das Foto auf dem Buchumschlag zeigt Zoot Sims während einer Plattensession in den fünfziger Jahren.)

Mit sechzehn bin ich zum ersten Mal nach London gefahren. Jede Nacht trieb ich mich in den Jazzclubs herum, saß völlig verschüchtert irgendwo in der hintersten Ecke und hörte mir die Bands an. Im »Melody Maker« las ich von einem Konzert mit der schwarzen Sängerin Esther Phillips aus den USA. Ich fuhr in den Club. Der Eintritt war ziemlich teuer. Zuerst spielte eine Vorgruppe, aber der Star des Abends kam und kam nicht. Ich hatte schon fast mein gesamtes Geld für Bier und Erdnüsse ausgegeben. Dann endlich die Ansage: »Ladies and gentleman, Miß Esther Phillips!« Und auf der Bühne erschien eine der schönsten Frauen, die ich je gesehen habe.

In einem eng anliegenden, hellgrauen Flanellkleid, mit einem grellrot geschminkten Mund und einem unwiderstehlichen Lächeln. Ich saß da und bekam weiche Knie, während diese Frau mit ihrem riesigen Busen vor mir stand und sang. Der längste Song des Abend bestand praktisch nur aus einem Stöhnen. Ich glaube, als das zu Ende war, hätten einige der männlichen Clubgäste ihre eigene Hausnummer nicht mehr aufsagen können. Ich kann mich nicht mehr erinnern, wie ich nach diesem Abend überhaupt noch den Weg zurück ins Hotel gefunden habe.

25.11.83

Interview mit dem Bassisten Steve Swallow: »Unsere Musik
ist sehr bluesbeeinflußt. Obwohl wir alle in der weißen
Mittelklasse aufgewachsen sind, haben wir den Blues schon
sehr früh für uns entdeckt. Das war bei mir der Fall, als ich
zehn oder elf Jahre alt war.

Dieses Gefühl im Blues, das man nicht erklären kann, hat
mich zu dieser Musik hingezogen, und danach kam ich zum
Jazz. Auf dieser Tournee habe ich eine Kassette von Robert
Johnson mit dabei. Und dieser Mann ist wirklich unglaublich. Ich hatte das große Glück, Billie Holiday kurz vor ihrem
Tod ein einziges Mal live zu erleben. Die Wirkung, die ihr
Gesang auf mich hatte, kann ich dir gar nicht beschreiben.
Ich konnte tagelang mit keinem Menschen mehr reden. Alle
fingen an, sich Sorgen um mich zu machen. Und es war ganz
klar der Blues, es war das Blueselement in ihrem Gesang, das
eine so starke Wirkung auf mich hatte.«

Alles, was ich singe, ist ein Teil meines Lebens.
Billie Holiday

Es gibt eine Platte von einem amerikanischen Sänger, die ich
sehr liebe. Für mich ist sie eine der berühmten fünf Platten,
die ich mitnehmen würde auf die einsame Insel. 1976 erschien die erste Solo-LP von David Forman auf Arista Records.
Es sollte seine einzige Platte bleiben. Trotz der aufwendigen
Produktion mit hervorragenden Begleitmusikern und einem
namhaften Produzenten wurde die Platte ein totaler Reinfall.
Sie verschwand bald wieder aus den Regalen der Plattenläden. Ich kenne jedes Wort und jeden Ton auf dieser LP.
Allmählich fand ich heraus, daß sich aus den Songs die
Biographie des Sängers in Umrissen erkennen ließ. Es gibt
von ihm dieses erschütternde Lied über einen Vietnam-

Heimkehrer, der eine alte Freundin nach vielen Jahren wieder anruft und sie prompt heiraten will. In seiner ganzen Verzweiflung ist sie der letzte Strohhalm, an den er sich noch klammert. (»The reason I'm callin' you, Rosalie/Is that Shorty said that you told him that you like me«). Ein solches Lied konnte nur jemand schreiben, der das wirklich erlebt hatte, oder?

In »Smokey China Tea« liefert Forman mit wenigen Zeilen den Stoff für einen abendfüllenden Kinofilm:

»Rum and a woman and a one night stand
Anchoring easy in no man's land
Walking out in the pouring rain
Hong Kong Harbor, snowing cocaine
Anyway, it's all the same
Nothing new, except the name
Lonesome sailor, home from sea
Drinking Smokey China Tea
(...)

Opium smoke in sweet bamboo
Still I can't remember you
Jesus, living in the Pakistan wave
Take me to my sailor's grave

Anyway...«

Jahrelang fragte ich mich, was aus David Forman geworden war. Susanne, die in New York lebt, telefonierte durch halb Amerika, um auf seine Spur zu kommen. David Forman ist verschwunden. Es gibt nur diese eine Platte mit elf Songs von ihm.

Aus einem Interview mit dem amerikanischen Gitarristen Ry Cooder (Düsseldorf, November 81):

»Im Blues oder im Jazz, egal wo: Immer kannst du genau die Stellen nachverfolgen, an denen jemand mit einer neuen Idee auf der Bildfläche erschien. Nimm Louis Armstrong! Der Mann war so weit vorne mit seinen Ideen, daß er alle um sich herum beeinflußte und sie wie ein Magnet in seinen Bann zog. Oder denk' nur an Charlie Parker. Es sind immer diese herausragenden Persönlichkeiten gewesen, die an bestimmten Punkten der musikalischen Entwicklung zu etwas wirklich Neuem vorstoßen.

Die meisten Leute spielen nur das nach, was sie irgendwo schon mal gehört haben. Musik ist auch immer so gewesen. Dieselbe Sache war den Leuten lange Zeit gut genug, um damit einen bestimmten Zweck zu erfüllen. Es gab Musik, zu der man gut tanzen konnte, und es gab eine andere, zu der man gut marschieren konnte...

Dann jedoch tauchte hin und wieder jemand auf, der dem bereits Vorhandenen etwas gänzlich Neues hinzufügte! Und das löste plötzlich eine Vielzahl neuer Entwicklungen aus. Mit rasender Geschwindigkeit verbreitete sich das Neue in alle möglichen Richtungen! Das ist die Sache, die ich an der Musik so liebe. Und das sind auch die Musiker, die ich am meisten bewundere.

Du kannst im Grunde alles zurückführen auf diesen einen Typen, der die Idee hatte. *Irgendwas hat er gehört, ... irgendeinen fernen Klang, ... von ganz weit her ...* Das sind die Leute, die die guten Platten machen.«

Donald Fagen, die Stimme von Steely Dan

> »I'll learn to work the saxophone
> And play just what I feel,
> Drink Scotch whisky all night long
> And die behind the wheel.
> They got a name for the winners in the world,
> I want a name when I lose.«
> *D. Fagen, W. Becker: »Deacon Blues«*

Steven Spielberg beschreibt in einigen seiner Filme, wie es ist, als Jugendlicher in einer amerikanischen Vorstadt aufzuwachsen. Meine Platte »The Nightfly« kreiste auch um dieses Thema. Der Unterschied zu einem Film wie »E.T.« bestand darin, daß das kleine grüne Männchen in einem Schlafzimmer Thelonious Monk hieß. Es war kein fremdes Wesen aus dem Weltall, aber mir kam jemand wie Monk damals genauso fremd und faszinierend vor. Wenn man als Junge in einer dieser langweiligen Vorstädte aufwächst, kann man sich im Grunde nur in eine bunte Fantasiewelt flüchten. Die eigene Vorstellungskraft übernimmt völlig das Ruder. Mein Interesse bezog sich damals hauptsächlich auf Jazz und die Hipster-Kultur jener Zeit.

Ich lebte mit meinen Eltern zirka fünfzig Meilen außerhalb von New York City. Mit elf oder zwölf Jahren entdeckte ich den Jazz, der von den Late Night DJs aus New York durch den Äther geschickt wurde. In meiner Vorstellung sahen die Typen so aus wie auf dem Plattencover zu »The Nightfly«. Für mich, der in einer kulturell ausgetrockneten Umgebung lebte, mit endlosen Reihen von Fertighäusern, die alle gleich aussahen, bot der Jazz eine positive Alternative zu diesem eintönigen Lebensstil. Alles im Jazz schien mir realer und voller Vitalität zu sein, mehr als irgendeine andere Musik, die ich als Teenager hörte. Es hatte einen therapeutischen Effekt auf mich, mit »The Nightfly« einen Blick zurückzuwerfen in jene Zeit und mir die Gründe noch einmal vor Augen zu führen, warum ich überhaupt Musiker werden wollte. Aber der Optimismus, den die Songs ausstrahlen, ist im Grunde eine Täuschung. Zum Beispiel in einem Song wie »I.G.Y.« werden Dinge, die sich in der nahen Zukunft abspielen sollen, vom Blickwinkel eines Kindes aus geschildert.

Vom Jahr 1958 ausgehend, werden bevorstehende Erfindungen angedeutet, die alle Probleme der Welt lösen sollen.

Nichts davon hat jedoch wirklich funktioniert. Darin steckt eine ganze Portion Ironie. Obwohl der Song an der Oberfläche so heiter und optimistisch klingt. Wenn man genauer hinhört, entdeckt man, daß nichts so gelaufen ist, wie es sich der Junge in seiner kindlichen Vorstellungswelt ausgemalt hatte.

1958 träumte er davon, es werde 1976 einen Zug von New York nach Paris geben, der die Strecke in neunzig Minuten zurücklegte. Das Wetter ließe sich wissenschaftlich kontrollieren, Amerika sei eine starke Nation, seine Bewohner seien voller Optimimus und ihre Techniker in der Lage, alle Probleme dieser Welt zu lösen. Der Hörer weiß natürlich, daß alles ganz anders kam und die Technik sich in vielen Fällen gegen die Menschen gewendet hat, vor allem, wenn man an die atomare Bedrohung und ihre Folgen denkt.

Aus der Musik, die ich damals hörte, und das war vor allem Jazz, ist für mich seit Mitte der sechziger Jahre viel von der ursprünglichen Emotion raus. Ich höre heute eine starke Betonung auf dem technischen Aspekt des Spielens bei vielen. Seit damals wirkt viel im Jazz auf mich irgendwie müde und erschlafft. Von diesem Tief hat sich die Musik nie wieder so richtig erholt, glaube ich. Aber wir werden ja sehen, wie es weitergeht. Ich bin der Meinung, der Jazz wird nach und nach von anderen Arten von Musik absorbiert. Wahrscheinlich wird daraus mal was anderes entstehen. Aber so, wie der Jazz damals existierte, gibt es ihn heute nicht mehr.

Meine Lieblingsplatten sind »The Complete Miles Davis« auf Prestige, »Monk's Dream« von Thelonious Monk; »Mingus Dynasty« hieß eine Platte in den USA, die Charles Mingus für Columbia aufnahm, die CBS später als Doppelalbum unter dem Titel »Nostalgia On Times Square« neu herausgebracht hat. Außerdem gehört nach wie vor Bill Evans zu meinen Favoriten. Besonders das Trio mit Chuck Israels (Baß) und Paul Motian (Drums) mochte ich sehr und noch eine Platte: »The Bridge«, mit Sony Rollins und dem Gitarristen Jim Hall.

Ich bin kein Jazzmusiker. Trotzdem verwenden wir viele Elemente, die etwas mit Jazz zu tun haben. Das betrifft vor allem formale Dinge, bestimmte Harmoniewechsel, Baßlinien und den Swing.

Aber abgesehen von ein paar Soli gibt es eigentlich nicht viel Improvisiertes in unserer Musik. Vielleicht könnte man manches davon mit einigen Stücken von Duke Ellington vergleichen. Der Duke arbeitete oft mit sehr klar durchstrukturierten Arrangements, es gab oft wenig Improvisation bei ihm, und wenn, dann klangen diese Soli in seinem Orchester eher standardisiert. Darin sehe ich eine gewisse Parallele zu unseren Stücken (Steely Dans Version von Ellingtons »East St. Louis Toodle-Oo« auf der LP/CD »Pretzel Logic«).

Sehr interessant war die Zusammenarbeit mit den beiden Saxophonisten Warne Marsh und Pete Christlieb, mit denen wir die LP »Apogee« produzierten. Es fing damit an, daß Pete mit einem Band aufkreuzte, das er und Warne Marsh zu Hause eingespielt hatten. Sie hatten die Musik spontan aufgenommen, ohne Rhythmusgruppe, und das klang so toll, daß wir Warner Brothers fragten, ob sie das Geld für eine Produktion zur Verfügung stellten. Ich war sehr überrascht, als sie sofort einwilligten, denn Warners sind eigentlich nicht besonders an Jazz interessiert. Es hat Walter Becker und mir großen Spaß gemacht, diese Platte mit zwei Tenorsaxophonisten aufzunehmen. Ich bin froh, daß wir so ein Projekt auch mal realisiert haben.

Wynton Marsalis ist zweifellos ein fantastischer Techniker auf der Trompete. Aber als ich sein erstes Album hörte, hat mich das sehr an den Miles Davis der zweiten Hälfte der sechziger Jahre erinnert. Nichts wirklich Neues und Originelles fand ich da. Ich glaube, was fehlte, war die Art von Soulfeeling, die im Jazz der fünfziger und sechziger Jahren fast immer spürbar war. Aber Musik reflektiert eben die Zeit, in der sie entsteht. Sie folgt ihren eigenen Irrtümern, und wir leben nun mal heute in einer anderen Zeit als damals. Die Musik verändert sich mit der Zeit.

Ich habe an der Columbia-Universität Literatur studiert und steuerte auf eine Karriere als Englischlehrer an einer Highschool zu. Hauptsächlich aber war ich ein totaler Jazzfan und fuhr völlig auf diese Musik ab. Ich trat als Amateurpianist auf, und als die sechziger Jahre kamen, taten sich eine ganze Menge neuer Möglichkeiten vor mir auf. Ich wechselte vom Jazz rüber in die Popmusik. Hier konnte ich mich besser ausdrücken, und Pop schien mir auch relevanter als Jazz. Wenn all die Dinge in den sechziger Jahren nicht passiert wären, hätte ich nie Musiker werden wollen.

Den Meinungen der Kritiker über meine Musik schenke ich keine große Beachtung. Ich glaube, man muß sich davon isolieren, was andere über die eigene Arbeit denken, und dafür besser den eigenen Instinkten folgen. Ich glaube, in dem bescheidenen Rahmen, der mir zur Verfügung steht, etwas zu sagen zu haben. Es macht mir einfach Spaß, Songs zu schreiben und Platten zu machen. Toll ist es, wenn man merkt, wie sich verschiedene Dinge zu einem Gesamtkonzept ergänzen.

Musik *ist* ein Fluchtmittel. Ich habe mein ganzes Leben hart dafür gearbeitet und im Grunde kaum was anderes gemacht, als immer nur in Studios herumgehangen und an den Songs gebastelt. Das hat was mit Hedonismus zu tun, dem Glauben an Freude als höchstem Gut. Wenn ich spüre, daß ich nichts mehr zu sagen habe, werde ich aufhören, Platten zu machen. Walter Becker und ich haben vierzehn Jahre lang zusammen Songs geschrieben und waren der Meinung, wir sollten vielleicht mal 'ne Pause einlegen. Unsere letzte gemeinsame LP »Gaucho« fand ich o.k., aber irgendwie fehlte der Sache jener Drive von früher. Im Grunde ist es immer ziemlich deprimierend, die alten Sachen nochmal wieder zu hören. Denn Songs, die ich damals clever und spannungsreich fand, klingen mir heute oft zu banal oder abgedroschen. Ich höre viele Dinge, die ich heute anders machen würde, aber wenn ich eine Platte fertig habe, versuche ich sowieso immer, an die nächste zu denken und weiterzugehen. Ich finde es wichtig, kleine Tricks in die Musik einzubauen, und will den Zuhörer durch diese Überraschungseffekte aus der Balance bringen und ihn dort halten.

Musik muß mit Abenteuer zu tun haben. Vielleicht ist Cleverness das falsche Wort dafür. Wir versuchen den Hörer nicht auszutricksen, aber so macht es die Musik einfach interessanter.

Obwohl ich mich nicht mit ihnen auf eine Stufe stellen möchte, glaube ich, daß einige der besten Komponisten wirkliche Exzentriker waren. An den Komponisten, die ich am meisten bewundere − Strawinsky, Duke Ellington, Debussy... − mag ich besondere Verschrobenheiten. Sogar bei jemandem wie Mozart liebe ich diese kleinen, versteckten Kniffe, die seine Musik für mich so interessant machen. Das betrifft natürlich vor allem jemanden wie Thelonious Monk, dessen Musik wie eine endlose Kette von exzentrischen Einfällen erscheint (s. Hal Willners Tribut an Monk mit Donald Fagen u.a.).

Im Popmusik-Business älter zu werden ist ein Problem. Denn es ist ein junges Geschäft, und die Leute, die damit zu tun haben, sind im allgemeinen ziemlich jung. Ich war ja auch noch ein Halbwüchsiger, als ich damit anfing. Aber ich denke, man kann die Augen nicht vor der Tatsache verschließen, daß man älter wird, und muß sich Problemen zuwenden, die sich hier und jetzt für einen stellen. Irgendwie muß man damit klarkommen, daß nichts mehr so ist, wie es früher mal war. Wie Mick Jagger scheint es einen Haufen Leute zu geben, die das nicht sehen wollen, wobei ich ihn dafür sogar ein bißchen bewundere. Das ist fast ein heroischer Zug an ihm, die Weigerung, älter zu werden. Aber ich denke viel darüber nach und versuche, an den jeweiligen Punkten meiner persönlichen Entwicklung Ausdrucksformen für diese neuen Situationen zu finden. Es geht darum, über Dinge zu reden, die jetzt für dich relevant sind, und nicht in Problemen herumzustochern, die du in der Vergangenheit mal hattest.

Wenn ich einen Song singe, versuche ich eine Charakterrolle zu spielen, wie ein Schauspieler. Es gibt einen Erzähler in meinen Songs, der nicht ich bin. Die sentimentalen Bekenntnisse der Singer/Songwriter-Fraktion haben mich nie interessiert. Mir geht es mehr um eine besondere Distanz zum künstlerischen Material, vielleicht weil ich mehr von der Literatur herkomme. In Short stories und Romanen gibt es oft den allwissenden Erzähler, der etwas abseits von der Handlung steht, nicht immer, aber es ist *eine* Art des

Schreibens. Bisher haben Walter und ich vor allem amerikanische Themen auf unseren Platten behandelt. Das ist eben die Welt, die wir am besten kennen. Es gibt natürlich auch viele andere Stoffe, über die ich gern mal was schreiben würde. Nur: In der Popmusik ist sowas immer schwierig. Wenn man versucht, komplexere Themen in einem Popsong-Format zu behandeln, kann das leicht prätentiös wirken. Man muß vorsichtig sein und etwas aussuchen, das innerhalb des Genres natürlich wirkt. Mein Talent sehe ich vor allem darin, miniaturähnliche Musikstücke zu erfinden. Aber ich würde auch gern Filmmusik komponieren, wenn ein Regisseur käme, der ein Konzept hat, wo die Musik auf gleicher Ebene mit der visuellen läge. Das würde mich interessieren.

Ich würde am liebsten eine Platte machen, die vieles überdauert. Die im Jahr 2500 noch genau so toll klingt wie heute, »Jailhouse Rock« oder sowas. Eine Platte, bei der es egal ist, wann und wo du die Nadel in die Rille absinken läßt.

Straight Life

Ein Porträt des Saxophonisten Art Pepper

 Bestimmt kennen Sie die be-
liebte Journalistenfrage nach
den zehn besten Platten und
Büchern, die man auf die berühmte einsame Insel mit-
nehmen würde. Mir fiele es
schwer, auf meiner Insel ohne
die Musik von Art Pepper
auszukommen. 1979 hörte ich
eine Platte des kalifornischen Jazzsaxophonisten, die mich
völlig begeisterte. Es war »Patricia«, eine zehn Minuten
lange Ballade, in der Art Pepper ein atemberaubendes Solo
spielt, wie ich es vorher noch nie gehört hatte. Das Stück ist
zu finden auf der LP »Today« (Galaxy GXY-5119).

Es gibt viele Leute, die ähnliche Schlüsselerlebnisse mit
Musik von Charlie Parker, Sonny Rollins und John Coltrane
hatten. Aber Art Pepper wird noch heute selten erwähnt,
wenn es um herausragende Saxophonisten geht.

1979 erschien die Platte mit diesem Solo über ein Balla-
denthema, das Art Pepper für sein erstes und einziges Kind
geschrieben hatte, für Patricia, die als unerwünschtes Kind
zur Welt gekommen war. Patricia blieb für Art Pepper,
obwohl sie sein einziges Kind war, zeitlebens eine Fremde. In
der Musik, die er ihr gewidmet hat, drückt sich etwas von der
Sehnsucht nach einer unmöglichen Aussöhnung mit der
eigenen Vergangenheit aus, ohne jedes falsche Pathos, mit
einer elementar hervorbrechenden Traurigkeit über die verlorene Zeit und ein vertanes Leben.

Art Pepper starb im Juni 1982 im Alter von 57 Jahren. Das
erstaunliche ist, daß er in den letzten fünf Jahren vor seinem

Tod, weitgehend unbeachtet vom Großteil der Jazzöffent-
lichkeit, den Gipfel seiner musikalischen Fähigkeiten erreichte, obwohl ihn viele schon als hoffnungslosen Fall abge-
schrieben hatten.

Es gibt viele bestechende Virtuosen, die eine Glanzlei-
stung nach der anderen vollbringen. Aber es gibt in jedem
Bereich der Kunst auch die genialen Außenseiter, die nur
selten in ihrem Leben etwas schaffen, das dann für lange Zeit
seine Gültigkeit und Größe bewahrt. Art Peppers beste
Aufnahmen aus den späten siebzigerer und frühen achtziger
Jahren sind kurze Geniestreiche, ähnlich der gebündelten
Ausdruckskraft von Malcolm Lowrys »Unter dem Vulkan«
oder den wenigen Bildern, die ein Maler wie Gericault der
Nachwelt hinterließ.

Ich mußte an den französischen Philosophen Jean Grenier
denken, als ich Art Peppers »Patricia« kürzlich wieder hörte.
Der Jazz ist eine Musik, die aus dem Moment heraus erblüht,
und Art Peppers »Patricia« verwirklicht genau das, was
Grenier in seinem Buch »Die Inseln« in einer Passage um-
schreibt, in der er über den Wert kurzer Glücksmomente und
höchster Vollendung für ein ganzes Menschenleben reflektiert.
Grenier schreibt: »Ich habe gewonnen. Jedermann verliert
und versucht, das Verlorene wiederzufinden, aber meist
vergeblich. Ich habe zu dieser Stunde, die ich kenne, an
diesem Ort, den ich genau bezeichnen kann, auf einmal alles
gewonnen, was ich habe gewinnen können. Ich weiß nicht, ob
ich mich einigermaßen habe verständlich machen können.
Aber ich bin sicher, daß ich auf einmal alles gewonnen habe.«
Für Art Pepper war dieser Tag der 2. Dezember 1978, als er
mit drei schwarzen Musikern in den Fantasy-Studios in
Berkeley/Kalifornien die Musik zur LP »Today« einspielte.
In einem exakt benennbaren Moment erreichte der Jazzsaxophonist die höchste Höhe seiner Kunst, zumindest, was

die Musik betrifft, die auf seinen Schallplatten dokumentiert worden ist.

Zuerst hört man dieses Stück am besten allein, man ist ergriffen davon, hört es noch mal, wird tiefer hineingezogen in die starke Gefühlswelt, und dann allmählich entdeckt man, daß da nicht einfach nur jemand Saxophon spielt, sondern wie mit einer menschlichen Stimme jemand zu einem spricht! Diese Stimme wird einem so vertraut wie die eines guten Freundes. Man möchte mehr über ihn erfahren und entdeckt – wie es mir ergangen ist – irgendwo in einer Buchhandlung plötzlich eine über fünfhundert Seiten lange Autobiographie dieses großen Jazzmusikers. »Straight Life« heißt das Buch, 1979 zum ersten Mal in den USA erschienen bei Schirmer Books, danach noch mal als Paperback.

»Straight Life« gehört zu den wichtigsten Büchern, die je über den Jazz geschrieben wurden. Ich könnte ohne weiteres auf Dutzende von schlauen Abhandlungen über die Geschichte des Jazz verzichten, die Kritiker verfaßten. Aber dieses Buch fasziniert nicht nur, weil es von einem Jazzmusiker stammt. Es erregte bei seinem ersten Erscheinen in den USA beträchtliches Aufsehen, weil es nicht nur die Story eines weißen Jazzmusikers im Kalifornien der fünfziger und sechziger Jahre ist, sondern ein wichtiges Stück Zeitgeschichte. Viele der Leute, die in den Siebzigern in Art Peppers Clubkonzerte kamen, waren gar nicht mal unbedingt begeisterte Jazzfans, sondern sie hatten dieses ungewöhnliche Buch gelesen, sie wollten wissen, wie der Mann aussah, der all das erlebt hatte, wovon »Straight Life« berichtet. Art Pepper wurde für einige zur »lebenden Legende«. (So benannte man auch eine seiner schönsten Platten.) Literaturexperten stellten dieses Buch sofort auf eine Stufe mit Jack Kerouacs »On The Road« und Henry Millers »Wendekreis des Krebses«.

Zu Beginn seiner Karriere war der scheue, gutaussehende Jazzmusiker ein echtes Wunderkind. Ende der vierziger Jahre gehörte der erst siebzehnjährige Art Pepper zu den Starsolisten in der damaligen Stan Kenton-Bigband, wo er mühelos schwierigste Arrangements herunterspielte und grandiose Soli blies. Art Pepper wurde früh berühmt, und er geriet fast ebenso schnell auf die schiefe Bahn, rauchte zuerst ein bißchen Marihuana und trank mal was, hatte eine Freundin nach der anderen und geriet schließlich ans Heroin.

In den fünfziger Jahren waren zahlreiche Jazzmusiker heroinsüchtig. Miles Davis hing vier Jahre lang an der Nadel und schaffte es, durch den »kalten Entzug« im Alleingang 1954 davon loszukommen. Sonny Rollins brauchte länger, ihm half die Psychoanalyse, während Charlie Parker, Fats Navarro und Billie Holiday daran zugrunde gingen. Der Stoff war damals leicht und billig zu kriegen. Das Heroin half vielen, die nächtelangen, kräfteverzehrenden Jam-Sessions durchzustehen und die immer höher geschraubten musikalischen Anforderungen zu erfüllen. Art Pepper verschaffte sich durch »H« kurzzeitige Momente der Erlösung von den Nachwirkungen einer schrecklichen, traumatisch verlaufenen Kindheit und dem permanenten inneren Druck des strahlenden Wunderknaben.

Am 3. Januar 1956 spielte er in seiner Eigenkomposition »Straight Life« (erschienen auf Blue Note-Records) ein Solo, das ihn durch seine atemberaubende Virtuosität steil nach oben katapultierte und zu einem der größten Stars des West Coast-Jazz machte. Trotz großer künstlerischer Erfolge geriet sein Privatleben dann jedoch immer mehr aus den Fugen. Jeden Tag und jede Nacht das zermürbende Leben eines Junkies: das Geld für den Stoff auftreiben, den Dealer finden, den Preis aushandeln, das Zeug kaufen, irgendwo ein stilles Örtchen finden, sich mit der Krawatte den Arm abbinden,

das Heroin erhitzen, in die Nadel, fixen – und dann endlich die Erlösung, endlich im kühlen Traum, um zu vergessen...
Anfangs sah Pepper noch blendend aus, er hatte Riesenerfolge bei den Damen und fiel jedesmal auf die chaotischsten von ihnen herein. Er erzählt in »Straight Life«, wie er tagelang völlig stoned mit seiner Freundin in deren Wohnung herumlag und an Selbstmord dachte. Er wollte sich von einer Brücke stürzen und tat es nicht, weil er tagelang die Wohnungstür zum Rausgehen nicht fand!

Dann wurde er kriminell. Das Geld, das er mit der Musik verdiente, reichte nicht. Also beging er Einbrüche und klaute Autos, nahm Pillen, soff und fixte. Er wurde verhaftet, wieder freigelassen, wieder verhaftet und erhielt schließlich langjährige Gefängnisstrafen. Der vollen Abbüßung seiner letzten und schwersten Strafe im gefürchteten Staatsgefängnis entkam er nur durch eine Amnestie des neuen US-Präsidenten John F. Kennedy.

Zwischen seinen Aufenthalten im Knast fand er immer wieder Freunde, die an ihn glaubten und ihm Jobs bei Plattensessions verschafften. Art Pepper machte hervorragende Aufnahmen für Lester Koenigs Contemporary-Label, u.a. mit der damaligen Rhythmusgruppe von Miles Davis, dann mit Hampton Hawes, Shorty Rogers, Barney Kessel und vielen anderen. Er ist auf vielen Platten des hervorragenden Arrangeurs Marty Paich zu hören, und Art Pepper-Platten wie »Meets The Rhythm Section« und »Plus Eleven« zählen zu *den* Klassikern des Cool Jazz. Aber immer wieder rutschte Pepper ab und verschwand im Nichts.

Mit erschütternder Offenheit berichtet er uns von seinen Jahren im Gefängnis, dem unsäglichen Leiden eines Drogensüchtigen, der Ignoranz der Außenwelt und den verzweifelten Versuchen, sein Leben in den Griff zu bekommen. Wenn man das gelesen hat, hört man die Musik mit anderen Ohren.

Art Pepper gibt in »Straight Life«, das auf Tonband-protokollen seiner späteren Frau Laurie basiert, eine erstaunlich präzise Analyse der eigenen Psyche und schildert sehr klar, warum er selber immer wieder versagen mußte. Es war so merkwürdig. Immer, wenn ihn die Kritiker des »down beat« für eine hervorragende neue LP lobten, immer, wenn er endlich wieder Boden unter die Füße bekommen hatte, war das nur der Anfang eines erneuten Abstieges!

Der Saxophonist entglitt so oft dem Bewußtsein vieler Jazzfans, daß man seine Comeback-Versuche anscheinend am Ende kaum noch ernst nahm. Als Pepper Ende der siebziger Jahre besser spielte als je zuvor, konnte man ihn nicht mehr als Star in den Medien aufbauen wie einen siebzehnjährigen Wunderknaben, obwohl er jetzt viel besser war. Inzwischen hatte er in San Quentin gesessen, trug Tätowierungen an beiden Armen, hatte einen häßlichen Bauch von all dem Methadon, das er nehmen mußte, um nicht mehr zu fixen. Dennoch, als Pepper 1979 und 80 in Japan und London spielte, waren einige Kritiker der Meinung, Pepper spielt den Blues auf seinem Saxophon ergreifender als jeder andere lebende Jazzsaxophonist.

Glücklicherweise sind viele der Konzerte, die Art Pepper in den letzten fünf Jahren vor seinem Tod gab, mitgeschnitten worden. Viele der englischen und japanischen Konzerte sind in den letzten Jahren erschienen, dazu drei Platten von drei Nächten im New Yorker »Village Vanguard«. Besonders hinweisen möchte ich auf seine LP »Artworks« (auf Galaxy GXY-5146) mit einer herzzerreißend schönen Version von »Body And Soul«, die Art Pepper ganz allein spielt. Dazu auf seine Duo-Aufnahmen mit George Cables, »dem besten Pianisten, mit dem ich je gespielt habe«. Ich bin sicher, daß man unter all diesen Platten jene finden wird, in denen seine Stimme beginnt, zu einem zu sprechen.

Bobby McFerrin

Ein Jazzsänger erzählt

Ich wurde 1950 in New York geboren. Meine Eltern waren Opernsänger, und so wurde ich zuerst in klassischer Musik unterrichtet. Man brachte mir bei, wie man sauber intoniert und sein Gehör ausbildet. Mein Vater war Lehrer für Operngesang und wies mich schon sehr früh in die klassische Musik ein. Als ich sieben Jahre alt war, verließ ich New York und lebte ein halbes Jahr lang bei meinen Vettern in St. Louis, während meine Eltern versuchten, sich in Kalifornien eine neue Existenz aufzubauen. Mein Vater war von Metro-Goldwyn-Mayer engagiert worden, um in der Verfilmung von »Porgy and Bess« den Part von Sidney Poitier zu singen. 1958 folgte ich meinen Eltern nach Kalifornien und wuchs in Los Angeles auf.

Bis zu meinem achtzehnten Lebensjahr wußte ich nicht, was ich mit meinem Leben eigentlich anfangen wollte. Ich las viel. Das Lesen war eine meiner großen Leidenschaften. Jeden Tag saß ich in der Bücherei, so lange, bis sie zumachten. Immer war ich der letzte, der rausging.

Bücher regten meine Phantasie ungeheuer an. Ich las lieber ein Buch, als daß ich mir einen Film anschaute. Beim Lesen schafft man sich Bilder im eigenen Kopf. Das ist etwas sehr Schönes.

Mit achtzehn sollte ich aufs College gehen und Musik studieren, denn das schien die einzige Sache zu sein, von der ich wirklich was verstand. Also beschloß ich, Musiker zu werden. Das heißt, im Grunde blieb mir gar nichts anderes übrig. Ich hatte keine besonders guten Noten auf der Highschool erzielt, um überhaupt aufs College gehen zu können. Aber ich hatte ein ziemliches Wissen über Musik. Das half mir. Außerdem hatte man meinem Vater eine Professur an einem College angeboten, und er machte für die Annahme zur Bedingung, daß ich dieses College als Student besuchen dürfe. So kam ich 1968 aufs State College und lernte Musiktheorie: Arrangement, Komposition usw. Ich arbeitete viel in Chören und Instrumentalgruppen.

Der nächste wichtige Schritt in meinem Leben kam 71, als ich Pianist in der Band von Chip Johnson wurde und mit ihr kreuz und quer durch die USA und Kanada reiste, um Konzerte zu geben. Wir spielten vorwiegend Songs, die gerade auf den vorderen Plätzen der Hitparade standen. Meistens traten wir in irgendwelchen Holiday-Inn-Bars auf. 75 zog ich um nach Springfield, Illinois, wo ich meine Frau kennenlernte und einen achtstimmigen Knabenchor dirigierte. Dazu spielte ich noch Querflöte in einem Renaissance-Ensemble!

Mittelalterliche Musik begann mich sehr zu interessieren, vor allem wegen ihrer Einfachheit. Alles wirkt so einfach, und so sollte auch meine Musik mal werden.

Ich hatte Ende der sechziger Jahre eine Phase gehabt, wo ich sehr auf Avantgardemusik stand. Es konnte gar nicht schräg genug sein, viele Dissonanzen. Wahrscheinlich war das eine Reaktion auf all die »schön« klingende Musik, die ich in meinem Elternhaus ständig zu hören bekommen hatte. Ich brauchte sowas wie eine radikale Veränderung in meinen Hörgewohnheiten. Also steckte ich da mal die Nase rein. Aber ich bin mir ganz sicher, daß es gut für mich war, mit klassischer Musik anzufangen. Es hat mir sehr geholfen, Musik als Ganzes besser zu begreifen. Ich glaube, es ist schwer, eine echte Beziehung zur Avantgardemusik zu entwickeln, wenn man völlig unvorbereitet dahinein stolpert. Besser, man kann das, was man da hört, zu etwas anderem in Beziehung setzen.

Als ich dann mehr und mehr mit der Stimme experimentierte, wollte ich zuerst sehr jazzig klingen. Ich nahm viele dissonante Intervalle in meine Improvisationen hinein und dachte, dann würde ich als Jazzsänger besser verstanden. Mit den Jahren bin ich weniger radikal geworden, was das betrifft. Ich finde es viel besser, wenn ich die Musik einfach herauskommen lasse und sie nicht in bestimmte Richtungen hineinzwänge. Ich lasse die Dinge einfach geschehen, und so komme ich durch Zufall auf bestimmte Ideen und Motive, die ganz klar und einfach sind und sich leicht verstehen lassen. Ich versuche, meinem Publikum immer etwas zu geben, an das es sich halten kann. Ich versuche, die Leute an die Hand zu nehmen und sie dann woandershin zu entführen. Das geschieht, indem ich zuerst eine vertraute Atmosphäre mit musikalischen Mitteln herstelle.

Im Grunde versuche ich immer, mich als Musiker so weit offen zu halten wie möglich. Sagen wir es so: Vielleicht treffe ich heute abend einen Musiker, der mir für meine eigene Musik vollkommen neue Ideen mitgibt, vielleicht durch die Art, wie er spielt, oder durch seine persönliche Philosophie, oder er führt meine eigenen Ideen, die ich bisher noch nicht richtig zu Ende gedacht habe, weiter.

Es ist schwer zu sagen, was ich nächstes Jahr tun werde und wie meine Musik dann klingen wird. Aber wenn ich mal zurückblicke und mir meine alten Aufnahmen wieder anhöre, dann fällt mir auf, wie ich gewachsen bin, ohne es überhaupt richtig zu wissen! Sowas wird immer erst in der Rückschau klar.

Ich weiß, daß ich nicht mehr viel Zeit damit verbringen werde, Popmusik zu machen. Es gibt Pop, den ich mag. Aber ich liebe so viele verschiedene Arten von Musik, daß es für mich unmöglich wäre, sozusagen immer nur mit demselben Paar Schuhe herumzulaufen. (Lacht.) Irgendwann muß ich diese Schuhe ausziehen, oder sie gehen kaputt. Ich muß einfach mehrere Paar Schuhe haben, um damit herumzu-spazieren. Denn ich bin mit so vielen verschiedenen Arten von Musik aufgewachsen. Jazz, Pop, Klassik,...

Es gab nicht viele Platten in diesem Jahr, die mich wirklich begeistert haben. Ich habe mir in den letzten Jahren immer weniger Platten gekauft. Ich höre sogar kaum noch Radio, es sei denn beim Autofahren. Es sind im Grunde seit Jahren immer dieselben Musiker, die mich besonders interessieren. Einer von meinen großen Favoriten ist Keith Jarrett. Schon allein deshalb, weil der Typ den Mut besitzt, völlig unvor-bereitet auf die Bühne zu kommen und einfach zu spielen. Sowas finde ich großartig, diese ganze Idee von vollkommen spontaner Improvisation. Weather Report gefallen mir. Ich mag Joni Mitchell. Und ich wurde beeinflußt vor allem von Fred Astaire und von Charles Ives.

Warum von Fred Astaire? Es ist vor allem die Freude an der Musik, die bei allem, was er macht, ganz stark hervortritt. Er ist ein so fröhlicher Künstler. Und dann seine Technik! Ich schaue ihm einfach für mein Leben gerne zu. Ich fühle mich sehr stark angesprochen von seinem Gefühl für Timing und Rhythmus. Er ist einfach großartig.

Ich singe Lieder mit und ohne Texte, am liebsten ohne, weil die Worte beim Improvisieren hinderlich sein können, wenn's um Experimente geht, sowas geht oft auf Kosten der Spontaneität. Noch wichtiger aber ist das Feeling. Ich fühle so vieles in mir, das ich nicht mit Worten beschreiben kann. Dieses Etwas kommt ohne die Bindung an Texte wesentlich besser zum Vorschein. Wenn du Texte singst, versteht dein Publikum natürlich viel rascher, worauf du hinauswillst. Singst du keine, dann appellierst du stärker an ihre Vor-stellungskraft. Das Publikum muß ich irgendwie dazu brin-gen, daß jeder zuhört und sich der Hörerfahrung überläßt.

Ich gebe ihnen ja überhaupt keine Information im herkömmlichen Sinne mehr. Sie hören nur noch die Klänge, die ich als einzelner auf der Bühne mit meiner Stimme produziere, und das beziehen sie dann auf ihren eigenen Erfahrungsbereich. Vielleicht bringt dann ein bestimmter Klang eine Saite in ihrem Innersten zum Schwingen.

Es ist schwer für mich, eine Platte im Studio aufzunehmen. Ich versuche immer noch, mich an die spezifische Situation in einem Aufnahmestudio zu gewöhnen, und habe seit jeher große Probleme damit gehabt. Meine erste Platte war aus verschiedenen Gründen eine ziemliche Niete, denn es war einfach furchtbar, ständig mit Kopfhörern in ein Mikrofon zu singen und dabei immer wieder die gleiche Begleitmusik eingespielt zu kriegen. In Konzerten singe ich ganz allein, ohne Begleitmusiker und ohne irgendwelche technischen Hilfsmittel wie Echo oder sowas. Mit diesen Solokonzerten ging ein alter Wunschtraum endlich in Erfüllung. Künftig will ich auch auf die herkömmliche Art von Mikrofonen verzichten. Die Mikros sollen über der gesamten Bühne an der Decke hängen, damit ich mich beim Singen frei bewegen kann. Ich will totale Freiheit. Alles muß so natürlich sein wie möglich, denn ich fühle, daß mein ganzer Körper ein Instrument ist!

Es ist eine große Herausforderung, sowas zu verwirklichen, musikalisch alles aus sich herauszuholen, wobei man immer nur jeweils eine Note zu einem bestimmten Zeitpunkt singen kann, und damit ein großes Publikum zu unterhalten und die Leute wirklich zum Zuhören zu bringen. Man muß auf so viele Dinge achten – auf Harmonien, Rhythmen, bestimmte Klangfarben in der Stimme, die jeweilige Logik im Ablauf usw. Sowas erfordert Mut.

Es ist sehr wichtig, eine bestimmte Lebensphilosophie zu haben. Diese Philosophie bestimmt mein ganzes Verhältnis zur Musik. Es ist eigentlich keine »persönliche« Philosophie. Ich bin Christ, und ich lerne noch immer, wie ich ein besserer Christ werden kann. Und ich fühle, Gott wußte, daß ich Sänger werden würde, lange bevor ich das selber wußte. Ich singe wirklich zu Ihm, wenn ich singe.

Wenn ich die ganze Zeit darüber nachsinnen würde, was denn bloß all diese Leute im Publikum von mir halten und was ihnen sonst noch so alles durch den Kopf geht, dann käme ich selber nur noch auf dumme Gedanken. Ich würde mich zum Beispiel fragen, ob ihnen das wirklich gefällt, was ich mache. Der entscheidende Unterschied ist, daß ich mich nie gefragt habe, ob ich mit dem, was ich tue, Gott gefalle. Ich tue das, was er mir aufgetragen hat zu tun, und ich nutze die Gaben, die er mir gegeben hat. Mit anderen Worten: Singen ist für mich, ... Jaja, Singen bedeutet für mich, Gott zu preisen.

Die menschliche Stimme besitzt eine solche Macht. Die Stimme als Musikinstrument erreicht das Herz und die Seele der Menschen schneller als irgendein anderes Instrument, weil sie so *lebendig* ist. Die Musiker des Ostens sagen: »*Im menschlichen Atem offenbart sich das Leben selbst. Und jeder Klang, der aus dem Atem hervorkommt, wirkt lebendig.*« Die Stimme erreicht die menschliche Seele schneller als irgendein anderes Instrument, und wenn man in einem Konzert die Stimme eines einzigen Menschen und sonst nichts hört, kann es sein, daß erstaunliche Dinge passieren und die Wirkung, von der ich eben gesprochen habe, mit besonderer Kraft zum Vorschein kommt.

Einige Kritiker haben geschrieben: »Bobby McFerrin, der menschliche Synthesizer. Ein Mann, der Trompeten, Posaunen und Geigen imitieren kann.« Das ist nicht die Sache, auf die es mir ankommt. Ich werde von vielen Kritikern mißverstanden, was das betrifft.

Ich singe sehr leise. Und meine Gesangstechnik ist betont einfach. Ich habe herausgefunden, daß sich meine Stimme unweigerlich verändert, sobald ich mit anderen Leuten zusammen singe. Mir fällt dann einfach weniger ein. In dem Moment, wo ich mich zu sehr zu irgend etwas zwinge, beschränkt das meine Inspiration. Auch das ist ein Grund, warum ich Solokonzerte gebe. Es ist alles sehr konzentriert, sehr intim; *die Lautstärke ist betont leise, damit sich jeder Zuhörer nach vorne beugt, um genau zu verstehen, was vorne auf der Bühne passiert. Ich singe mit Absicht so leise. Man muß nicht nur mit seinen Ohren zuhören, sondern praktisch seinen ganzen Körper ein Stück nach vorne bewegen.* Und wenn alle im Publikum das gleichzeitig tun, wirkt das wie ein Magnet. Wir alle kommen plötzlich näher zusammen. Ich kann dieses Stoßen und Ziehen spüren, während ich singe, diese Spannung, die vom Publikum ausgeht und mich besser singen läßt.

Mein Ideal als Musiker und als Mensch ist, besser in Einklang mit mir selbst zu kommen. *Und mich zu heilen!* Vielleicht kann dieser Vorgang sich auf die Leute im Publikum übertragen, vorausgesetzt, sie sind offen genug für solche Dinge. Das ist mein großes Anliegen als Musiker.

Gestern abend nach der Fernsehshow gingen alle, die an der Show beteiligt waren, in ein Restaurant. Dort saß ein Typ am Klavier, ein anderer stand neben ihm und sang. *Und ich konnte wirklich spüren, daß dieser Pianist für mich spielte!* Es war ein physisches Erlebnis. Er spielte zu mir hin! Ich konnte diesen Song *fühlen,* sah ihn an, und gleichzeitig sah er mich an. Die

Botschaft war stark und kam gerade heraus. Jede Musik trägt eine Botschaft in sich, ob sie bewußt oder unbewußt empfunden wird von denen, die sie ausüben. Sie hat eine ganz besondere Wirkung auf unseren Körper und unseren Geist. Wir reagieren völlig instinktiv auf solche Vorgänge.

Du steigst in einen Zug, um von A nach B zu fahren. Während der raschen Fahrt verpaßt du aber alles, was diesen Weg von A nach B eigentlich erst richtig interessant macht, all die subtilen Veränderungen des Sonnenlichts, die schönen alten Gebäude, die Bäume, was auch immer. Du hast immer nur im Kopf, daß du endlich ans Ziel kommen willst, und dadurch verpaßt du im Grund das ganze Reiseerlebnis.

Einem Konzertpublikum das Erlebnis einer wunderbaren Reise zu vermitteln ist eine sehr schwierige Aufgabe für einen Künstler. Es ist nur möglich, wenn man sich vorher entsprechend gut vorbereitet hat. Man trägt die Intensität dieser Vorbereitung hinein in den Konzertsaal. Ich mache alles nur mit meiner Stimme. Wenn ich auf einer Bühne stehe und singe, habe ich das Gefühl, meiner eigentlichen Bestimmung am nächsten zu sein. Ich bin zum Singen geboren. Und alles, was ich tue, kommt in meiner Musik zum Ausdruck. Was ich eine Stunde vor einem Konzert gemacht habe, wird wenig später in der ein oder anderen Form hörbar! Ich kann das nur schwer mit Worten erklären. Es ist dieser Magnetismus, den ich immer fühle, wenn ich auf der Bühne stehe.

Der Künstler hat die Aufgabe, immer etwas Neues zu schaffen. Man ordnet unsere Musik in Schubladen ein: »Das ist Jazz!« Aber was soll das? Es geht vielmehr darum, die Flamme der Kreativität am Brennen zu halten, irgend etwas zu nehmen und es in etwas Neues umzuwandeln! Klar, es wird immer Musiker geben, die über bekannte Themen improvisieren. Aber man darf sich nicht irgendwo einordnen lassen. Man muß sich sagen: »O.k., das hab' ich gemacht. Jetzt kommt was anderes...« Ich stehe zu dem, was ich gemacht habe. Die Vergangenheit eines Künstlers bildet die Steine, auf die man tritt, um über den Fluß zu kommen. Alles, was ich tue, ist ein Ergebnis dessen, was ich gestern und vorgestern getan habe. Es ist immer noch in mir drin, es bewegt sich weiter, und wird zu einer Art Sprungbrett für das Neue!

Ob ich viel übe? Nein, nein. Es ist kein Üben im herkömmlichen Sinne. Ich singe einfach. Ich singe immer und überall. Es liegt einfach in meiner Natur begründet. Sicherlich singe ich am Tag eine Stunde lang, oft auch zwei oder drei. Ich bin sicher, daß ich ebensoviel singe, wie ich rede. Manchmal geschieht das nur in meinem Kopf, ohne daß ein einziger Laut nach außen dringt. Das ist auch sehr wichtig. In meinem Kopf höre ich oft vorher schon Sachen, die ich technisch noch gar nicht realisieren kann. Ich höre diese Dinge, und dann weiß ich genau, daß ich sie irgendwann singen können werde.

Es ist so, als sei mein Kopf das Ende eines Angelhakens. Du wirfst deine Leine ins Wasser. Du kannst zwar nicht sehen, was unter der Leine im Wasser ist, aber du weißt, daß es dort Fische gibt. Du hast diese Leine, um sie zu fangen. Du wirfst die Leine ins Wasser, ziehst sie wieder raus. Oft ist nichts dran, aber du weißt, irgendwann werden sie anbeißen. Und immer wieder wirfst du den Köder ins Wasser.

Das gleiche gilt für die Musik, die ich in meinem Kopf höre. Sobald sich da oben was meldet, weiß ich, es ist ganz in der Nähe, und vielleicht komme ich heran. Diese Beobachtung hat sich immer wieder aufs neue bestätigt. Ich übe viel mit dem Kopf.

Ich höre viel Musik da oben. Aber das umzusetzen ist sehr schwierig. Meine Erwartungshaltung ist nämlich immer, daß ich die Sachen sofort bringen kann! Das hat was mit unbewußtem Singen zu tun. Unbewußt singen heißt, man singt die ganze Zeit, und plötzlich passiert etwas automatisch. *Kann sein, daß du gerade in den Fernseher schaust oder Geschirr spülst oder ein Buch liest: Plötzlich ist es da! Etwas, das sich dauernd in deinem Kopf bewegt hat! Diese Momente echter Inspiration sind wunderbar.* Sowas vor Publikum zu machen ist eine äußerst schwierige Sache, denn wir Menschen sind allesamt sehr ungeduldige Wesen. Wir wollen das Resultat von etwas ganz schnell und möglichst sofort sehen. Wir wollen die Reise bis zu diesem Ergebnis hin eigentlich gar nicht erst machen.

In unseren Tagen ist der Jazz in vieler Hinsicht vorhersagbar geworden. Das kommt davon, wenn man Musik zu sehr in Schubladen einordnet. Ich hoffe, daß ich mir und meinem Publikum den Sinn für das Unerwartete erhalte. In meinen Konzerten kann alles passieren. Es gibt Momente, wo ich spüre, wie ich an einen anderen Ort gelange. Und in dem Augenblick macht meine Stimme etwas, das ich selber nicht erwartet hätte.

Für mich sind diese Vorgänge genauso verblüffend wie für die Zuhörer im Saal. Etwas Neues zu schaffen, das war die Idee, von der sie ausgegangen sind! Charlie Parker, Dizzy Gillespie... Sie betraten die Szene und hatten wirklich was zu bieten, was bisher noch kein Mensch gekannt hatte!

Ich glaube, daß einige Musiker heute sehr wohl kapiert haben, daß Musik eine Weltsprache ist.

In der Welt, in der wir heute leben, gibt es viele Menschen, die sich nicht verstehen oder es noch nicht mal versuchen wollen. Eine Art, mehr über ein anderes Volk zu verstehen, ist, daß man versucht, seine Musik zu begreifen. Durch das Erlernen der musikalischen Sprache kommt man zum tieferen Verständnis anderer Denkweisen.

Der große Vorzug, den ein Musiker hat, ist die Fähigkeit, scheinbar mühelos von einer Welt in die andere hinüberzuspringen. Wenn er diese Fähigkeit nutzt, kann er zum Vermittler und zum Brückenschläger zwischen den verschiedenen Kulturen werden. Er kann ein Wissen vermitteln und das Bewußtsein seiner Zuhörer erweitern.

Ich glaube, daß man als Musiker eine enorme Verantwortung trägt. Man hat eine besondere Gabe erhalten. Und man kommt in den Besitz einer Macht, die man sehr verantwortungsbewußt nutzen sollte.

In viel Musik, die ich heute höre, vermisse ich spirituelle Inhalte. Das betrifft vor allem die kommerzielle Unterhaltungsmusik. Kommerzielle Musik basiert auf der Anwendung von Erfolgsrezepten. Da geht's nur noch um ›erzwungene Trance‹, wie der Trompeter Wynton Marsalis gesagt hat. Es gibt viele Musiker, die ich nicht mal als richtige Musiker bezeichnen würde. Viele sind nur noch Hersteller von Wegwerfprodukten. Heute dies, morgen das. Der Geschmack der meisten Leute scheint sich leider immer mehr in diese Richtung zu entwickeln. *Sie wollen scheinbar nur noch diese Wegwerfmusik.* Wir sind bereit für etwas Neues? Zack, schon knallt man es uns auf die Ohren! Und kurze Zeit später hat es seinen Wert schon wieder verloren.

Echte Musik ist nicht so beschaffen. Echte Musik bewirkt was in deiner Seele. Sie hat die Kraft, dein Leben zu verändern. Das Leben dessen, der sie spielt, und das Leben von denen, die ihm zuhören. Wenn das passiert, kannst du ein Leben lang davon zehren. Was verdanke ich nicht alles Charles Ives, Keith Jarrett und Fred Astaire! Ich werde diese Typen nie vergessen. Das hat nur ihre Musik bewirkt. Sie hat mir mein Herz geöffnet. *Und das zu erreichen, Mann, das ist der Nr.1-Job, das ist es, worauf sich Musiker wirklich konzentrieren sollten.* Aber ich könnte nicht mal neunzig Prozent von den Typen als echte Musiker bezeichnen. Viele schmeicheln nur den Launen der Leute.

Musiker sind die Architekten des Himmels. Gottseidank gibt es in dieser Welt noch solche Träumer, die sie Schwung halten. Sie wissen, daß es einen großen Plan hinter dem ganzen Theater gibt. Träume werden Realität, wenn du deinen Träumen hart auf der Spur bleibst. Für mich war's immer der Traum, Musiker zu werden, auf einer Bühne zu stehen und zu singen. Dann kam der Punkt, wo mir klar wurde: *»Jetzt bist du drin! Du hast alles gelernt. Du stehst auf der Bühne. Ganz allein. Nun tu' was, um Himmels willen. Verändere dich, dann verändert sich auch die Welt um dich herum, werde ein besserer Mensch, erkenne dich selber immer wieder aufs neue in dem, was du tust.«*

Das Singen wurde eine Kraft. Und ich glaube wirklich daran, daß Musik Menschen heilen kann. Das wußte schon der alte Pythagoras, der Musik dazu benutzte, um Leidenschaften abzukühlen, um zu heilen und negative Gedanken zu vertreiben. Das war die Antwort, die mir gegeben wurde: »Benutze Musik zu diesem Zweck. Korrigiere dich selbst. Versuche, in Einklang mit deiner Umgebung zu kommen.«

Es stimmt, ich habe etwas gefunden, das ich bis an mein Lebensende tun kann. Ich werde singen. Es ist eine sehr alte Idee, daß Musik den Menschen heilen kann, aber sie ist neu für mich. Erst ganz allmählich wird mir klar, daß sie so alt ist wie die Berge und der Himmel.

Ich singe für die Menschen. Aber mir ist selber nicht immer klar, welche Wirkung ich bei ihnen erziele. Ein paar Leute mögen das, was ich mache. Für mich ist aber wichtiger, daß wir mit Hilfe der Musik eine Verbindung herstellen zum Leben an sich und wieder Freude am Leben gewinnen.

Du weißt, man sagt immer, alles Gute komme von oben.

Und wenn sich jemand durch meine Musik gut fühlt, dann liegt das nicht an mir persönlich. Naja, schwer zu sagen... Laß mich zurückkommen auf das, was in der Bibel steht. Da heißt es, kein Spatz fällt vom Himmel, ohne daß unser Göttlicher Vater davon weiß. Mit anderen Worten, Gott ist in uns allen lebendig, auf allen unseren Wegen erscheint uns Gott. Wir erwecken förmlich seine Präsenz, denn er hat uns gesagt: »Ihr seid das Licht. Und laßt euer Licht leuchten.« Ich leuchte, und auf irgendeine Weise knipst Gott die Lichter in anderen Menschen an durch das, was ich tue.

Ich denke im Grunde nie viel über mein Publikum nach, während ich singe. Ich denke viel an Jesus Christus. Ich lasse ihn sprechen und lasse das geschehen, was eben in diesen Momenten geschieht. Es ist etwas Einmaliges. Am Ende eines Stückes kommt es mir vor, als würde ich von irgendwoher zurückkommen, wenn der Beifall aufrauscht. Ich spüre wieder die Zuhörer um mich herum, und es ist wie ein Erwachen. Schwer zu sagen, ich habe noch nie über diese Dinge öffentlich gesprochen. Jedenfalls sehe ich die Leute nicht an, während ich singe. Oft habe ich entweder die Augen geschlossen, oder ich senke meinen Blick auf den Boden. Nicht, weil ich Angst davor hätte, den Leuten in die Gesichter zu schauen, sondern weil ich etwas anderes fixieren will. Und da sind so viele Gesichter, die dich anschauen.

Momentaufnahmen 2

> Yesterday's just a memory, tomorrow is never
> what it's supposed to be, and I need you, yeah.
> *Bob Dylan*

Ich ging an einer großen Wiese vorbei, auf der zwei Italiener
Fußball gespielt hatten. Jetzt lagen sie in der Sonne und
ruhten sich aus. Plötzlich kam hinter mir eine junge Frau mit
einem Hund über die Wiese. Einer der Männer stand auf,
nahm den Ball und schoß ihn der Frau über fast hundert
Meter hinweg zu. Sie schaute ihn an, und weil sie anscheinend
nicht wollte, daß ihr Hund den Ball beim Spielen kaputt-
machte, hob sie ihn langsam auf und ging damit auf den
Mann zu. Es verging viel Zeit, bis sie ihn erreichte, aber nie
wendete sie den Blick von ihm ab, ging zu ihm hin und legte
ihm den Ball in die Hände. Ich dachte, das könnte der Anfang
einer Liebesgeschichte sein. Jetzt müßten sie für immer
zusammenbleiben.

16.11.84, Paris

Draußen viel Lärm vor der Wohnung von F. Ich sehe nach,
was los ist. Vor der Kneipe gegenüber prügelt und tritt ein
Mann eine am Boden liegende Frau. Beide sind völlig betrunken. Er schlägt sie blutig, zerrt sie auf die Kühlerhaube des
Wagens und prügelt weiter auf sie ein. Keiner hilft ihr. Alle
stehen da und schauen zu, die meisten mit den Händen in den
Hosentaschen. Die Frau richtet sich langsam auf, schwankt,
und er brüllt sie an: »Laß dich nie mehr blicken. Besauf' dich
gefälligst woanders. Geh' da vorne an die Ecke, und stell' dich
zu den anderen Nutten.« Er geht mit den anderen zurück in
die Kneipe. Die Tür bleibt offen. Sie steht vor dem Eingang

und ruft: »Ich bin keine Nutte. Ich bin frei! Schau her. Ich bin frei!« Dabei bildet sie mit ihren Armen einen Kreis über ihrem Kopf.

17.11.84, Paris

Ein Fischgeschäft in der Rue Montorgueil mit einer Riesenauswahl an Muscheln, Krabben etc. Vier Kinder stehen staunend draußen vor der Auslage und schauen sich alles lange an. Plötzlich sagt eines: »Guckt mal, wenn die jetzt alle noch lebendig wären, würden sie alle ganz schnell weglaufen.«

Abends im Dritten ein alter Film von Max Ophüls mit Jean Gabin in der Hauptrolle. (Hab' den Titel in der Eile nicht mitschreiben können, dafür das, was der Erzähler sagte:)
»Ruhe lag über den Feldern. Das Dorf war eingehüllt von der Stille, die tief in uns beginnt und die hinaufreicht bis zu den Sternen.«
Und in einer anderen Szene: »Sie alle waren seltsam ergriffen. Sie empfanden etwas, dem sich niemand entziehen kann. Sie spürten den Atem eines überirdischen Wesens.«
So klingt Brian Enos »On Land«.

»The most beautiful sound next to silence.«

Wenn die Menschen nur einen flüchtigen Eindruck bekommen könnten, welche unendliche Erquickung, welche Vollkommenheit der Kräfte, welche strahlenden Weiten spontanen Wissens, welche umfassende Ruhe unseres Wesens uns auf jenen Strecken des Weges erwarten, deren unsere Evolution aus dem Tier noch nicht Herr geworden ist, würden sie alles fallen lassen und sich niemals mehr Ruhe gönnen, bis sie diese Schätze erlangt hätten. Aber der Weg ist schmal, die Tore sind schwer zu sprengen, und Furcht, Mißtrauen und Skepsis sind da, von der Natur zu Wächtern erkoren, um zu verhindern, daß unser Fuß die gewöhnlichen Weideplätze verläßt.

Sri Aurobindo

Nachts gehe ich oft durch die menschenleeren Straßen der Kölner Innenstadt. Überall stehen Autos wie leere Hüllen herum. In vielen Wagen haben die Fahrer vergessen, die Radios abzuschalten. Wenn ich an der parkenden Autoschlange vorbeigehe, höre ich das Radio schon von weitem. Es wirkt auf mich fast wie ein lebendiges Wesen, wie ein kleines Kind oder wie ein Tier, das man draußen vergessen hat.

20.11.84, Köln

Nachmittags gegen halb sechs auf der Schildergasse. Viel Betrieb, die Käufer hetzen schnell hin und her, denn morgen ist ein Feiertag. Ich bleibe vor einem Schuhgeschäft stehen, hinter mir spielt jemand Drehorgel, und ich werde zufällig zum Ohrenzeugen einer Auseinandersetzung. Neben mir steht ein Türke mit einer Plastiktüte, in der ein Pullover steckt. Er wird an den Armen festgehalten von einem Kaufhausdetektiv, der anscheinend nur noch auf die Polizei wartet. Beide sind etwa dreißig Jahre alt. Ich höre, wie der Türke dauernd seine Unschuld beteuert. Er habe den Pullover nicht nach dem Bezahlen gegen einen besseren eingetauscht. Immer wieder sagt er: »Wenn ich weglaufen wollte, hätte ich das doch längst getan! Verstehen Sie das denn nicht?« Beide wirken völlig hilflos. Dazu die Drehorgel und die scharrenden Füße der vorbeiziehenden Menschenmassen hinter meinem Rücken.

Ein paar Meter weiter steht ein Laienprediger auf einem Mülleimer und schreit: »Seid ihr denn alle nur noch tote Fische, die sich im Fluß treiben lassen?« Keiner hört zu.

Es gab mal einen Zen-Meister, der sagte, seine erste Satori-Erfahrung habe darin bestanden, daß er in allen Leuten sich selbst erkannte. Jeder, dem er begegnete, hatte sein Gesicht.

Cinéma, radio, télévision, magazines sont une école d'inattention: on regarde sans voir, on écoute sans entendre.
Robert Bresson

17.12.84
Im Wald: Riesige, umgestürzte Eichen, von winzigen Käfern zerfressen. Die halbmorschen Fichten, die noch stehen, sie stöhnen beim leisesten Windhauch wie aus offenen Wunden.

Ich höre gerne Telefoninterviews im Radio. Vielleicht, weil dabei die Distanz zwischen zwei Menschen für einen dritten so deutlich hörbar wird.

Unterschwellige, ständig fließende Angstströme wie die Abwässer unter unseren Füßen. Bei vielen Menschen spürbar.

5.10.84
Samstagmorgen, halb zehn. Auf der Großbaustelle hinter unserm Haus ein kleines Radio mit Schlagermusik. Sonst alles sehr still. Das Radio tönt wie ein Vaporisateur, mit dem statt Parfum akustische Wellen zerstäubt werden. Da klingt auf einmal sogar Schlagermusik schön.

Das Verzichten auf gewohnte Dinge als Gewinn erleben: Nachdem man mir dreimal mein Autoradio geklaut hat, lasse ich mir kein neues mehr einbauen. Bald vermisse ich es überhaupt nichtmehr und genieße die Ruhe beim Fahren. Vorher oft zwanghaft gedacht: »Jetzt ist es zwölf, die Nachrichten einschalten, hören, was los ist.«

10.10.84

Walter Matthau in »Opa kann's nicht lassen«. (Noch eine dieser verunglückten Übersetzungen für einen ausländischen Film...) Er spielt das genaue Gegenteil eines Spießers. So intelligent läßt man alte Leute in deutschen Filmen selten erscheinen. Großartig die Art, wie er geht, redet und mit Kindern spielt. Man freut sich immer, wenn er ins Bild kommt. Am liebsten hört er ganz laut Musik auf seinem Walkman. Die Kopfhörer hängen an einem knallroten Spiralkabel. Da wird man schon beim Zusehen gerne selber alt.

Graffitti auf einer Hauswand am Kölner Übierring: »Hast Du heute schon geliebt?«

(Leonard Cohen: »It's easy to ring in the apocalypse, when you see the bitterness and frustation in the faces of so many people.«)

25.3.85, London.

In der U-Bahn ein Punk und ein aristokratischer alter Herr. Zufällig ergibt sich ein kurzes Gespräch zwischen beiden. Erst fällt mir auf, wie wohlklingend diese Unterhaltung ist. Und dann sagt der Alte doch wahrhaftig zu dem Punk völlig ernst und gelassen: »Und wo lassen Sie schneidern?«

Sonntagnachmittag auf einer Wiese im Regent's Park. Auf einem weißen Podium spielt eine Blaskapelle in blau-roten Uniformen alte Melodien aus dem neunzehnten Jahrhundert. Rund achtzig Meter von mir entfernt liegt eine etwa sechzigjährige Frau und schläft in der ersten Frühlingssonne. Sie hat weiße Haare und trägt ein einfaches, weißes Kleid. Minutenlang schaue ich sie an, während sie schläft. Irgendwann stehe ich auf und gehe. Ich kann mich heute noch ärgern, daß ich sie nicht angesprochen habe. Denn in London gibt es Engel, die liegen manchmal sonntags nachmittags in Parks und schlafen.

Mit der U-Bahn zum Flughafen. Mir gegenüber saß eine junge Frau, so schön wie ein Bauernmädchen auf einem Bild aus dem 17. Jahrhundert. Sie war anscheinend Kindermädchen und hatte drei kleine Jungen zu beaufsichtigen. Einer saß neben mir und las »Herr der Ringe«, der andere »Griechische Heldensagen«. Der dritte war noch zu klein, er durfte auf ihrem Schoß sitzen und bekam was vorgelesen. Es klang wie Musik, was sie da las. Der Kleine hörte ganz friedlich zu und schaute sich mit großen Augen um. Ich glaube, wir hätten uns beide kein schöneres Konzert vorstellen können. Selten so angenehm U-Bahn gefahren. Es war zum Kinderkriegen schön.

Ich dachte an Rubinstein, der sich gegen Ende seines langen Lebens nichts sehnlicher gewünscht hatte, als Mozart nochmal so zu spielen, wie er ihn als kleiner Junge gespielt hatte. Stockhausen sagte mal zu einem amerikanischen Interviewer: »Once I die, I will discover that a second is an eternity.« Erlebnisse wie dieses während der U-Bahn-Fahrt durch London haben mein musikalisches Empfinden mehr geprägt als alle Werkanalysen und Artikel in irgendwelchen Musikzeitschriften. Das war die Musik, die das Leben selber macht. Wie Courbet gesagt hat: »Die besten Bilder malt man, wenn man im Bett liegt und Pfeife raucht.«

Der größte Plattenladen in London ist der »Virgin-Megastore« in der New Oxford Street. Er hat gerade eine neue Beschallungsanlage bekommen. Alle zwei Meter hängt eine große Lautsprecherbox, aus der mit einer ungeheuren Lautstärke Musik dröhnt, meistens richtig schlechte Musik. Man ist direkt wie gelähmt, wenn man in den Laden reinkommt. Eine Freundin kennt eine Frau, die dort arbeitet. Sie sei immer total nervös und redete ganz schnell. Sie hat erzählt, jeder Angestellte könne jeden Tag seine aktuellen Lieblingsplatten auf dieser Riesenanlage abspielen lassen. Durch diesen Scheißtrick kriegt das Management seine Angestellten dazu, weiter diesen Wahnsinn zu ertragen, der nichts anderes als akustischer Terror ist. Man weiß bald nicht mehr, warum man eigentlich in diesem Laden ist, wenn man da herumläuft. Und ich wette, die Angestellten haben schon nach kurzer Zeit den Eindruck, sie könnten gar nicht mehr ohne den Krach arbeiten. Yes, it's only rock'n' roll, but it can really make you sick!

Ist denn all die schlechte Popmusik, die tagtäglich in Umlauf gebracht wird, möglicherweise nichts anderes als eine geplant in Szene gesetzte Verdummung?
  Conny Plank

Wenn es nicht so ist, daß uns ein neues Werk verblüfft, erstaunt, verwirrt, neu hören läßt, dann ist es tot, dann braucht es gar nicht erst gemacht zu werden.
  Karlheinz Stockhausen

Lieblingssatz des Redakteurs M., wenn er mal wieder einen meiner Themenvorschläge für eine neue Sendung ablehnt: »Du, Karl, das ist einfach zu weit draußen für unsere Hörer. Dein Zielhörer ist der Kfz-Mechaniker in Ludwigshafen.« Wenn der arme Kerl in Ludwigshafen wüßte, was die ihm alles in die Ohren stopfen wollen...

Spontane Bemerkung bei einem Radiofeature über Jackson Browne: »Der, der diese Musik macht, ist für mich wie ein

Freund. Jeder neue Song von ihm ist wie eine Nachricht, auf die man gewartet hat. Ich kann mir eigentlich nicht vorstellen, daß die, die seine Musik nicht gut finden, meine Freunde sein könnten.«

30.3.85 London.
Eine der verrücktesten Radiostationen der Welt entdeckt! In der Nähe der Island-Studios gibt es ein griechisches Restaurant, aus dem jemand Piratensendungen in den britischen Äther schickt. Der Typ sitzt in einem Ding mitten im Restaurant, das Ähnlichkeiten mit einer Priesterkanzel hat. Es ist vollgestopft mit Schallplatten, und er macht alles selber, legt die Platten auf, redet ins Mikrofon usw.

Ollie, Jah Wobble, Stephen Street und ich sind die einzigen Gäste in dem Laden. Keine ausgesprochenen Kenner griechischer Bouzouki-Musik, aber sehr hungrig und der griechischen Küche keineswegs abgeneigt; mit anderen Worten, wir wollen eigentlich nur was essen. Aber da sitzt eben dieser merkwürdige Kerl, eingezwängt in seine Priesterkanzel, mit Anzug, Krawatte und Weste, bester Laune, sieht aus wie ein Heiratsschwindler und spult sein tägliches Wunschkonzert-Programm ab. Wie der Dieter Thomas Heck von Athen. Er sitzt da mit seinen riesigen Kopfhörern auf den Ohren, eine Hand am Mischpult, die andere am Plattenspieler, und dann säuselt er sanft ins Mikrofon: »Hello, my dear listeners. This is Radio ?!%.&/?. If you like Greek food, you can come as well, because we got good music for you here.«

Wir kriegten erstmal keinen Bissen runter und mußten immer auf diesen Typen in der Priesterkanzel starren. So kann man also auch Radio machen.

In der Schallplattenabteilung von »Saturn« in Köln steht ein kleiner, etwa fünfjähriger Junge vor den TV-Monitoren, auf denen gerade die neuesten Pop-Videos gezeigt werden. Plötzlich strahlt er auf und singt allein ganz laut mit der Sängerin auf dem Bildschirm: »We're all living in an heartbreak hotel.«

...zum zweiten beschäftigt mich die Frage, ob all diese Menschen, die entlassen werden – und zwar auch ohne daß sie »bestraft« würden, so daß sie sich und ihre Familien nicht mehr ernähren können –, mit der freien Zeit, die sie zur Verfügung haben, etwas anfangen können.

Ich glaube es nicht – jedenfalls nicht hier in Amerika. Ich glaube sogar, daß es eine Katastrophe wäre: Die meisten Menschen hier können sich nicht leisten, auch nur für ein paar Stunden sich selbst überlassen zu sein; sie ermangeln der inneren Ressourcen, um auch nur mit einer »Pause« fertig zu werden; sie hängen am Busen der Unterhaltungsindustrie, als ob sie dauernd gestillt werden müßten. Und dabei ist das, was da geboten wird, der blühendste Blödsinn.(...) Auf jeden Fall genügt es nicht, Arbeit durch Unterhaltung zu ersetzen.

Joseph Weizenbaum

Wenn du heute in einen Supermarkt gehst, um einen Regenschirm zu kaufen, dann hämmert man dir gleich irgendein Zeug von den B-52s oder Pretenders in den Kopf. Du torkelst bald nur noch durch die Gegend, versuchst endlich rauszukommen aus dem Laden und hörst hinter dir die Kassen klingeln.

Ich kann mich nicht erinnern, daß das mal der ursprüngliche Sinn von Musik war. Der eigentliche Sinn der Musik ist, deine Seele zu erheitern und dich zu inspirieren. Nicht, um dir irgendein Produkt in die Gurgel zu schieben.

Bob Dylan

In den Filmen von Robert Bresson gibt es kaum Musik zu hören, jedenfalls nur selten Filmmusik im üblichen Sinne. Meistens nur am Ende ein klassisches Klavierstück. In seinen Filmen wird die Musik von den Geräuschen gemacht, die mit einer genau bestimmten Lautstärke eingesetzt werden, meist alltägliche Geräusche, die durch die Klangdramaturgie und das Zusammenspiel mit den Bildern musikalisch wirken. (Stockhausen: »Jeder Klang ist Musik.«) Bresson achtet mit einer unglaublichen Sensibilität darauf, daß seine Filme eine dichte Atmosphäre bekommen, unter Einsatz sparsamster Mittel. Oft bewirkt eine schlechte Filmmusik, daß der Film »kippt«.

Viele Regisseure sagen, die beste Filmmusik sei die, die man gar nicht hört; trotzdem wäre der Film nur halb so schön, wenn es sie nicht gäbe (z.B. in den Filmen von Jean-Pierre Melville und in »Drei Brüder« von Francesco Rosi). Oder: Die Musik steigert dermaßen das Handlungsgeschehen, daß sie fast hysterisch wirkt, wie bei Bernard Herrmann in zahlreichen Hitchcock-Filmen. Faszinierend an den Filmen von Bresson aber ist, daß er fast immer ohne Musik auskommt. Karl Kraus hat gesagt: »Man soll den Geräuschen des Tages lauschen, als wären es die Akkorde der Ewigkeit.« Musik soll sensibilisieren. Das ist das höchste Ziel. Wie Bresson das Klangempfinden des Zuschauers durch geschicktes Zusammenspiel von Bild, Wort und Geräusch steigert, zeigt seine hohe Musikalität.

Bresson versteht es wie jeder gute Komponist, Stille zu erzeugen. In seinen »Notes sur le cinématographe« schreibt er: »Sei dir sicher, daß du alles erschöpfend genutzt hast, was sich durch Unbeweglichkeit und Stille mitteilt. (...) Bilder und Klänge wie Menschen, die sich auf einer Fahrt kennenlernen und nicht mehr trennen können. (...) Der Tonfilm hat die Stille erfunden. (...) Absolute Stille und Stille, die man durch das Pianissimo der Geräusche gewinnt. (...) Der rhythmische Wert eines Geräusches. Eine Tür, die sich öffnet und schließt, Geräusche von Schritten usw. (...) Bilder. Wie Modulationen in der Musik. (...) Musikalische Stille, durch den Resonanzeffekt. Die letzte Silbe des letzten Wortes oder das letzte Geräusch, wie eine gehaltene Note.« Und dann erwähnt er Debussy, der sagte, er habe oft eine ganze Woche damit zugebracht, sich für oder gegen einen Akkord zu entscheiden. Bresson ist durch seine Filme, in denen fast keine Musik vorkommt, einer der besten Musiklehrer, die man sich wünschen kann.

»Silence is golden«. (Songtitel der Tremeloes)

Plattenbesprechung von Julie London, »Julie is her name« (Liberty GP 633, EMI-Japan).

So ungefähr stelle ich mir eine Filmszene zu dieser Musik vor: Paris in den fünfziger Jahren. Das Bistro an der Ecke. Draußen regnet es unaufhörlich. Es ist spät am Abend. Man sieht kaum Menschen auf der Straße, nur schwarze Limousinen, die in langen Abständen langsam über das regennasse Pflaster fahren. Drinnen an der Bar sitzt ein Mann und weint leise in seinen letzten Whisky, während der Barkeeper schon die Stühle hochstellt. Ganz hinten in der Ecke sitzt eine wunderschöne Frau in einem nassen Trenchcoat und sieht aus dem Fenster. Und dazu läuft aus der Musikbox dieses Lied. »Cry me a river«. Mit dem Text: »Jetzt sagst du mir, du seiest allein, und du hättest die ganze Nacht hindurch geweint. Willst du mir nicht einen Fluß voll weinen? Ich hab' schließlich einen Fluß über dich verweint.«

In diesem Stile läuft der ganze Song, mit einer phantastischen Gitarrenbegleitung von Barney Kessel. Der Gesang kommt von Julie London, die eigentlich Schauspielerin war und keine Sängerin. Aber gerade das Amateurhafte, sich langsam Vortastende in ihrem Gesang war genau richtig für »Cry me a river«. Ohne großen Werbeeinsatz seitens der Plattenfirma wurde es der Hit in den Late-Shows des amerikanischen Radios der fünfziger Jahre.

My Memories
There stood the old man by the road.
Then the old man went across the road.
I never saw the old man again.
(29.1.87)

Sam Shepard und Jessica Lange in »Country« hab' ich an einem grauen Sonntagnachmittag in einem riesigen Kino in London gesehen, gemeinsam mit zehn bis zwölf Zuschauern, die alle weit voneinander entfernt einzeln in ihren hohen Sesseln saßen. Fast alle haben geheult, es war ein sehr schöner Film. (»Einer von diesen neuen amerikanischen Heimatfilmen...« hat jemand, der ›Spiegel‹-Leser ist, gesagt, ohne ihn gesehen zu haben). Wunderbar fotografiert, Musik mit Stimmen und Geräuschen sehr gefühlvoll zusammengemischt, viel Atmosphäre. Shepard und Lange, der Klang ihrer Stimmen, wie sie mit ihren Kindern reden. Und wie durch kleine Veränderungen im Ton gegenüber den Kindern für alle spürbar wird, daß die Familie auseinanderfällt. Dramatische Steigerungen durch kleinste Veränderungen der Lautstärke. In dem Moment, wo der Druck von außen zunimmt und der Vater wegen finanzieller Belastungen den Boden unter den Füßen verliert, beginnt er, mit seinen Kindern weniger liebevoll umzugehen als früher. Es gibt einen präzisen Augenblick, bei einem Abendessen, wo er sein kleinstes Kind etwas zu laut anspricht und ihn seine Frau plötzlich entsetzt ansieht. Da kommt die Krise.

Samuel Fuller, 20.1.87 in einem Interview: »I didn't know her, I didn't like her, and I didn't want to meet her.«

In Frankreich gibt es einen freien Sender, der heißt »Radio Vitamine«. Ein guter Name. Es sollte gesund sein, Radio zu hören.

12.8.85, Köln
Die ganze Nacht hindurch Platten von Billie Holiday gehört. Ich saß allein in der Küche, während aus dem Nebenzimmer die Musik kam. Es war so merkwürdig, viele Stunden lang nur diese eine Stimme zu hören. Um sechs legte ich die erste Platte auf, und während es draußen dunkler wurde, schaltete ich kein Licht an. Morgens um fünf die letzte Platte. Immer diese Stimme. Ich erinnerte mich daran, wie wir als Kinder mit unseren Eltern sonntagnachmittags durchs Bergische Land fuhren, dachte an die Stimme meiner Mutter, wie sie oft leise dabei sang, an Carole King: »You're so faaar away, doesn't anybody stay in one place anymore?« und an Joni Mitchell mit dem Lied über den Jungen, der sich auf einem gelben Skateboard seinen Weg durch die Schlange der Passanten bahnt. Ein komischer Typ. Sie liebt ihn und will, daß er endlich erwachsen wird, schreit ihn an dafür. Worauf er sagt: »Give me one good reason why.« Immer wenn ich dieses Lied höre, läuft dieser Film von dem Jungen auf dem gelben Skateboard vor mir ab. Es gibt Musikstücke, die man zu bestimmten Gelegenheiten gehört hat und deshalb besonders mag. Zum Beispiel »Through hollow lands« von Brian Eno, am letzten Tag vor der Abreise aus Südfrankreich, alle Touristen waren längst weg, und ich mußte nun auch nach Hause. Ein düsterer, grauer Herbsttag, ziellose Autofahrten im Dauerregen durch die Weinberge um Bordeaux. Dazu immer dieses Stück von Eno: »Through hollow lands«...

Ich sehe nachts das Haus, in dem ich wohne, darüber den Nachthimmel, und denke an die Zeit, in der wir uns als Kinder im Wald kleine Hütten gebaut haben, in denen wir damals für immer leben wollten. Noch jetzt kenne ich das Gefühl, in einer dieser Laubhütten auf dem Rücken zu liegen, nachmittags kurz vor der Dämmerung auf dem nadeligen Waldboden, während von weither die Kirchenglocken unseres Dorfes läuteten. Es war das Zeichen dafür, daß an diesem Tag wieder jemand gestorben war.

John Lennon mit seiner Version von »Ya-Ya«. Er sitzt am Klavier und singt. Sein damals sechsjähriger Sohn Julian, der gar nicht Schlagzeug spielen kann, spielt Schlagzeug. Und Lennon singt diese wunderbare Zeile: »It may sound funny but I don't believe she's comin'!« Wie oft ist mir dieser Satz durch den Kopf gegangen, wenn das Telefon nicht geklingelt hat. Es sind oft ganz winzige Stellen in einem Song, die dich treffen.

Wenn Tim Hardin singt: »Here I am back home again« und man weiß, was er dafür alles hinter sich gelassen hat. David Forman, das verschollene Genie: »Anyway, it's all the same, nothing new, except the name«. Und Bob Dylan auf der Bootleg-LP zu »Blood on the tracks«, wie er spät nachts im Studio sitzt, mit seinen Liedern über die Trennung von seiner Frau: »If you see her, say hello, she might be in Tangiers. She left here last early spring, is livin' there I hear. And though our separation, it pierced me through the heart, she still lives inside of me, we've never been apart.«

Schwer zu sagen, was und wo diese kleinen Sachen sind, die einen so an einem bestimmten Song faszinieren. Meistens trifft es einen in unerwarteten Momenten, weil man selber gerade nach Antworten sucht. Songtexte sind wie Verkehrszeichen in einer unbekannten Landschaft. Sie zeigen einem den Weg, den man selber sucht, und sie führen hin zu dem Menschen, der sie geschrieben hat.

Ich habe manchmal das Gefühl, Billie Holiday und Nick Drake besser zu kennen als viele Leute, die ich Tag für Tag sehe. Sie *sagen* stets etwas Neues, obwohl sie immer dasselbe singen. Ist dem Songschreiber gar nicht bewußt, was er mit wenigen Worten beim Zuhörer auslöst? Dylan sagt, er habe den Eindruck, seine Songs kämen gar nicht von ihm, sondern lägen irgendwie in der Luft. Der Bluessänger Bukka White nannte deshalb seine beste LP »Sky Songs«. Musik sollte die Kraft haben, einen wegzutragen an einen anderen Ort, so wie ein Foto aus der eigenen Kindheit, das plötzlich eine ganze Welt wiedererstehen läßt. Aber sowas ist selten.

Eine Legende aus dem Osten beschreibt, wie Gott eine Statue aus Lehm nach seinem Bilde erschuf und daraufhin die Seele bat, in sie hineinzuschlüpfen; aber die Seele weigerte sich, gefangen zu sein, denn ihr Wesen ist, frei umherzufliegen, und nicht, begrenzt und gebunden zu sein. Unter keinen Umständen wollte sie in dieses Gefängnis hinein. Da bat Gott die Engel, ihre Musik zu spielen. Als die Engel spielten, da geriet die Seele außer sich vor Entzücken, noch klarer sollte ihr die Musik werden, noch näher, und so schlüpfte sie in den Körper.

Hazrat Inayat Khan

Die Reise nach Dakar

Ein altes Sprichwort aus dem Senegal sagt: »Auch wenn der Baumstamm noch so lange im Sumpf liegen bleibt, er wird doch nie ein Krokodil.« Dieser Satz ging mir durch den Kopf, als ich zusammen mit dem Journalisten Francis Gay zwei Wochen lang die westafrikanischen Länder Senegal und Gambia bereiste. Obwohl wir ständig mit Afrikanern zusammenlebten, blieb uns immer bewußt, daß wir uns in einer ungewohnten, neuen Welt befanden. Auch das Vertraute nahm hier andere Formen an. Wir waren oft überrascht, wenn wir zu Hause bei Senegalesen mit Musik von John Coltrane und Bob Marley konfrontiert wurden, bis uns ein Afrikaner sagte: »Ihr müßt nicht glauben, daß wir hinter dem Mond leben. Wir verfolgen sehr genau, was bei euch und drüben in den USA passiert. Und wir suchen uns das heraus, was für uns wichtig sein kann.« Der Reggae von Bob Marley dröhnt einem aus den zahllosen Transistorradios auf den Märkten in Dakar oder Ziguinchor von überallher entgegen. Marley ist auch noch Jahre nach seinem Tod die Integrationsfigur für die Schwarzen auf Jamaika und in Westafrika. Es hat eine Art Rückkopplung stattgefunden. Die Musik der nach Amerika verschleppten ehemaligen Sklaven, die den Jazz, den Blues, den Reggae und viele andere neue Musikarten entstehen ließ, wirkt seit den sechziger Jahren immer stärker zurück auf die populäre Musik Afrikas. Back To Mother Africa.

Als das Flugzeug aus Düsseldorf endlich auf dem Flughafen von Dakar landete und die Tür aufging, wehte uns die warme, salzige Luft vom Meer entgegen. Wir befanden uns fünftausend Kilometer von zu Hause am äußersten Westzipfel des afrikanischen Kontinents. Der Zollbeamte drückte seinen Stempel in unsere Pässe, während uns Adama und Youssou bereits hinter der Schranke erwarteten. Man hatte uns gesagt,

wir müßten unseren Whisky verzollen, aber unsere beiden
Gastgeber schleusten alles problemlos durch den Zoll. Youssou
fuhr mit uns über eine holprige Küstenstraße direkt hinein in
die Medina. So heißt die Altstadt von Dakar, in der Adamas
Wohnung lag.

Als wir in die Rue No. 5 einbogen, war es bereits dunkel
geworden. Nur ein paar kleine Lampen beleuchteten die
Straße. Überall am Wegrand brannten kleine Feuer, und es
herrschte jede Menge Betrieb draußen vor unserer Haustür.
Der kleine Stand des Metzgers an der Ecke hatte auch jetzt um
elf noch auf. Die blutigen, von Fliegen umschwärmten Fleisch-
stücke wurden beleuchtet vom Schein einer einzigen Glüh-
birne, die im Nachtwind hin und her pendelte. Überall
wurde geschwatzt und gekocht. Vor fast jedem Haus wartete
eine kleine Ziegenherde blökend darauf, hereingelassen zu
werden. Die Kinder aus der Nachbarschaft schauten uns
neugierig zu, als wir aus dem Auto stiegen. Und kaum waren
wir angekommen, packte ich mein Bandgerät aus und machte
die ersten Aufnahmen von Dakar bei Nacht.

Der erste Morgen im Senegal. Schon um fünf Uhr weckten uns das Geschrei der Kinder, die Gesänge vom nahegelegenen Minarett und das Blöken der Ziegen. Der erste Blick durchs Fenster: erdfarbene Häuser aus unverputztem Zement, dazwischen Holzhütten und Palmen. Ein paar ältere Männer wankten noch ganz schlaftrunken durch die Straßen, während die Frauen schon mit großen, farbigen Plastikbehältern auf dem Kopf Wasser holen gingen. Eine Stunde später war die ganze Stadt auf den Beinen. Man beeilte sich, denn spätestens um zehn wird es unerträglich heiß. Nach dem Frühstück gingen Francis und ich zum ersten Mal ins Stadtzentrum.

Überall wurden wir angestarrt, Weiße sind in der Medina eine Seltenheit. Die Taxifahrer hupten und winkten uns ständig zu. Keiner verstand, warum wir in dieser Gegend zu Fuß gingen. Als Francis an einer Straßenkreuzung einen Polizisten nach dem Weg zur Bank fragte, schüttelte dieser ihm erstmal kräftig die Hand und rief strahlend: »Na, meine Freunde, wie geht es euch?« Dann erklärte er uns den Weg, wir überquerten mehrere Straßen, und plötzlich rannte ein völlig Nackter mitten im Stadtzentrum von Dakar an mir vorbei. Kaum jemand schien ihn zu beachten, ein paar drehten sich um und lachten, aber anscheinend mehr aus Anteilnahme über meine maßlose Verwunderung als aus echtem Erstaunen heraus. Es schien, als kenne jeder in Dakar diesen Flitzer.

An jeder Straßenecke, vor jedem Geschäft saßen Frauen mit ihren Kindern und verkauften Mangos oder Erdnüsse.

Bettler klopften an die Fensterscheiben der Autos, die an den Ampeln hielten. Schwerkranke krochen an elegant gekleideten Regierungsbeamten vorbei, während eine alte Französin ihr Baguette in der Einkaufstasche zielstrebig nach Hause trug.

Das auffälligste Haus an der großen Straßenkreuzung, an der der Straßenmarkt von Dakar beginnt, war eine Apotheke, im großzügigen Kolonialstil erbaut. Anscheinend florierte das Geschäft mit den Medikamenten besser als jedes andere. Der Andrang war groß.

Gleich neben dem Innenministerium liegt, mitten im Regierungsviertel von Dakar, das Gebäude der senegalesischen Radio- und Fernsehstation. Der Innenminister steht in ständigem Kontakt mit dem Rundfunkintendanten. Man achtet sehr genau darauf, was über den Sender geht. Nach außen hin läuft alles sehr relaxed ab, ständiges Händeschütteln und freundliche Begrüßungen. »Ça va? – Ça va.«

Als wir eines der Rundfunkstudios besichtigten, strickte die Technikerin gerade an einem Pullover. Wir unterhielten uns mit ihr, während auf dem Plattenspieler für die laufende Sendung Akkordeonmusik lief. Als die Platte zu Ende war, drehte sich die Nadel minutenlang in der Leerrille, bis die Technikerin ihr Strickzeug beiseite legte, aufstand, und bei offenen Reglern die Nadel wieder auf den Anfang der Platte setzte. Alles lief nochmal von vorne. Das wichtigste Ereignis des Tages war die Live-Übertragung eines Fußballspiels aus Holland sowie der Staatsbesuch des algerischen Ministerpräsidenten. Wir staunten, wieviel Wert man im Senegal auf Tradition legt. Als der Präsident aus Algerien ankam, begrüßten ihn auf dem Flughafen von Dakar und bei der anschließenden Fahrt durch die Stadt Dutzende von Trommlern und Tanzgruppen. Man stelle sich vor, Helmut Kohl würde den US-Präsidenten bei seiner nächsten Visite auf dem

Köln-Bonner Flughafen mit einer Abordnung von Schuhplattlern aus Oberammergau empfangen!

Seit der Regierungszeit von Leopold Senghor hat die Volkskunst im Senegal einen ungewöhnlich hohen Stellenwert. Senghor ist nicht nur Politiker, sondern auch Dichter und Mitglied der Académie Française. In Dakar findet alljährlich das größte panafrikanische Kulturfestival statt, bei dem schwarze Künstler aus allen Teilen der Welt zusammenkommen, auch Duke Ellington hat hier schon gespielt.

Der große Star der senegalesischen Popmusik ist der charismatische Sänger Youssou N'dour, mit fünfundzwanzig Jahren einer der größten Musiker des modernen Afrika. Youssou N'dour verbindet in seiner Musik traditionelle und moderne Elemente. Seine Musik hört man im Senegal buchstäblich an jeder Ecke – in den Nachtclubs, in den Taxi und auf den Märkten.

Youssou N'dour ist eine Ausnahme. Er ist ein Star. Die meisten afrikanischen Musiker können von ihrer Musik nicht so gut leben wie viele ihrer europäischen Kollegen. Sie arbeiten unter weitaus härteren Bedingungen.

Schallplatten gibt es nur wenige. Für einen Normalverdiener im Senegal sind sie mit 30 DM pro Stück völlig unerschwinglich. Die meisten Aufnahmen sind nur auf Kassetten erhältlich, von denen viele illegal hergestellt und auf den Straßenmärkten verkauft werden. Für 6 oder 7 DM bekommt man (wenn man Senegalese ist!) auf diesen Märkten Kassetten von Bob Marley oder Youssou N'dour, aber man kann nie sicher sein, die wievielte Kopie man da angedreht bekommen hat. Als Weißer bezahlt man ohnehin meistens das Dreifache von dem, was ein Afrikaner für solche Bootleg-Kassetten hinblättert. Es gibt keine Organisation wie die deutsche GEMA, die sich um die Autorenrechte kümmert. Immerhin erlebt man ständig neue Überraschungen, wenn man diese Kassetten hört. Es kann zum Beispiel sein, daß da mal zehn Minuten lang gar keine Musik mehr kommt, weil der Tonpirat beim Umschneiden gerade mal telefonieren mußte und dabei vergaß, die Pausentaste am Recorder zu drücken. Oder die neueste Platte von Youssou N'dour klang so langweilig, daß zwischendurch plötzlich ein Song von Burning Spear ertönt. Ça va? – Oh, ça va très bien!

Wir waren im Senegal zu der Zeit, als dort gerade der islamische Fastenmonat Ramadan begann. Um die Mittagszeit herum kamen Tausende von Männern aus ihren Häusern und strömten in die engen Straßen der Stadt. Sie breiteten ihre Gebetsteppiche aus, und dann bot sich in der prallen Mittagssonne ein kaum zu beschreibendes Bild. Nahezu alle Straßen waren überfüllt von Menschen, die zwischen Autos und Häusern beteten. Wie von einer unsichtbaren Kraft getrieben, knieten sie nieder, warfen sich auf den Boden und standen wieder auf. Das geschah niemals genau gleichzeitig, so daß sich dabei wellenförmige Bewegungen ergaben. Der Senegal ist zu fünfundneunzig Prozent islamischen Glaubens. Man sagt, die Senegalesen würden ihren Glauben strenger praktizieren als irgendein anderes Volk Afrikas.

An einem der ersten Abende unserer Reise wanderten Francis und ich ziellos in der Medina umher. Als wir plötzlich von weitem die Stimme eines Sängers hörten, beschlossen wir, ihr zu folgen. Die Stimme kam von sehr weit her. Ich weiß nicht mehr, wie weit wir in dieser Nacht gelaufen sind, um sie aus nächster Nähe hören zu können. Aber ich hatte mein Tonbandgerät dabei und wollte diesen Sänger aufnehmen. Bei der spärlichen Straßenbeleuchtung folgten wir der Stimme fast blind, bis wir zu einem kleinen Innenhof kamen, in dem sich eine der vielen kleinen Sekten versammelt hatte. Etwa zwanzig bis dreißig Personen, die alle weiß gekleidet waren, umringten den Sänger, der durch ein Megaphon sang. Es war zwei Uhr nachts, und von allen umliegenden Häuserwänden prallte die durchs Megaphon verzerrte Stimme zu uns zurück. Durch die Geräusche der vorbeifahrenden Autos schrie dieser Mann der schlafenden Stadt seine Gebete entgegen.

Ich bin in Dakar nie in einer Discothek gewesen. Statt dessen lag ich oft noch lange nachts wach auf meiner Matratze und lauschte gespannt all diesen seltsamen Geräuschen der afrikanischen Nacht, die von außen durch die geöffneten Fenster hereindrangen: den Nachbarn, die miteinander redeten, den Gesängen des Muezzins vom Minarett, den Geräuschen der Tiere, die nachts schlafen, und derer, die nachts lebendig werden. Als ich im Iran war, wollte ich nicht fotografieren, weil ich darauf vertraute, daß ich mit meinen eigenen Augen vieles besser fotografieren könne als mit einer Kamera. Man kann auch akustische Signale »fotografieren«. Die nächtlichen Open-Air-Konzerte in Westafrika klingen mir jetzt noch in den Ohren.

Das senegalesische Fernsehen bekommt aus den USA kostenlos Serien wie »Dallas« herübergeschickt. »Dallas« gehört auch in Afrika zu den beliebtesten Sendungen. Die Leute schauen sich die Geschichten mit J.R. und Sue Ellen wie Märchen von einem anderen Planeten an. Bei einem Spaziergang begegnete ich abends einem kleinen Jungen, der ein selbstgemachtes Lied sang, das nur aus den Vornamen der »Dallas«-Helden bestand. Die Frisöre, die einem auf der Straße die Haare schneiden, bieten auf selbstgemalten Schildern sogar einen Haarschnitt an, der »Bobby« heißt.

Überraschend groß ist der Einfluß der afrokubanischen Musik auf die Popmusik Westafrikas. Alle Gruppen im Senegal haben erstmal kubanische Musik gespielt und von daher ihre eigenen Ausdrucksformen gefunden. Das »Orquesta Aragon« aus Kuba kommt regelmäßig auf Tournee nach Afrika. Im Haus von Doudou läuft Musik von den jamaikanischen Reggaesängern Hugh Mundell (»Africa Must Be Free By 1983«) und Burning Spear (»Repatriation«), Jazz von Miles Davis (»Bitches Brew«) und Musik von dem phantastischen Sänger Ismaël Lô aus Dakar. Eine französische Plattenfirma hat ihn nach Paris geholt, um mit ihm zwei Platten für den europäischen Markt zu produzieren, aber das ist gründlich danebengegangen. Ismaël Lô hat seine weitaus besten Aufnahmen im Senegal gemacht, die französischen Produktionen mit Studiomusikern aus der Discoszene und in bombastischen Arrangements klingen nichtssagend. Von Toure Kunda, der populärsten Exilgruppe aus dem Senegal, die in Frankreich Hunderttausende von Platten verkauft, nimmt hier anscheinend kaum jemand Notiz. Für die Senegalesen hat das, was Toure Kunda machen, zu wenig mit der eigenen Tradition des Landes zu tun.

Eine Kinderkommunion in Dakar. Die Hausherrin sah aus wie Billie Holiday in ihren besten Jahren. Dreijährige Kinder tippten unbemerkt mit ihren Füßen komplizierteste Rhythmen der Musik mit, die aus dem Schlafzimmer des ältesten Sohnes der Familie herüberdrang. Großeltern, Eltern und Kinder tanzten stundenlang zu der ekstatischen Popmusik aus Zaïre und von der Elfenbeinküste. Man forderte uns ständig lachend zum Mitmachen auf.

Die ganze Nacht hindurch in der Medina die islamischen Gesänge. Wie die Saxophonorgien von Albert Ayler, John

Coltrane und Pharoah Sanders. Morgens fand ich unter Adamas Kassetten die »Sacred Hymns« von Keith Jarrett. Das erste Stück ist so klar und rein wie japanische Kotomusik.

»(...) Wenn der Seefahrer seinen Ort bestimmen will, verwendet er dazu nicht seine Liebe zum Meer, sondern einen Sextanten, wobei er dafür sorgt, daß der Spiegel klar ist. Und ist unser Spiegel nicht klar, so werden wir nichts von der Wirklichkeit der Dinge und Wesen sehen, weil wir überall auf das Spiegelbild unserer eigenen Wünsche und Ansprüche oder unserer eigenen Befürchtungen stoßen und überall das Echo unserer eigenen lärmenden Unruhe vernehmen werden, und das nicht nur in dieser Welt, sondern in allen Welten, im Wachsein, im Schlaf und im Tod. Wenn man sehen will, ist es offensichtlich, daß man nicht mehr mitten in der Bildfläche stehen darf. Der Sucher wird somit eine Unterscheidung treffen zwischen dem, was seinen Blick trübt, und dem, was ihn klärt; das wird die Grundlage seiner ›Moral‹ sein.«
Satprem, »Sri Aurobindo«

Strapaziöse Fahrt mit einem Kleinbus von Dakar nach Ziguinchor im Süden des Landes. Um die Hauptstadt der Casamance zu erreichen, ist es notwendig, Gambia zu durchqueren. Zwölf Stunden Fahrt durch karge Wüstenlandschaften, eingeklemmt zwischen andere Fahrgäste und geführt von einem Fahrer, der für eine Rallye zu trainieren glaubt. Die Wagenfenster lassen sich kaum öffnen, nur durch einen winzigen Spalt dringt ein bißchen Luft ein, und zu meinem großen Pech sitze ich ausgerechnet auf der Seite, auf die die heiße Mittagssonne erbarmungslos herunterprallt.

Während der gesamten Fahrt läuft Musik von Youssou N'dour bei voller Lautstärke. Die Membranen der Boxen sind alle kaputt. Man meint, bei diesem Sound würden einem allmählich sämtliche Zahnplomben rausfliegen. Zum ersten Mal hasse ich afrikanische Musik und bete darum, daß Allah sie abstelle. Vergebliche Hoffnungen.

Am Gambiafluß bei der Grenzkontrolle eine schier endlose Schlange von Autos. Nur eine der beiden alten, verrosteten Fähren ist noch in Betrieb. Dreieinhalb Stunden Wartezeit in größter Hitze, neben stinkenden Töpfen mit Fleisch von prähistorischen Hammeln, das man in Zeitungspapier serviert bekommt, von dem sich bei diesen Temperaturen die Drukkerschwärze zu lösen beginnt. An den Verkaufsständen billiger Kitschkram aus China, T-Shirts, Plastiksandalen, Tee und andere Dinge. Einige der Händler liegen hinter ihren Verkaufstheken und schlafen. Ziegen, Schafe und Kühe durchwühlen die Abfallhaufen. Ein paar Meter neben dem Anlieger ein unbeschreibliches Klo in einer Wellblechhütte gleich über dem Fluß, daneben stehen ein paar Männer und angeln. Die LKW-Fahrer stecken den Fährschiffern ständig kleine Päckchen mit Geldnoten zu, um schneller abgefertigt zu werden. Ich habe mehr als genug Zeit, um alles zu beobachten. Aber als ich sehe, wie die Menschen sich in diesem Elend und in dieser verdammten Hitze abquälen, kommt mir meine eigene Wartezeit wie ein Luxus vor. Ich ertrage den Rest der langen Fahrt nach Ziguinchor mit einer stummen Gelassenheit, die mir vorher unbekannt war.

Von Ziguinchor aus ein kurzer Ausflug ans Meer. In Cap Ckirring gibt es den »Club Méditerrané«. Morgens nach dem Frühstück laufen alle an den Strand, lassen sich bräunen, dann Mittagessen, anschließend wieder an den Strand usw. Ein paar hundert Meter entfernt hat man ein afrikanisches Dorf nachgebaut, um den Touristen wenigstens ein paar Fotomotive in diesem Niemandsland zu liefern. L'Afrique, c'est chic.

Der Fotograf von Magnum erzählt uns, er habe in der Nähe von Dakar an einem Voodoo-Ritual teilgenommen und dafür eine große Geldsumme bezahlt. Die Einwohnerin eines kleinen Dorfes sei von einem bösen Geist besessen gewesen, weil ihr Großvater unrechtmäßig einen Löwen getötet habe und die Seele des Tieres im Körper der Frau gefangen und noch nicht zur Ruhe gekommen sei.

Der Medizinmann inszenierte gemeinsam mit dem ganzen Dorf ein einwöchiges Ritual. Tiere wurden geschlachtet, mit ihrem Blut mußte die Frau ihren ganzen Körper bedecken und durfte sich tagelang nicht waschen, mehrere Tage und Nächte hindurch wurde daraufhin gebetet und getanzt. Gruppentherapie in Afrika, genauestens befolgt nach uralten Regeln. Eine Woche später war die Frau geheilt.

In dem Senegal-Buch von Irmgard Perfahl meint ein Senegalese: »Die Europäer sind mit dem Wort Aberglaube immer schnell bei der Hand, weil sie die Kräfte nicht kennen, die es in Afrika gibt. Kräfte können sich erschöpfen, das ist leider so, und wahrscheinlich hat es in Europa früher auch solche Kräfte gegeben, die sich aber seit langem erschöpft haben, so daß Berichte darüber wie Märchen klingen. Auch in Afrika werden sich diese Kräfte erschöpfen, das ist vorauszusehen, aber noch ist es nicht soweit, noch wirken sie. Wenn die Europäer davon hören – aber sie hören nicht viel davon, man erzählt ihnen wenig –, dann glauben sie es nicht. Das ist gut so, eigentlich sollten wir gar nichts erzählen, unsere Kräfte sollten ein afrikanisches Geheimnis bleiben.«

Aus einem Interview mit Peter Gabriel
Köln, 13.5.86

Ich hatte mehrere Träume, bevor ich den Song »Red Rain«
schrieb. Einer dieser Träume fand in einem tosenden, roten
und schwarzen Meer statt. Ich wurde von diesem Meer durch
zwei weiße Mauern getrennt. Es gab Löcher in diesen Mauern, durch die Glasflaschen hindurchdrangen, die geformt
waren wie menschliche Körper. Sie bohrten sich in die Mauern hinein, füllten sich mit roter Flüssigkeit, wanderten
heraus, den Boden entlang zur gegenüberliegenden Mauer
hin, dort hinaus, dann entleerten sie die rote Flüssigkeit und
zerbrachen am Boden.

Der andere Traum handelte von einer Stadt am Rande eines
roten Meeres.

Die Leute, die in dieser Stadt lebten, waren sehr sauber,
weiß und rein. Sie wiesen alles Schmutzige und Ekelerregende
von sich, sogar das Blut in ihnen selber. Es ging so weit, daß
diese auf höchste Sauberkeit bedachten Menschen auf einmal
gar nicht mehr bluten konnten. Und da fing der Himmel, der
sie umgab, zu bluten an.

Ich denke tatsächlich, daß Ignoranz gegenüber bestimmten
Dingen auf einen zurückschlagen kann, wenn du etwas nicht
wahrhaben willst.

Es hat was mit einem Gedanken von C.G. Jung zu tun.
Jung sagt: »Wenn man die dunklen Seiten an sich selber
nicht akzeptieren kann, dann fängt man an, diese Dinge in
anderen Menschen zu sehen.«

Ich glaube, ich behandle Themen wie diese in meiner
Musik, weil sie ein Teil meiner eigenen Anstrengungen sind,
mit mir selber besser klarzukommen. Ich glaube, man muß
lernen, die schlechten Seiten an sich zu akzeptieren, bevor

man sich davon befreien kann, immer nur ein Gewohnheitstier zu sein.

Für viele Musiker ist das, was sie machen, eine Art Therapie. Es ist außerdem für sie eine Möglichkeit, um auf sich aufmerksam zu machen. Auf eine gewisse Weise wird man überhaupt erst richtig lebendig dadurch, daß man sich anderen in seiner Musik mitteilt.

Das klingt jetzt vielleicht sehr analytisch und nach Psycholabor: Aber die therapeutische Wirkung, die Musik auf mich hat, hilft mir tatsächlich sehr.

Ich fühle mich wirklich gut nach einem Konzert. Und das hat ja alles eine uralte Tradition, wenn du dir nur mal die alten Bluessänger anhörst.

Der Typ singt davon, wie er am Morgen aufwacht und feststellt, daß seine Frau mit einem anderen Kerl abgehauen ist. In der Musik konnte der Mann seinen Schmerz loswerden, indem er davon sang. Und ältere Leute im Publikum, die ähnliche Probleme hatten wie er, konnten etwas von diesem Schmerz nachempfinden. Am Ende fühlt sich der Mann wirklich besser. Er hat's endlich rausgebracht! (Lacht.)

Hundertachtmal singt Peter Gabriel auf seiner neuen LP »So« das Wort »I«.

Es ist immer noch gut, in der ersten Person zu singen, um die Leute in das hineinzuziehen, was man sagen möchte. Wenn du in einem Restaurant sitzt und zufällig ein Gespräch am Nebentisch mitanhörst, wo jemand von ihm, von ihr oder von ihnen redet, dann wirst du sofort aufmerksam, sobald die betreffende Person sagt: »Ich...« Du spürst sofort, daß er jetzt aus eigener Erfahrung spricht.

(Fernando Pessoa schreibt im »Buch der Unruhe«, S. 19: »Wenn ich das aufschreibe, was ich fühle, so tue ich es, weil ich so das Fieber zu fühlen senke.«)

Viele Leute aus meinem Bekannntenkreis, die im medizinischen Bereich arbeiten, haben ein starkes Verhältnis zur Musik. In einigen Kulturen war der Schamane sowohl Medizinmann als auch Künstler. Er kümmerte sich um die Musik, die Rituale und die Heilungen. Diese Bereiche waren miteinander verbunden. Vielleicht kommt das jetzt wieder. Wir waren im letzten Jahr im Senegal und wohnten in Dakar bei einer Frau, die eine afrikanische Tanzschule leitet. Ein Freund von mir war zur gleichen Zeit mit einer Zigeunerin aus Belgien dort, die plötzlich Malaria bekam.

Es passierten viele seltsame Dinge in dieser Zeit. Ich erinnere mich vor allem an einen Abend, an dem ein großer Sturm aufkam. Es lag eine merkwürdige Spannung in der Luft. Eine Katze stieß Milchflaschen von einer Mauer, und sie zerklirrten am Boden. Es donnerte und blitzte.

Man hörte den Gesang des Muezzins vom Minarett, dann zogen Straßenmusikanten durch die Stadt.

Diese merkwürdige Atmosphäre baute sich immer mehr auf. Und dann flog da dieser eine Moskito durch unser Zimmer. (Lacht.) Er kam zu jedem hingeflogen und belästigte uns sehr. Man konnte fühlen, wie das Tier immer wütender wurde. Das Ende vom Lied war, daß die Zigeunerin von dem Moskito gebissen wurde.

Am nächsten Tag hatte sie Malaria.

Ich sollte noch sagen, daß wir den Moskito töteten. Und das war's. Irgendwie war es uns vorgekommen, als habe sich alle diese Energie, die die ganze Zeit hindurch in der Luft lag, schließlich in diesem einen Moskito konzentriert. Wir waren erleichtert, als alles endlich ein Ende hatte.

Wir dachten, wir wären jetzt alles losgeworden, aber am nächsten Tag hatte die Frau Malaria. Sie hatte zwei oder drei Tage lang sehr hohes Fieber und fühlte sich sehr schlecht. Während sie im Fieber lag, halluzinierte sie.

Und es kam uns wahrhaftig so vor, als habe sich der Moskito in einen Geist verwandelt. Dann schrieb sie über diese Dinge einen Song: »Le Grand Moustique Est Mort«. (Lacht.) Vielleicht werde ich den Text mal vertonen. Es ist ein sehr düsteres, seltsames Lied.

1980 habe ich einen Song über den afrikanischen Freiheitskämpfer Stephen Biko geschrieben. Little Steven von der amerikanischen »Artists Against Apartheid«- Bewegung hat gesagt, das sei das erste Mal gewesen, daß er je von Apartheid gehört habe, als »Biko« im Radio lief.

Ich habe auf meiner neuen LP »So« keinen Song über Afrika, denn ich war zur Zeit der Aufnahmen für diese Platte mehr mit persönlichen Dingen beschäftigt.

Es gab eine Reihe von neuen Songs, die sich mit politischen Problemen befaßten, aber als es darum ging, Stücke für die neue Platte zusammenzustellen, ging ich mehr nach musikalischen als nach inhaltlichen Gesichtspunkten vor.

Während der einjährigen Produktionszeit für die Platte brach für einige Zeit meine Ehe auseinander, und ich glaube, daß ich während dieser Zeit eine ganze Menge dazugelernt habe. Ich mußte verstehen, daß ich Arbeit und Privatleben zu trennen hatte, denn sonst frißt sich die Musik einfach in alles hinein. (Lacht.) Diese persönlichen Probleme haben meine Aufmerksamkeit sehr stark in Anspruch genommen. Mit Protestbewegungen wie »Sun City« und »Artists Against Apartheid« werden jetzt viele Leute aktiv.

Ich finde es sehr wichtig, daß diese Bewegung an Kraft gewinnt. Es sollten mehr Leute dazukommen.

Aber ich glaube nicht, daß sich jeder Künstler verpflichtet fühlen sollte, in seinen Songs politische Dinge zu predigen. Das Bewußtsein ist sehr wichtig, man muß die Dinge wachsam mitverfolgen. Aber eines von den neuen Liedern schildert das persönliche Schicksal eines jugendlichen Arbeislosen und bezieht sich auf Vorgänge in der Außenwelt. Es gibt da beide Ebenen. Und es ist keine Propaganda.

Ich arbeite seit Jahren an einem Freizeitpark-Projekt mit dem Namen »Real World«. Es gibt eine Reihe von sehr kreativen Leuten, die sich daran beteiligen könnten. Seit zehn oder fünfzehn Jahren geht mir diese Idee eines alternativen Freizeitparks nun schon durch den Kopf, und ich habe mit vielen Künstlern und Wissenschaftlern darüber geredet.

Ein Architekt in Australien hat angefangen, die Sache ernstzunehmen. Ich habe ihn weiterempfohlen an den Arbeitsminister, und man plant jetzt das Ganze für einen Ort in New South-Wales.

Das Ganze soll ungefähr so groß werden wie ein Shopping-Center. Es wäre sowas wie eine alternative Version zu »Disneyland«. Ich habe nicht die Mittel, um das alles im Handumdrehen zu verwirklichen, aber auf lange Sicht wird sich diese Idee mit Sicherheit durchsetzen. Es soll dabei vor allem möglich gemacht werden, daß man vom passiven Konsumenten zum aktiven Teilnehmer wird. Das wohlbewachte und abgegrenzte Entertainment, das in Disneyland stattfindet, könnte viel offener und aufregender werden. Ich hätte da gerne Bereiche, wo man zum Handeln animiert wird, und Bereiche, wo man hingehen kann, um Ruhe zu finden. Es soll in beide Richtungen gehen. Mit modernen Techniken, die im Videobereich und z.B. auch im militärischen Training entwickelt worden sind, kann man neue Erfahrungen machen. Ich denke da an die Flugsimulatoren und andere Dinge. Es gibt den Walkman, es gibt Brillen, durch die man dreidimensinoal sehen kann, und man kann sich einen Apparat aufsetzen, der bei der Flugausbildung für Piloten benutzt wird. Solche Dinge interessieren mich. Ich habe angefangen,

151

mich mit Künstlern, Architekten und Psychologen zusammenzusetzen und darüber zu diskutieren, um diesen Bereich ein wenig auszuloten.

Ich habe eine stark kindliche Seite, und ich schätze das sehr, daß ich so bin. Es ist gut, in manchen Dingen ein bißchen naiv zu sein. Ich hätte gerne mehr über Malerei gelernt, und ich wäre fast auf eine Filmschule gegangen, bevor ich mich entschloß, Songs zu schreiben, zu singen und mit Genesis eine Karriere in der Popmusik zu starten.

Als Maler fühlte ich mich nicht gut genug.

Ich erinnere mich daran, wie mich meine Eltern als Teenager zu einem Berufstest schickten. Sie waren damals besorgt um mich, weil ich die Popmusik so ernst nahm. Also sollte ich diesen Test machen. Ein Psychologe sollte herausfinden, was man als Jugendlicher machen konnte.

Der Mann sagte, ich könne entweder Photograph oder Landschaftsgärtner werden. (Er lacht.) Was ja gar nicht so weit von dem entfernt ist, was ich heute mache.

In Hörweite

Die Eurythmics mit »Here comes the rain again«.

Eine Freundin hat mir erzählt, daß sie dieses Lied immer hört, wenn sie in ihrem Haus in Italien ist. In der Nähe des Ortes, wo sie wohnt, gibt es eine Kneipe mit einer Musikbox, die diese Platte hat. Immer geht meine Bekannte zu Fuß die sieben Kilometer bis zu der Kneipe und hört sich diese Platte an. Sie sagt: »Ich will mir die Platte gar nicht kaufen. Ich brauche einfach dieses Gefühl, zu Fuß diesen langen Weg zu gehen, die 1000 Lire einzuwerfen und dann dieses Lied zu hören. Es wäre einfach nicht dasselbe, wenn ich mir die Platte zu Hause auflegen und sie dort hören würde.«

Tim Hardin singt in »My old blue jeans«: »If you ride a motorcycle in Texas, you sure know there's oil and gasoline«. Ein Blues über eine verschmutzte, alte Hose. Tim Hardin, dieser ständig bekiffte, wunderbare Kindskopf, kann die Hose nicht finden. Sie sieht so aus, wie eben alte Jeans eines Motorradfahrers aussehen, voll mit Öl und Benzinflecken. Ein Blues über die ernste Freude am Motorradfahren.

Billie Holiday mit »Lover man, oh where can you be?«: Man müßte sich eine Raumfähre mieten können und das dann hören, während man unseren kleinen blauen Planeten Erde umkreist.

In »Je vous salue, Marie« von Jean-Luc Godard gibt es eine Szene, wo das kleine Mädchen allein zu Hause ist und mit nackten Füßen über den regennassen Boden des Balkons zur Musik von Dvôrák tanzt.

Nachts sitze ich oft am Kurzwellenempfänger. Tagsüber schalte ich das Radio so gut wie nie ein. Aber spätnachmittags, wenn die Sonnenstrahlen den Empfang nicht mehr beeinträchtigen, kommen die Stimmen aus Teheran, Kairo, Tirana oder Havanna in mein Zimmer nach Köln. Die akustischen Schwankungen, die durch das Wandern des Trägers an der Ionosphäre entstehen, stören mich kaum. Im Gegenteil, sie schaffen diese schöne Vorstellung, daß all die fremdklingenden Stimmen und die Musik von ganz weit weg durch den Raum zu uns herüberfliegen. Je später es wird, um so mehr Sender kann man empfangen. Sie landen nachts auf dem Kurzwellenband wie exotische Schmetterlinge. Man braucht oft gar nicht viel zu verstehen, es klingt trotzdem aufregend. Radiohören als abenteuerliche Klangreise!

Ich will Sendungen machen, wo du nicht ahnst, was dich an der nächsten Ecke erwartet. Du sollst als Hörer überrascht werden, auf sinnstiftende Art natürlich. Radiohören muß wieder ein Abenteuer werden. Kennst du diese alten Bilder aus der Anfangszeit des Radios, als die Leute mit Kopfhörern um einen Empfänger herumsaßen und gespannt zuhörten? Das war so, wie man früher Geschichten erzählt hat. Das ist ganz verschwunden heute oder fast verschwunden. Du wirst bei uns ja permanent befeuert mit Musik, egal, ob in Kneipen, im Radio, im Supermarkt oder sonstwo. Wenn du da noch zuhören würdest, wärst du leider bald fix und fertig. Das Weghören ist also auch eine Art Selbstschutz. Nur, – es hat ganz gefährliche Folgen. Man produziert immer mehr Musik und immer mehr Radiosendungen, die dieses Weghören hervorrufen und das Zuhören oft unmöglich machen. Die Leute hören aus Selbstschutz weg wie Tiere, die sich verkriechen. Früher sind sie kilometerweit gefahren, um ein Klavierkonzert zu hören. Stell' dir vor, du gehst drei Stunden durch die Mark Brandenburg, erlebst mit zehn bis fünfzehn Leuten ein Klavierkonzert bei einer Gräfin und gehst anschließend denselben langen Weg durch die Nacht alleine zurück. Was meinst du, wie sowas dein Musikerlebnis beeinflußt und dein gesamtes Hören, auch für später! Das Klavierkonzert war nur ein kurzer Teil des Ganzen. Das erinnert mich an die Sufis, die monatelang ihr Instrument gar nicht anfassen und danach viele Monate lang erstmal nur einen tiefen Ton blasen dürfen, bevor sie richtig Flöte spielen lernen.

Wie hat Robert Bresson geschrieben? »Kino, Radio, Fernsehen, Illustrierte sind eine Schule der Unaufmerksamkeit. Man sieht, ohne zu betrachten. Man hört, ohne zu lauschen.«

Von Leonard Cohen gibt es einen Song, in dem er beschreibt, was er in einem Hotelzimmer erlebt oder, besser gesagt, was er da *hört*. In dem Hotel sind die Wände so dünn wie Papier. Und er hört, wie seine Frau nebenan mit einem anderen Mann schläft. Er hört absolut alles. Er hört, wie sie sich küssen. Er hört das Stöhnen. Und dann singt Cohen: »Ich stand da, mit dem Ohr gegen die Wand, und war überhaupt nicht von Eifersucht getrieben. Eigentlich fiel mir ein Stein vom Herzen. Ich *hörte*, daß Liebe etwas ist, das außerhalb meiner Kontrolle liegt.« Dann hört er, wie sich die beiden nebenan mit Küssen voneinander verabschieden, und er selber sagt dann in dem Song, er hätte noch nie vorher die Welt so klar gehört. Er hört, wie sie das Badewasser einlaufen läßt und anfängt zu singen. Das findet er so schön, daß er gar nichts fühlen kann. »Du bist der nackte Engel in meinem Herzen«, singt er im Lied und daß er's gar nicht erwarten kann, ihr das zu sagen. Am Ende des Songs kommt eine Zeile, die man kaum übersetzen kann, so gut klingt sie im Original: »You go to heaven once you've been to hell«. Und deshalb fiel ihm bei der ganzen Sache ein Stein vom Herzen.

Ein Song über das Hören. Über das Wiederfinden von Hören und Sehen. Unter Schmerzen zwar, aber das muß wohl manchmal sein.

El Cohen

Our ears thirst for the sound of our
heart's knowledge.
Kahlil Gibran

Einsicht allein ist ohne Bedeutung. Ich will,
daß du mich deine Einsicht sehen läßt.
Jan Willem van de Weetering

Februar 85

Leonard Cohen gibt in Münster das zweite Konzert seiner
gerade begonnenen Deutschlandtournee. Fünf Jahre liegen
zwischen dieser und seiner letzten Tour, und genauso lange
hat es gedauert, bis Cohen wieder eine neue Platte heraus-
brachte. Er nimmt sich immer viel Zeit. Leonard Cohen oder
»Die Entdeckung der Langsamkeit«.

Es sind oft viele kleine Dinge, die einen zu einer bestimmten Sache oder zu einem Menschen hinführen. Später, wenn
alles vorbei ist, kann man den Weg bis zu dieser wichtigen
Begegnung oft gar nicht mehr genau rekonstruieren. Ich weiß
heute nicht mehr, warum ich eigentlich damals nach Münster gefahren bin. Während der Schulzeit hatte fast jede
Freundin zu Hause Platten von Cohen, Moustaki und Simon
& Garfunkel herumstehen, die sie heiß und innig liebte.
Wahrscheinlich war ich nur eifersüchtig, daß diese Typen
mit ihren sanften Stimmen und durch ihre Schallplatten
näher an die Frauen herankamen als ich mit meinen »Liveauf-
tritten«.

Mit dreißig hatte sich mein Verhältnis zu Cohens Musik
verändert. Ich hatte »Avalanche« gehört und die unerhört
gute Platte, die Cohen mit Phil Spector produziert hatte.

Zwar hatten fast alle Kritiker diese LP beim ersten Erscheinen gnadenlos verrissen, aber Songs wie »Death of a Ladies' Man« und »Paper-thin Motel« hatten meine frühere Meinung über Leonard Cohen völlig umgedreht. Hinzu kam noch, daß die neue LP »Various Positions« einen interessanten Song enthielt, der in knapp vier Minuten von dem handelte, was Lawrence Durrell in seinem Roman »Justine« darzustellen versucht hat, nämlich die selbstzerstörerische Liebe zu einer Frau, von der man einfach nicht loskommt: »And all I did was just instead of coming back to you«.

Ich setzte mich also ins Auto und fuhr nach Münster.

Im ersten Teil des Konzertes spielt Cohen mit seiner neuen Band. Die Musik klingt sanft und angenehm leise. Alles ganz nett, aber nichts, wovon man zu Hause erzählen würde. Er singt besser als auf den frühen Platten, das fiel mir schon bei der neuen LP auf. Seine Stimme klingt reifer und tiefer. Aber ich beobachte ihn mehr, als daß ich ihm zuhöre. Cohen strahlt Würde und lässige Eleganz aus. Nur die Verbeugungen vor dem Publikum am Ende jedes Liedes wirken etwas unsicher. Nach dem vierten oder fünften Song lehne ich mich zurück und rauche eine Zigarette. Dann seine Ansage: »Das war der erste Teil. Wir machen jetzt eine kurze Pause«.

Ich gehe raus aus der Halle, setze mich im Flur auf die Treppe und überlege mir Fragen für das Interview, das nach dem Konzert in der Garderobe stattfinden soll. Dann der Pausengong. Es geht wieder los. Diesmal kommt Cohen alleine auf die Bühne. Und gleich am Anfang passiert etwas sehr Merkwürdiges. Er beginnt mit dem simplen Gitarrenintro zu »Avalanche«, das im Grunde jeder Anfänger spielen kann. Aber nach zirka dreißig Sekunden bricht er ab. Das Publikum ist ratlos, vereinzelt kommen Pfiffe, Cohen geht zum Mikrofon, murmelt ein paar Worte der Entschuldigung und fängt dann nochmal neu an. Sowas hatte ich noch nicht erlebt. Jeder Künstler, der vor so vielen Leuten singt, steht unter einem so enormen psychischen Druck, daß solche Unterbrechungen eigentlich nie passieren dürfen. Es hat jedenfalls kaum jemand den Mut, nochmal ganz neu anzufangen, wenn das Feeling nicht stimmt. Von diesem Punkt an wird das Konzert in Münster zu einem wirklichen Erlebnis.

Nach dem Konzert frage ich den Sänger in der Garderobe, was bei »Avalanche« passiert sei. Er sagt: »Was soll man machen? Das *kann* eben passieren. Manchmal will ein Lied nicht weitergehen. Und dann muß man aufhören.« Er beschreibt sein Verhältnis zu den Liedern wie das eines Vaters zu seinen Kindern. Man geht mit seinem Kind über die Straße. Plötzlich bleibt das Kind stehen, fällt hinter einem zurück. Und man muß selber stehenbleiben, zurück gehen und es wieder an die Hand nehmen.

»Ich weiß gar nicht so genau, was bei ›Avalanche‹ passiert ist. Wenn man als Künstler am Rand der Klippe arbeitet, dann stolpert man manchmal. Ich sehe mich selber nicht als den größten Profi-Entertainer der Welt, und manchmal schlüpft einem das Ding durch die Finger. Da kann man kein falsches Spiel treiben. Du mußt wieder neu anfangen. Man kann in solchen Momenten nichts vortäuschen – wenn man nicht auf der Höhe des Songs ist und wenn das Lied nicht so herauskommt, wie es eigentlich herauskommen sollte. Dann ist das beste, was man machen kann, einfach aufzuhören. Du hast im Grunde auch gar keine andere Wahl. *Das Lied selber hört einfach auf.* Da ist nichts zu machen.«

Ob er sich sowas auch vor zehn Jahren getraut hätte? »Ich weiß nicht, ich kann mich nicht mehr daran erinnern, was vor zehn Jahren war. Wann war das? 1975. Da war ich doch noch ein ziemlich kleiner Junge. Nein, also manchmal hat man selber die Würde, die es einem ermöglicht, durch solche schwierigen Momente hindurchzugehen. Manchmal hat man sie nicht. Manchmal ist man unbeholfen, und man stolpert. Und hin und wieder gelingt es einem, den kostbaren Moment zu retten.«

Cohen ist ein langsamer Mensch. Er braucht lange, um einen Song zu schreiben. »Meine Sachen kommen Wort für Wort, alles zu seiner Zeit. Ich muß mir die Worte einzeln hervorholen, so wie man Zähne kriegt. Es vergehen manchmal zwei bis drei Jahre, bis ich einen neuen Song fertig habe. Das muß gar nicht heißen, daß dabei dann immer was Großes herauskommt. Ich bin ein langsamer Zimmermann. Natürlich ist man selber nie so ganz zufrieden mit dem, was man gemacht hat. Aber ich denke, es gibt ein paar gute Sachen auf der neuen Platte. Ich habe lange gebraucht, um sie zu schreiben und aufzunehmen. Natürlich ist das keine Garantie für ihr Gelingen. Aber hinzu kam noch, daß alle Beteiligten während der Aufnahmen plötzlich krank wurden. Es war ein kalter Winter in New York. Alle hatten die Grippe, und alles brach zusammen.«

Im Konzert erzählt Cohen zwischen den Songs kleine Stories, von Janis Joplin, von Kris Kristofferson und von Brigitte Bardot im Chelsea-Hotel. Manchmal habe ich den Eindruck, er bedauert, daß diese verrückten alten Zeiten vorbei sind, die Zeiten, in denen man noch Ausgeflippte auf der Straße sah, nicht wie heute, wo so viele so gleich aussehen und so voller Ängste sind, ja nicht aus dem Tritt zu kommen, aus dem Gleichschritt der achtziger Jahre. Sind die verrückten Zeiten vorbei?

»Ich glaube nicht, daß sie vorbei sind. Ich sehe das alles nicht mit Bedauern. Wir haben ein paar gute Zeiten zusammen verbracht, und ich habe mit einigen guten Musikern zusammengearbeitet. Ein paar von ihnen haben überlebt, andere nicht. Aber in jeder Generation gibt es guten Wein. Und die

Musiker, mit denen ich früher gespielt habe. Nein, ich glaube, es geht alles weiter. Ich habe überhaupt nicht das Gefühl, daß ich in der Vergangenheit lebe. Tatsächlich erinnere ich mich nicht mal mehr genau daran, was gestern war.«

»Ich verschwende keine Zeit mit Gedanken an die Vergangenheit. Ich verbringe keine Zeit damit, das Rad von Ursache und Wirkung zurückzudrehen. Dieser Satz stammt nicht von mir. Das hat jemand anders gesagt. Aber es stimmt.«

Wer hat das gesagt?

»Oh, jemand, der vor rund zweitausend Jahren gelebt hat. Ich weiß nicht, wer es war.«

War's ein Heiliger?

»Ich weiß nicht. Wahrscheinlich irgendein betrunkener, alter Mann.«

Und wie steht's mit der Zukunft?

»Die wird für sich selber sorgen.«

Was uns alle heute wahrscheinlich am meisten bedrückt, ist die Angst vor der Zukunft. Und die Angst um das, was sich tagtäglich in unserer Gegenwart abspielt: Raketenstationierungen, Arbeitslose, Baumsterben und Jugendliche, die mit sechzehn zu Alkoholikern werden. Hat Leonard Cohen keine Angst vor solchen Vorgängen?

»Man wäre wirklich ein Idiot, wenn man keine Angst hätte, wenn man sieht, wie die großen Kräfte der Zerstörung rapide anwachsen. In jedem Land. Wenn man die Verbitterung und die Enttäuschung in den Gesichtern so vieler Menschen sieht. Natürlich besteht immer die Möglichkeit, daß das ganze Ding irgendwann in die Luft fliegt. Aber man setzt seinen Weg mit einem Gebet fort, und man hofft, daß das Ganze ein bißchen länger zusammenhalten wird. Vielleicht wird jemand anders ein neues Lied schreiben oder ein neues Konzert geben. Ja, es war immer beängstigend, in dieser Welt

161

zu leben. Dies ist eine Welt, die einem angst macht. Aber trotzdem kann man ihr nicht entfliehen. Du kannst nicht sagen: ›Das ist zuviel für mich!‹ Du mußt weitermachen und das nächste Konzert geben. Es ist leicht, Alarm zu schlagen. Es ist leicht, die Apokalypse einzuläuten. Aber leider wird sich diese Welt immer weiter und weiter drehen. Es gibt keinen Ausweg aus diesem Leben. Wir müssen unser Leben leben. Bis zum Ende. Ich selber glaube nicht, daß in fünf Jahren alles auseinanderfliegen wird. Und wenn es tatsächlich der Fall sein sollte und wenn der Knall groß genug ist, dann werden wir sowieso alle zusammen gehen. Also, was soll's«

Hast du Kinder?

»Ja, ich habe Kinder.«

Wie alt sind sie?

»Zehn und Zwölf... Man verändert sich immer selber, wenn man Kinder hat. Es ist die einzige Sache, die einen wirklich aus dem eigenen Zentrum, aus der Fixierung auf das eigene Ich herausbringt. Man ist nicht länger im Zentrum der Dinge. Und *da* sind sie, diese kleinen Stimmen, die so fordernd sind und so dominierend und so ... *unwiderstehlich*. Also ertappt man sich laufend dabei, wie man ihnen dient. Und, ja, es ist so, das eigene Leben verändert sich. Deine Identität bricht zusammen. Und du mußt ... wieder neu anfangen.«

Es gibt Leute, die sagen, man handelt verantwortungslos, wenn man in diese bedrohte Welt überhaupt noch Kinder hineinsetzt...

»Das ist totaler Unsinn. Es ist unsere Verantwortung, eine nachkommende Generation aufzuziehen. Es ist die selbstsüchtigste Idee zu sagen, die Welt höre mit uns auf. Wir *müssen* eine weitere Generation hervorbringen. Wir *müssen* eine weitere Generation ernähren. Auch wenn wir es schlecht machen, auch wenn wir Fehler machen, auch wenn das ganze

Ding total in Unordnung ist. Es ist unsere Verantwortung, eine nachkommende Generation hervorzubringen, die diesem Desaster entgegenschaut und sich damit auseinandersetzt, einem Desaster, dem sich jede Generation zu allen Zeiten gegenübersah. Da können wir nicht raus, es gibt keinen Ausweg. Dies ist unsere Welt. Wir gehören hierhin. Und wir müssen alles Menschenmögliche tun, damit eine weitere Generation aufwachsen kann.«

Cohen und ich sitzen in der Garderobe, rauchen meine Zigaretten und trinken aus seinen Pappbechern. Seine anfängliche Müdigkeit nach dem Interview ist verflogen. Obwohl nur ein paar Minuten vergangen sind, haben wir vergessen, daß nur wenig Zeit für dieses Gespräch vom Manager angesetzt worden ist. Draußen werden die Instrumente der Band verpackt. Vor der Tür warten einige Leute auf Autogramme. Cohen redet viel von seinen Kindern und erzählt mir Dinge, die man als Vater einem wildfremden Menschen nicht so ohne weiteres erzählt. Ich spüre eine große Zärtlichkeit in dem, was er sagt.

»Man macht mit seinen Kindern die Fehler, die die eigenen Eltern mit einem selber gemacht haben. Das sieht man bald ganz deutlich. Man versucht sein Bestes, man will ihnen alles geben, man reist viel mit ihnen herum, ..., und bringt trotzdem alles durcheinander. Du siehst, wie sich das Gift ausbreitet. Und da gibt es nichts, was du tun könntest.

Trotzdem, wir leben alle gemeinsam hier auf dieser Welt. Es *ist* eine sehr konfuse Welt. Es *ist* eine giftige Welt. Und niemand kann ihr entfliehen. Niemand kommt davon. Flucht ist eine Illusion. Wir sind alle hier. Wir bringen alles durcheinander, und wir werden alle sterben. Mit der Unordnung in unseren Herzen. Und wir beten alle, daß man uns vergeben wird.«

Leonard Cohen ist gerade fünfzig Jahre alt geworden. Während ich ihm gegenübersitze, beeindrucken mich seine Ausstrahlung, der Selbstrespekt und die Behutsamkeit, mit der er die Worte für seine Antworten auf meine Fragen auswählt. Nicht jeder hat den Mut, einem zwanzig Jahre jüngeren Menschen so freimütig eigene Fehler und Schwächen einzugestehen. Früher, als ich ihn nur aus weiter Ferne erlebte, war Cohen für mich in erster Linie ein Frauenheld, ein Bohemien, der den Luxus liebt und der das teure Leben eines zweitklassigen Poeten am Rande der bürgerlichen Gesellschaft lebt. Als ich für dieses Interview seine Bücher, Gedichte und Songtexte zum ersten Mal wirklich sorgfältig lese, entdeckte ich einen ganz anderen Menschen.

Die starke Sympathie, die ihm sein Publikum seit Jahren entgegenbringt, ist nicht durch billige Tricks erklärbar. Cohen schafft anscheinend mühelos das, woran so viele andere Liedermacher scheitern. Er versteht es, eine wirkliche Nähe zu seinen Zuhörern herzustellen, und erzählt von persönlichen Erfahrungen, ohne daß es peinlich wird. Und er singt mit ganz einfachen Worten von den inneren und äußeren Bedrohungen, denen wir alle tagtäglich ausgesetzt sind. Sein zentrales Thema ist die Liebe. Das ist das Hauptthema seiner besten und ungewöhnlichsten Platte »Songs of Love and Hate«. Ich frage ihn, wie sich die Menschen verhalten, die in sein Leben eintreten. Müssen die nicht denken, daß er irgendwann mal ein Lied über sie schreiben wird, und erschwert das nicht oft den Kontakt zu anderen?

»Ich glaube nicht, daß das Leben eines Schriftstellers schwieriger ist als das eines anderen Menschen. Es ist eine hübsche Idee zu glauben, daß das Künstlerleben was Besonderes an sich hat. Aber wir sitzen alle im gleichen Boot, gleichgültig, ob man nun Tischler, Dichter, Sänger oder Maurer ist. Das spielt im Grunde alles keine Rolle. Man muß die Einsicht gewinnen, daß es vor allem darauf ankommt, mit Selbstachtung zu leben. Und wir müssen das tun, was uns aufgetragen worden ist – angesichts all der Verführungen zum Selbstbetrug, denen jeder von uns ständig ausgesetzt ist. Wir müssen uns einen Bereich der Selbstachtung schaffen, in dem wir leben können.«

In den sechziger Jahren gehörte der Kanadier als einziger Weißer zum Schattenkabinett der Revolutionsregierung des schwarzen US-Bürgerrechtlers Malcolm X. Cohen hielt sich während der Kubakrise in Havanna auf. Während der rechtsradikalen Diktatur durch die Obristen lebte er lange Zeit in Griechenland. Wie denkt er heute als Künstler über die Politiker?

»Nun, sie managen etwas, das wichtig ist. Es ist zum Beispiel wichtig, daß die Verkehrsampeln an den Straßenkreuzungen funktionieren. Man muß sicher sein können, daß man bei Grün über die Straße gehen kann, und man muß wissen, daß man bei Rot anzuhalten hat. Wir müssen annehmen können, daß die Ampeln aber auch wirklich funktionieren! Wir bezahlen schließlich Steuern, und wir haben ein Anrecht darauf, daß der Apparat funktioniert. Wenn die Ampeln mal ausfallen, müssen wir sehr aufpassen.

Politiker sind interessiert an einer Vermehrung von Macht. Und wir wissen alle, was Macht aus Menschen macht. Egal, ob sie als ehrliche, ehrgeizige oder unehrliche Menschen anfangen: Die Tatsache, daß sie mit der Macht umgehen, wird sie unweigerlich verändern. Das Umgehen mit Macht verändert jeden von uns. Auch der Mann, der in dem kleinen Einfamilienhaus in der Vorstadt an seinem Küchentisch sitzt, verändert sich dadurch, daß er die Macht über seine Familie hat.

Ich bin der Ansicht, daß der Umgang mit der Macht notwendigerweise Korruption und Enttäuschungen nach sich zieht. Wir alle passen unser Verhalten diesen gegebenen Umständen an. Die Politiker werden uns nicht von unseren Problemen erlösen. Sie werden uns nicht *verändern*. Sie werden uns nicht ... *retten!* Die Politiker tun, was sie können. Sie sind Männer mit Familien, sie sind verheiratet, einige haben ihre Mätressen. Sie tun ihr Bestes – und ihr Schlechtestes. Sie sind Menschen wie alle anderen, Menschen, die für sich versuchen, über die Runden zu kommen. Aber sie werden uns nicht retten. Wir müssen uns selber retten. Jeder Mann, jede Frau muß sich selber retten.«

Wenn man sieht, wie Politiker nach Jahren plötzlich einen Dichter ehren, den sie vorher als Staatsfeind hingestellt haben, wird die immer bestehende Kluft zwischen Kunst und Politik besonders deutlich sichtbar. Hohe Politiker hängen sich moderne Gemälde in ihre Arbeitszimmer, gemalt von Freidenkern, die ihre Amtsvorgänger einsperren ließen. Auf den Pariser Friedhöfen Père Lachaise und Montmartre liegen immer frische Blumen auf den Gräbern von Jim Morrison und Heinrich Heine, während der Staatsapparat für seine Funktionäre öffentliche, meist schlechtbesuchte Kranzniederlegungen veranstaltet...

»Das stimmt. Kein Mensch interessiert sich heute mehr dafür, wie der Premierminister zu Zeiten Shakespeares hieß. Wenn ein Künstler es schafft, die Herzen und die Seele der Menschen zu seinen Lebzeiten zu erreichen, dann braucht er sich nie mehr einer Wiederwahl zu stellen. Er ist einfach immer präsent. Ich kenne mehrere hohe Politiker, und sie sind tatsächlich neidisch auf die Popularität, die ein Künstler erzielen kann, eine Popularität, die nicht auf einem Programm oder einer Plattform steht und die auch nicht auf moralischen Ideen basiert. Die Popularität des Künstlers basiert auf der vollständigen Kommunikation von einem menschlichen Herzen zum anderen.

Ja, die Politiker beneiden den Künstler um seine Popularität. Die hätten sie gerne. Aber manche kriegen sie auch. Kennedy hatte viele Sympathien. Ich weiß nicht, ob sowas gut sein muß. Es hat was damit zu tun, daß ein Mensch sich wirklich als Mensch zu erkennen gibt. Wir wissen, daß Kennedy nicht gerade ein sehr tugendhafter Mensch war. Er war bestimmten Versuchungen ausgesetzt. Aber das mögen wir doch gerade so an ihm.

Wir mögen die Tatsache, daß er uns zeigte, wer er wirklich war. Ein Mensch muß nicht unbedingt gut und tugendhaft oder heilig sein. Er muß nur ehrlich sein. Das aber vermissen wir doch so bei unseren Politikern. Wir vermissen die normale Sprache. Wir vermissen das normale Gespräch, wo ein Mensch wirklich sagt, worum es sich bei ihm dreht. Und wenn er wirkliche Größe als Politiker besitzt, dann braucht er das nicht mal zu sagen. Man sieht es ihm einfach an. Es wird erkennbar in seinem Verhalten, in seiner gesamten Präsenz. Damit wird einem klar, daß er ein Mensch wie jeder andere ist. So aber verhält sich das mit den Künstlern. Ein Künstler ist nichts Besonderes. Er ist ein Mensch genau wie du. Deshalb lieben wir unsere Künstler. Weil sie wie wir sind.«

Aber ein Künstler wechselt gerne die Rollen...

»Natürlich. Wir alle wechseln ständig unsere Rollen und versuchen, uns immer ins günstigste Licht zu rücken, wenn wir einem neuen Menschen begegnen. Wir versuchen alle schön zu sein. Für den anderen. Wir werden des einen Ichs müde und versuchen's mit einem anderen. Wir probieren es immer wieder und suchen nach dem einen, dem schönen Ich. Nur leider finden wir's nie. Also versuchen wir's weiter.«

Was ist seine Lieblingsrolle? Ist es die des »lonesome hero«? Er grinst.

»Das ist nicht die schlechteste. Zu der kehre ich immer mal wieder gerne zurück. Aber die wirklich guten Rollen sind die, die einem selber originell vorkommen. Es sind die Rollen, die man selber nie hätte planen können. Diese Rolle scheint sich einem wie von selber aufzudrängen, und man gleitet förmlich da hinein. Diese Rolle ist so erregend, so originell, so schön. Man fühlt sich gut in der Rolle. Also nimmt man sie an.

Die Gefahr besteht darin, daß man sich in dieser spontan gewählten Rolle so wohlgefühlt hat und sie ständig neu zu erschaffen versucht. Dann aber wird diese Rolle zur Maske. Und manchmal bleibt einem diese Maske am Gesicht kleben. Sie produziert schließlich Wunden im Gesicht. Dann tut's einem plötzlich weh, daß man diese Rolle überhaupt jemals angenommen hatte.«

Hat Leonard Cohen das Gefühl, daß man sich auf seinem eigenen Weg durchs Leben vorarbeitet, oder glaubt er, daß die menschliche Erkenntnis in immer wiederkehrenden Zyklen verläuft, so daß man nach Jahren wieder zu einer Erkenntnis zurückkehrt, die man schon als Kind intuitiv verspürt hat?

»Beides trifft zu. Es ist wahr, daß sich in Wirklichkeit nichts tatsächlich verändert. Aber es ist auch wahr, daß Individuen sehr geprägt werden können von den Ereignissen, die ihnen in ihrem Leben widerfahren.

Es gibt Leute, die eine Erleuchtung erfahren und sich verbessern können. Es gibt Leute, die verbittert werden, vergiftet, böse wegen der Ereignisse in ihrem Leben, wegen der Enttäuschungen. Man kann solche Sachen nicht verallgemeinern. Das Interessante beim Älterwerden ist, daß man anderen Menschen, die man kennt, beim Älterwerden zusehen kann. Es ist das einzige Spiel, daß in der Stadt gespielt wird. Es ist die einzige wirklich interessante Sache, die wir sehen können: Wie reagiert jeder einzelne Mensch auf die Katastrophen, die ihm in seinem Leben zustoßen?«

Für mich war es eine kleine Katastrophe, als während dieses Gesprächs mit Leonard Cohen plötzlich sein Manager in die Garderobe kam und mir sagte, meine Zeit sei abgelaufen. O.k., es blieb nur noch Zeit für eine einzige Frage. Eine letzte Frage und eine letzte Antwort: Wie steht's mit der Religion?

Bevor er antwortet, vergehen einige Sekunden. Cohen zieht tief an der Zigarette.

»Das ist ein gutes Thema ... Ich will nur eines dazu sagen: Selbst wenn du nicht weißt, wieviel Elend und wieviel Leiden es auf dieser Welt gibt – es ist trotzdem gut, deine Gedanken und dein Herz in Harmonie zu bringen mit der Information, die die Religion uns von Generation zu Generation weitergegeben hat.

Es spielt im Grunde keine Rolle, welche Religionen es sind. Ich kenne sie nicht alle. Nehmen wir die großen Religionen, die die Zeit überdauert haben. Und ich rede auch nicht von den Organisationsformen, von der Art, wie die Kirchen dieses Wissen verwalten und in politisches Durcheinander gebracht haben. Ich spreche von den Schriften, der Information, der Weisheit, die von Generation zu Generation weitergegeben worden sind. Es ist gut, das zu studieren und sein Herz in Einklang zu bringen mit dieser Weisheit.«

Momentaufnahmen 3

Plakate in Köln nach der Atomkatastrophe von Tschernobyl/ UdSSR: »Der Frühling zerbrach in diesen Tagen des Mai ohne einen Laut.«

Themenüberschrift im »Bericht aus Bonn« der ARD vom 30.5.86: »Babyjahr für Trümmerfrauen«.

Tagelang ging mir die Melodie zu dem alten Kinderlied durch den Kopf:
>»Maikäfer, flieg!
Dein Vater ist im Krieg.
Die Mutter ist im Pommerland,
Pommerland ist abgebrannt.
Maikäfer, flieg!«

Jean Grenier, »Die Inseln«, S. 113: »Aber welch eine Stille herrschte an jenem Tage! Ich überließ mich diesem regelmäßigen Wellenschlage wie ein Pilot, dessen Bordinstrumente ausgefallen sind und der sich der Radionavigation anvertraut. Ich ließ mich treiben, immerfort. Mein Weg aber führte keineswegs ins Nichts, (...), da ich ja wußte, wohin meine Fahrt ging (...).«

Karlheinz Stockhausen in seiner Antwort auf eine Fragebogenaktion der Unesco unter dem Titel »The State Of Music In The World Today«: »Ist genügend betont worden, daß die Art von Musik und die Menge von Musik, die man zu Lebzeiten gehört hat, entscheidend für den Seelenzustand und die Entscheidungen nach dem Tod sind?«
Frankfurter Allgemeine Zeitung, 29.3.86: »Die globale Verschmutzung mit Abfallmusik«

Gustave Flaubert an Louise Colet, 24. April 1852: »Die Zeit des Schönen ist vorbei. Die Menschheit, falls sie überhaupt noch zu ihm zurückkehren sollte, weiß im Augenblick nichts damit anzufangen.«

Auribeau, 27.3.86

Jacques Brel sang heute morgen im Radio. Man spielte ein Lied aus der letzten Platte, die er kurz vor seinem Tod aufgenommen hat, als er auf eine kleine Südseeinsel geflohen war und längst schon wußte, daß er nicht mehr lange zu leben hatte.

Als das Lied, das ich nicht kannte, erklang, blieb ich da stehen, wo ich gerade war, und hörte zu.

Es war ein sehr ruhiges Lied, mit einer seltsamen dunklen Atmosphäre, die Stimme begleitet von Streichern und einem riesigen, leise und sparsam angeschlagenen Gong. Brel sang: »La ville s'endormait, j'en oublie le nom.« Und ich stellte mir vor, wie man so fertig mit der Welt sein kann, daß man in irgendeine Stadt hineingeht, gerade in dem Moment, wo die Nacht über einen hereinbricht. Welche Stadt das ist, spielt keine Rolle. Es ist alles egal, man vergißt sogar ihren Namen.

Köln, 9.6.86

Ein ruhiger, sonniger Nachmittag. Ich höre die neuen Platten durch, die in den letzten Tagen gekommen sind. Es scheint keine einzige zu geben, die meiner momentanen Stimmung entspricht, alles rauscht an mir vorbei. Dann endlich John Luries Filmmusik zu »Stranger Than Paradise«: Leise, sanfte Klänge eines Streichquartetts, aufgenommen in einer Kirche in New York. Erleichterndes Aufatmen, die Ohren öffnen sich wieder. Ich lese dazu Jack Kerouacs »Maggie Cassidy«, die Erinnerung des amerikanischen Schriftstellers an seine erste Jugendliebe. Eines der seltenen Male, daß ich gleichzeitig lesen und Musik hören kann, ohne daß mich eines vom anderen ablenkt, im Gegenteil: Musik und Literatur ergänzen sich so wunderbar, daß das Gedruckte wie gesprochen wirkt.

»Musik ist eine Sprache der Gefühle!«
Charles Mingus

»Siruphähne!«
Cavanna über Autoradios

Die Reden von Martin Luther King sind wie Musik. Ich empfinde seine Art des Sprechens als vollkommen musikalisch und kann verstehen, warum die Schwarzen von seinen Predigten so stark ergriffen wurden. Es gibt einige Schallplatten von Martin Luther King, die ähnlich intensive Gefühle wachrufen wie »A Love Supreme« von John Coltrane, Brian Enos »On Land« und das unglaubliche, elf Minuten lange Solo von Miles Davis in »Solea« auf der Platte »Sketches Of Spain«, vor allem die Reden Kings vom 23.6.63 in Detroit, vom 4.2.68 in Atlanta und vom 3.4.68 in Memphis.

Die Art, wie der schwarze Prediger seine Botschaft verkündet, wie er zwischen den Sätzen unterschiedlich lange Pausen einfügt, bestimmte Worte hervorhebt, Rhythmen erzeugt und den Klang seiner Stimme verändert, beweist seine hohe Musikalität und zeigt mehr als nur rhetorische Fähigkeiten. Dazu die Schönheit der einfachen Sprache: »If I stood at the beginning of time« – »Only when it is dark enough can you see the stars.« – »I don't worry no more, 'cause I've been to the mountaintop.«

Obwohl ich jede seiner wenigen Platten inzwischen genau kenne, bin ich jedesmal aufs neue erstaunt über die Wirkung dieser Reden auch bei häufigem Hören. Sie wurden so aufgenommen, daß man auch die Reaktionen von Kings Zuhörern deutlich mitbekommt. Am Anfang jeder Rede gibt es so etwas wie einen »Einschwingvorgang«. King macht sehr lange Pausen zwischen den ersten Sätzen. Man hört die Rufe aus den ersten Zuhörerreihen: »C'mon, talk to me!« – »Yessss, brother!« – »That's right, that's right.«

Leider gibt es im deutschen Fernsehen noch immer die Unart, fast jede Fremdsprache simultan zu übersetzen, so daß viel vom spezifischen Charakter einer anderen Sprache und der Person des Sprechers verdeckt wird. Im französischen Fernsehen ist es längst üblich, sogar in den Zwanzig-Uhr-Nachrichten jeden Menschen in seiner eigenen Sprache reden zu lassen und gegebenenfalls Untertitel einzublenden. Wie kann ein Übersetzer jemals die Gefühle eines Mannes wiedergeben, dessen Haus bei einem Erdbeben in einem weit entfernten Teil der Erde gerade verschüttet worden ist? Kürzlich gab es wieder mal eine Sendung über Martin Luther King, aber die hätte sich das ZDF sparen können, denn King wurde zum bloßen Stichwortgeber und Komparsen verdammt. Die Hauptrollen spielten ein Schüler, der dauernd Fragen stellte, und ein Theologieprofessor, der sie beantwortete: Von Martin Luther King hörte man so gut wie nichts. Allerdings existiert ein hervorragender Dokumentarfilm von Werner Herzog über den berühmtberüchtigten Sektenprediger Reverend Ike, der im Original mit Untertiteln lief. Eine Ausnahme?

Brian Eno, down beat-Interview, Heft 6/83: »Ich habe in letzter Zeit mehr und mehr Interesse an Musik gefunden, die an bestimmten Orten stattfindet, wie die Gospelmusik – du gehst irgendwohin und wirst Teil von etwas, um die Musik zu erleben. Du trittst in eine ganz andere soziale und akustische Welt ein. Die Musik ereignet sich in einem bestimmten

173

Kontext. Es ist etwas völlig anderes, als in seinem Wohnzimmer zu sitzen und eine Platte aufzulegen.

Ich denke, eines der Dinge, die uns klar werden müssen, ist, daß die Produkte der Aufnahmestudios eine andere Kunstform sind. Es gibt einen Bruch zwischen der traditionellen Vorstellung von Musik – die immer noch in vielen Formen weiterbesteht – und dem, was wir jetzt auf Schallplatten machen. Es ist etwas anderes. Es ist so wie... In der Anfangszeit der Photographie in der Mitte des 19. Jahrhunderts versuchte man, billige Porträts zu machen; man konnte den Porträtmaler ersetzen und dabei ähnliche Resultate erzielen, nur eben viel billiger. Man nahm leinwandähnliches Papier, kolorierte und arrangierte alles, um es so sehr wie möglich einem gemalten Porträt ähnlich zu machen. So auch mit dem Film – die ersten Filme waren einfach Aufnahmen von Theaterstücken. Also war der Film im Grunde nichts weiter als mobiles Theater.

Das gleiche passierte, als man die Schallplatte erfunden hatte. Sie wurde erfunden, um jedermann die Chance zu geben, an einem Konzert von Caruso oder etwas ähnlichem teilzunehmen. Oder Caruso besser zu verkaufen als je zuvor. Mit jeder dieser Formen wurde ein Punkt erreicht, an dem klar wurde, daß dieses Medium seine eigenen Stärken und Grenzen hatte und durch seine eigenen Regeln eine andere Form werden konnte.

Ich glaube, das trifft auch für Schallplatten zu. Sie haben heutzutage nichts mehr mit Konzerten zu tun. *Es ist heute möglich, Schallplatten zu machen mit einer Musik, die nie aufgeführt wurde oder nie aufgeführt werken konnte und die tatsächlich nirgendwo anders als nur auf Schallplatten existiert.* Ich glaube, wenn man in diesem Bereich arbeitet, muß man solche Dinge als einen Teil seiner Arbeitsphilosophie bedenken. Seit geraumer Zeit beschäftigt mich der Gedanke, daß ich mit meiner Musik keine Erinnerung an eine Aufführung geben will, die ja tatsächlich niemals stattgefunden hat. Ich denke an einen spezifischen Ort, an dem die Musik gehört wird: ›Diese Musik wird in einem Haus gehört, nicht von einer Bühne, nicht im Radio.‹«

Bonn, 30.5.86, Public Image-Konzert. Auf einem Fabrikgelände am Rande der Bundeshauptstadt liegt die »Biscuithalle«, eine riesige Disco, in der an den Wochenenden die Jugend aus den umliegenden Dörfern und der Stadt zusammengetrommelt wird. Der häßliche Saal mit der nackten Stahlkonstruktion, der kalten Neonbeleuchtung und den harten Wänden könnte ebenso gut für Schlachtviehversteigerungen gebaut worden sein.

So freundlich wie ein leerer Kühnlschrank wirkt diese Halle, deren Akustik einige Ähnlichkeiten mit den Geräuschen einer rotierenden Betonmischmaschine hat.

Heute abend findet hier ein Konzert mit Public Image Limited statt. Es ist die Band von John Lydon, der Ende der siebziger Jahre als »Johnny Rotten« mit den Sex Pistols die »Anarchy in the U.K.« ausgerufen und den »Arthur Rimbaud des Punk« gespielt hat. Sein heutiges Publikum in Bonn ist zwischen siebzehn und fünfundzwanzig Jahre alt, fast alle tragen Schwarz, zupfen sich auf den Toiletten noch rasch die Krähennestfrisuren zurecht, prüfen die bleichen Gesichter und beziehen mit Bier und Zigaretten ihre Stellungen vor der Bühne.

Als John Lydon die Bühne betritt, johlen die Fans und werden sofort mit einem unglaublich lauten Einsatz der Band wie mit einem Wasserwerfer zurückgedrängt. Lydon wirbelt über die Bühne, kreischt und schreit in sein Mikrofon, wobei er häufig den Blick tief zur Erde hinuntersenkt. Immer, wenn er den vorderen Reihen seiner Jünger zu nahe kommt, wird er von oben bis unten bespuckt wie Jesus am Kreuz. Obwohl er immer wieder »Don't spit, pleeease!!!, don't spiiiit!!!« ruft, gibt es kein Erbarmen. Die Bonner wollen endlich die alten Punk-Zeiten wieder aufleben lassen, just for one night, und Johnnie Boy wird zum Märtyrer gekrönt, ob er will oder nicht.

Nach zwei Kölsch und vier Zigaretten hab' ich genug, steige in mein Auto und fahre nach Köln. In den »Tages-themen« der ARD läuft am späten Abend ein Bericht über Helmut Kohls Wahlkampagne in Niedersachsen. Der Kanz-ler war während einer Rede ein bißchen ausgepfiffen und mit ein paar Eiern beworfen worden. Seine Bodyguards hatten dafür schon vorsorglich ein paar große Regenschirme auf-gespannt. Kohl antwortete auf Proteste erwartungsgemäß mit seinen lautstarken Ermahnungen an den »zusammen-gerauften Pöbel« und an die »Feinde der Republik«. Dann baute man Rednerpulte und Verstärkeranlagen in Bonn und Bremen wieder ab, die Kritiker schrieben ihre Berichte, und das Volk ging gähnend zu Bett. Helmut und John sind inzwischen auf dem Weg zum nächsten Auftritt. Wir schalten zurück.

Hermann Claasen, geboren 1899, machte während des Zweiten Weltkriegs und in den ersten Jahren danach Fotos vom zerstörten Köln. Unter Lebensgefahr lief Claasen mit versteckter Kamera durch die Straßen der Stadt. Fotografie-ren war von den Nazis verboten worden, es galt als »wehr-kraftzersetzend«, und darauf stand die Todesstrafe. Claasen fotografierte trotzdem, aus einer umgebauten Pelztasche heraus. Berühmt wurde vor allem sein Buch »Gesang im Feuerofen« mit Fotos von der Zerstörung der Stadt Düren.

Anfang der fünfziger Jahre hörte der Kölner auf, seine Stadt zu fotografieren, »weil es da für mich nichts mehr zu fotografieren gab«.

Am Ende der TV-Dokumentation, die der WDR über

Hermann Claasen gedreht hat, fragt man ihn nach seinen Empfindungen beim Betrachten der über vierzig Jahre alten Bilder. Er sagt: »Ich denke, daß sowas zu fotografieren nach dem nächsten Krieg nicht mehr möglich sein wird, denn da ist total nichts mehr! Ich bin froh, daß ich heute sechsundachtzig bin. Denn was auf die Jugend zukommt – da darf ich gar nicht dran denken. Ich bin froh, daß ich alt bin. Ich möchte nie mehr jung sein.«

Der Gruppenname des Jahres. Eine britische Band, die 1986 gegründet wurde, nennt sich »Half Man/Half Biscuit«.

Zwei Songtitel der britischen Gruppe »The Passage« ergeben, wenn man sie zusammen liest, den Satz: »Devils and angels/Watching you dance«.

Greatest Hits Of The Earth (Vol. 1)

1. Karna Ram Bhil
»Air de flûte« (LP: »Flûtes du Rajasthan«,
Le Chant du Monde LDX 74645)
2. Afunakwa
»Lullaby« (LP: »Fataleka and Baegu Music/Malaita,
Solomon Islands«, Philips 6586018)
3. Nusrat Fateh Ali Khan
»Excerpt from ›Ya Mohammad Bula Lo‹«
(LP: »Raindrops Pattering on Banana Leaves and other tunes«,
Womad Foundation WOMAD 1/Rough Trade)

4. Anonym
»Song for Grinding Karite Nuts« (LP: »Bariba and Somba Musik/Dahomey«, Italien. EMI-Odeon 3C 064-18217)

5. Anonym
»Appel de Chasse« (LP: »Anthologie de la Musique des Pygmées Aka/Empire Centrafricain«, Ocora 558526/7/8)

6. Lee Perry
»Bird in Hand«
(LP: »Scratch on the Wire«, Island ILPS 9583)

7. Zsigmond Tuka
»Házunk Elött Egy Rózsafa«
(LP: »Hungarian Zither Music«, Hungaroton SLPX 18019)

8. Gheorge Zamfir
»Doina d'Adieu Pour Un Ami«
(LP: »La Doina Roumaine«, Disques Cellier 001)

9. Choong-Kôong-le-Militaire
»Noo Toong Toong« (LP: »Musique Mnong Gar/Vietnam«, Ocora OCR 80)

10. The Chieftains
»Dochas« (LP: »7«, CBS 82914)

11. Die Flötisten von Gramshi
»Hirtensymphonie« (LP: »L'Albanie Folklorique«, Disques Cellier INT 147.602)

12. Anonym
»Salut Dogon« (LP: »Les Dogon/Mali«, Ocora OCR 33)

13. Anonym
»Rhombe« (LP: »Les Dogon/Mali«, Ocora OCR 33)

14. Kammu Khan
»Solo et Duo de Guimbarde« (LP: »Vièles et Guimbardes/Rajasthan«, Le Chant du Monde LDX 74839)

15. Anonym
»Water Drum« (LP: »Baka Pygmy Music/Cameroon«, Italien. EMI-Odeon 3C 064-18265)

Die Stille im Kopf

Wir leben im Jahrhundert des Lärms. Kein anderer Teil der
Menschheit vor uns war dem Lärm stärker ausgesetzt als wir.
Man kann kommen, wohin man will – vor dem Lärm gibt es
kein Entrinnen mehr, es sei denn, man klettert auf die
höchsten Berge des Himalaya-Massivs, was die meisten von
uns wahrscheinlich selten tun.

Selbst in den abgeschiedensten Landschaften Südeuropas
hat die NATO ihre Fliegerhorste installiert. Man ist aus der
Großstadt geflüchtet aufs Land, um endlich etwas Ruhe zu
finden, und plötzlich durchfetzt ein Düsenjäger die Stille, die
danach für lange Zeit nicht mehr dieselbe ist. Es genügt, daß
irgendwo in drei Kilometer Entfernung ein Bauer mit seinem Traktor spätabends noch die Felder bearbeitet oder der
Nachbar morgens um acht Uhr mit seinem Heimbohrer ein
Küchenregal anbringt. Ein einziges Geräusch dieser Art do-
miniert weite Umkreise des Raumes, in dem wir leben, und
beeinflußt nachhaltig unsere Psyche.

In dem Moment, als ich diese Zeilen schreibe, rauscht vor
meinem Fenster ein konstanter Strom von Autos vorbei, in
etwa fünfzig Meter Entfernung arbeitet jemand mit einem
Preßluftbohrer, und an den hinteren Teil der Wohnung
grenzt ein Bürogebäude, das mit zwei Klimaanlagen für die
Büros und das unterirdische Parkhaus ein Dauerrauschen
erzeugt, das Tag und Nacht durchläuft. Dazu kommt das
noch stärkere Rauschen der in rund drei Kilometer Entfernung gelegenen Autobahn Köln-Frankfurt. All diese Geräusche hat es vor hundert Jahren hier nicht gegeben. Sie
zwingen mich dazu, mein Leben so zu führen, daß ich
irgendwo in dieser lärmenden Umgebung noch hin und
wieder Ruhe finde. Beispielsweise genieße ich den geringe-
ren Autoverkehr sonntagmorgens, für mich ist das die beste

Zeit zum Arbeiten. Aber auch ich nerve wahrscheinlich dann schon wieder meine nächsten Nachbarn durch die Geräusche meiner Schreibmaschine. Auch sie ist ein Instrument, das eine neue Art von Lärm erzeugt, wie es ihn vor hundert Jahren noch nicht gegeben hat.

Ich denke manchmal noch daran, wie ich vor zwei bis drei Jahren in Paris eine Woche lang in einem Hotel in der Innenstadt wohnte. Nach ein paar Tagen ging mir der ständige Lärm über, unter und neben mir so auf die Nerven, daß ich samstagsmorgens beschloß, zumindest für ein paar Stunden aufs Land zu fahren. Viele andere schienen die gleiche Idee gehabt zu haben. Zweieinhalb Stunden lang schleppte sich mein Wagen durch einen zähfließenden, endlosen Strom von Autos über die Periphérique, bis ich zum ersten Mal seit Tagen wieder einen Singvogel hörte, durch den Lärm unzähliger Automotoren hindurch. Als ich das kleine Vögelchen hörte, bin ich wieder umgekehrt und zurückgefahren in die Stadt, die jetzt menschenleerer und angenehmer war als während der Wochentage. Die einzige Chance, die uns heute noch bleibt, ist die, *gegen* den Strom zu schwimmen, auch gegen den Lärmstrom, der uns ständig wegzureißen droht. Paris ist schön im August, wenn alle weg sind.

Milan Kundera schreibt in »Die unerträgliche Leichtigkeit des Seins«, wir lebten heute in einer Zeit des »als Musik getarnten Lärms. (...) Die Verwandlung von Musik in Lärm (ist) ein weltweiter Prozeß, der die Menschheit in die historische Phase der totalen Häßlichkeit eintreten (läßt). Die Totalität der Häßlichkeit äußerte sich zunächst als allgegenwärtige akustische Häßlichkeit: Autos, Motorräder, elektrische Gitarren, Preßluftbohrer, Lautsprecher, Sirenen. Die Allgegenwart der visuellen Häßlichkeit würde bald folgen.«

Ich glaube, das ist nicht übertrieben. Die Art, wie wir sehen, die Musik, die wir hören, und die Möbel, mit denen wir uns umgeben, Bücher, Filme, Kleidung – alles ist ein präziser Ausdruck dessen, wie unser sensorischer Apparat funktioniert.

Letzte Woche in Südfrankreich nahm ich die Natur um mich herum so differenziert wahr wie lange nicht mehr. Ich erinnerte mich an die Zeit, als ich ein kleiner Junge war, ganz für mich allein im Wald spielte und langsam die Welt entdeckte, die mich umgab. Einmal saß ich stundenlang unter einem Baum und schaute auf das weite Tal zwischen Saignon und St. Martin-de-Castillon. Während ich so dasaß und einfach nur vor mich hinschaute, entdeckte ich ganz allmählich viele Dinge, die ich zuerst gar nicht beachtet hatte.

Wie ein Kind staunte ich mit einem Mal wieder darüber, daß jeder Stein in meiner nächsten Umgebung anders aussah als die anderen. Ich betrachtete lange die verschiedenen Pilze, die auf ihnen wuchsen. Ich beobachtete die Insekten und war erstaunt darüber, wie viele verschiedene Sorten von Grashüpfern es auf einem Quadratmeter gab: braune und grüne, große grüne, die anders aussahen als die kleinen grünen, grüne mit gelben Augen und grüne mit grünen Augen. Einmal kam ein grüner mit gelben Augen bis auf wenige Zentimeter an mich heran, blieb sitzen, und wir schauten uns an. Ich wartete auf den Moment, wo er weiterkrabbelte, aber er blieb bewegungslos vor mir sitzen und ging keinen Schritt mehr. So merkwürdig das klingt – ich empfand es als wohltuend, den langsamen Bewegungsrhythmus des Tieres zu beobachten und zu entdecken, wieviel Zeit sich das Insekt nahm, um mich anzuschauen! Alle Nervosität fiel von mir ab, es war wie Meditation, einfach dazusitzen ohne Buch und ohne jede andere Form von Ablenkung.

Ich fing jetzt an, die Geräusche um mich herum mit der Zeit immer differenzierter wahrzunehmen. Zuerst dachte ich: Unglaublich, wie still es hier ist! Dann jedoch gewöhnte ich mich immer mehr an die *minimalen* Lautstärken, die Geräusche der fliegenden Insekten, die weit entfernten Rufe von Vögeln, das Bimmeln der Schafsglocken. Ich freute mich über die Schönheit der leisen Töne und konnte mich nicht satt daran hören.

Natürlich gibt es – wie John Cage zu beweisen versucht hat – keine absolute Stille. Denn selbst wenn man sich für mehrere Stunden in einen völlig lärmisolierten Raum einschließt, wie Cage das getan hat, hört man noch immer Geräusche. Es seien die Geräusche des im Körper zirkulierenden Blutes, meint John Cage.

Je später es wurde, um so dichter flogen die Schwalben um mich herum. Ihre akrobatischen Flüge beim Mückenfang wurden immer gewagter und hektischer. Sie kamen bald so nahe heran, daß ich das Surren ihrer Flügelschläge hören konnte, während sie an mir vorbeizischten. Es klang wie Musik.

(Köln, 11.7.86)

Zwei Gespräche mit Brian Eno

Erstes Interview, Paris, 7.9.83

»Der Interviewer, der vor dir da war, hat mich gefragt, ob ich
heutige Rockmusik noch für subversiv hielte. Er war der
Ansicht, daß meine Musik nicht subversiv sei. Ich hab' ihm
gesagt, das Gegenteil ist der Fall. Die Rockmusik gehört
heute zum Establishment. Sie gibt nur noch das wieder, was
sowieso schon jeder denkt. Die angesehensten Zeitungen
schreiben heute über Rockmusik. Diese Musik ist total eta-
bliert. Sie ist nicht mehr subversiv. Etwas anderes ist heute
subversiv.«

Und was?

»Ich glaube, wir haben uns alle sehr an den Gedanken
gewöhnt, daß eine politisch relevante Aussage immer was
mit Schreien und Kämpfen und Fäusteballen zu tun haben
muß. Aber das stimmt nicht. Alle schreien sich heute an. Das
ist schon Normalzustand geworden.

Die Dinge, die, glaube ich, eine Veränderung in den
Menschen bewirken können, sind die leiseren: die sich ganz
allmählich ins Bewußtsein einschleichen und unsere gesamte
Sicht der Dinge verändern. Man ist es leid geworden, daß
einen ständig jemand anfährt und wachzurütteln versucht.
Das wollen sie heute alle, einen wachrütteln. Du brauchst ja
nur auf die Straße rauszugehen, und sofort wirst du total
durchgerüttelt.«

Ich bin gerade mit der Metro hierher gekommen. Am Aus-
gang stand jemand und sang »Bye Bye Love« von den Everly
Brothers. Der sang wirklich gut. Aber keiner hörte zu. Alle
rannten vorbei. Aus den Jeansläden dröhnte seelenloses elektronisches Zeug, das anscheinend auch keiner hören wollte.
Man wird hier mit Büchern, Filmen und Musik so vollgestopft, daß man nach kurzer Zeit Schwierigkeiten hat, sich an

seine eigene Telefonnummer zu erinnern. Es wird so viel Musik heute veröffentlicht, aber ich finde, die Hauptarbeit besteht heute eigentlich darin, sich durch diese Überproduktion nicht beirren zu lassen. Zu den Dingen vor-zudringen, die einem tatsächlich ein paar Wahrheiten vermitteln.

»Stimmt. Ich hab' selber irgendwann aufgehört zu versuchen, jede wichtige Musik zu hören und jedes wichtige Buch zu lesen. Wenn ich auf eine Sache stoße, die mich interessiert, dann beschäftige ich mich immer wieder nur mit dieser einen Sache. Ich höre mir nicht viel Musik an. Und ich lese auch nicht sehr viel. Aber ich versuche, die Dinge sorgfältig in mich aufzunehmen. Die Dinge, die ich mag, erlauben es mir, immer tiefer in sie vorzudringen. Man kann natürlich nicht in allem auf dem laufenden sein und man muß eine bestimmte Sache wie einen Schlüssel benutzen. Ich dringe in ein bestimmtes Gebiet vor, und plötzlich fallen andere Teile um dieses eine Ding herum in eine bestimmte Ordnung zusammen. So kann man Verbindungen schaffen zwischen verschiedenen Welten.

Zum Beispiel interessiere ich mich seit langem für afrikanische Musik. Aber eigentlich war es nur eine Platte, die ich mir immer wieder angehört habe, eine frühe Aufnahme von dem Nigerianer Fela Kuti, sie hieß ›Afrodisiac‹. Es war eine Platte, die er in London aufgenommen hatte. Fünf Jahre lang war das so ziemlich die einzige afrikanische Platte, die ich mir angehört habe, zumindest, was afrikanische Popmusik betrifft. Ich habe daneben viel ethnische Musik aus Afrika gehört.

Aber ich höre diese Platte auch heute immer noch. (Lacht.) Und mein ganzes Verständnis von afrikanischer Popmusik rührt im Grunde nur von dieser *einen* Aufnahme her. Vor zwei, drei Jahren war Afropop in England auf einmal ganz groß angesagt. Alle rannten los und kauften sich stapelweise afrikanische Platten. Aber ich glaube, die wenigstens haben wirklich hingehört. Man muß sich ein bißchen spezialisieren heutzutage.

Wenn mich eine Sache nicht besonders beeindruckt, verschwende ich nicht viel Zeit damit. Aber wenn mich etwas anzieht, investiere ich enorm viel an Aufmerksamkeit dafür. Das gleiche passiert, wenn ich in ein Museum gehe. Da hängen oft mehrere tausend Bilder herum. Und dann kannst du sehen, wie sich amerikanische Touristen vor jedes Bild stellen, rechts an den Rand schauen, wer's gemalt hat, und schon geht's weiter mit dem nächsten Bild. Alles wird für sie in kleine Kästchen verpackt.

Ich gehe meistens ziemlich schnell durch ein Museum. Aber ich weiß, irgendwann wird es etwas geben, das mich zum Halten bringt. Da ist irgend etwas, woran ich einfach nicht vorbeikomme. Ich *muß* stehenbleiben und es mir ansehen. Es ist schon oft vorgekommen, daß ich mehrere Stunden vor einem einzigen Bild gestanden habe.

Vor kurzem besuchte ich das Guggenheim-Museum in New York. Da war ein Bild von Kandinsky mit dem Titel ›Pastorale 1911‹. Es ist eines von diesen fast abstrakten Bildern, die er in der Übergangsphase zum Abstrakten gemalt hat. Dieses Bild! Ich konnte es einfach nicht alleine da hängen lassen! (Lacht.) Also blieb ich sehr, sehr lange davor stehen. Und dann bin ich rasch rausgegangen. Ich hab' mir nichts anderes mehr angesehen. Ich glaube, so sollte man heutzutage handeln. Man muß nur etwas finden, und dann bleibt man dabei. Und man versucht, alles, wonach man sucht, nur in dieser einen Sache zu entdecken.«

Da scheint sich viel geändert zu haben. Früher war man froh, irgendwo eine Captain Beefheart-Platte zu finden oder ein Buch von Céline. Heute wird so viel unnützes Zeug produziert, daß man kaum noch durchsteigt.

»Ja, viele von den Sachen, die du mochtest, waren wirklich verdammt schwer zu kriegen. Als ich anfing, mich für Musik zu interessieren, mußte ich wirklich Abenteuer bestehen, um das Gesuchte zu finden. Zum Beispiel diese mühsame Suche nach *einem* Radiosender, der gute Musik spielte. Oder winzige Plattenläden aufspüren, die ausgefallene Platten führten. Heute scheint dagegen die Hauptarbeit darin zu bestehen, sich die eigenen Sinne nicht zu verstopfen.«

Du hast eben beschrieben, wie du vor diesem Bild von Kandinsky gestanden hast. Ein ähnliches Schlüsselerlebnis hatte ich, als ich zum ersten Mal deine Platte »On Land« hörte. Es gibt keine Musik, die ich in den letzten Jahren öfter gehört habe. Wenn ich lange Reisen machte, nahm ich eine Kassette von »On Land« mit. In einem Interview war zu lesen, diese Musik sei in New York entstanden aus einer Sehnsucht nach den Orten deiner Kindheit. Du hast erzählt, du hättest diese Platte nie an einem abgeschiedenen Ort auf dem Land machen können. Mußte sie in New York entstehen – als eine Art Klangfenster nach draußen?

»Ich habe sehr lange an dieser Platte gearbeitet. Und ich glaube, ich habe damit die Schönheit natürlicher Klänge wiederentdeckt. Die Musik hat starke Bezüge zu dem, was ich vorher gemacht habe, aber nicht mit einer so klaren Intention. *Ich benutzte das Studio wie ein riesiges Mikroskop, unter das man winzige Gegenstände legt, um sie größer erscheinen zu lassen.* Ich nahm irgendeinen Klang, der mich interessierte, und versuchte, ihn mit Hilfe des Studios zu analysieren. Winzige Detailklänge aus der realen Welt nahm ich mir vor, verlangsamte sie drastisch oder filterte bestimmte Harmonien heraus, um sie dann größer zu machen. Man entdeckt plötzlich in solch winzigen Teilen eine neue Welt von ungeahnten Dimensionen.

Das Studio ist für mich im Gegensatz zu vielen anderen Musikern kein Ort, an dem ich vorgefertigte Ideen bloß reproduziere. *Das Studio selber ist mein Instrument. Das ist eine Art, wie ich Musik mache. Wenn es diesen Raum nicht gäbe, existierte meine Musik nicht.* In dem Moment, wo ich ein Studio betrete, beginnt praktisch die Musik. Ich sehe irgendwo ein Klavier und ein paar Drähte, fange an, das Klavier mit den Drähten zu präparieren, und versuche, etwas Interessantes zu spielen. Aber nur in den seltensten Fällen sitze ich abends zu Hause am Klavier und denke mir irgendwas aus, was ich später im Studio nur nachspiele.«

Wenn du eine Platte fertiggestellt hast, spielst du sie dann Freunden vor? Interessiert es dich, was andere dazu sagen, bevor die eigentliche Platte erscheint?

»Ja. Das Interessante daran ist, daß man dabei anfängt, die eigene Musik mit den Ohren der anderen zu hören. Zumindest passiert das bei Leuten, die man sehr gut kennt. In New York habe ich einen Freund, den Gitarristen Robert Quine, der jede neue Platte von mir hört, bevor sie erscheint. Ich glaube, ich kenne Robert Quine gut genug, um in etwa zu wissen, wie er hört, wenn er meine Musik hört. In gewisser Weise höre ich dann auf, Brian Eno zu sein, und werde Robert Quine, der diese Musik hört. Und plötzlich ergeben sich für mich selber neue Perspektiven aus diesem Hören heraus.«

Besteht dann nicht die Gefahr, daß man anderen zu sehr zu gefallen versucht?

»Ich glaube, es geht nicht darum, ihnen zu gefallen. Es ist nur so, daß beim Musikmachen bestimmte Teile in einem selber über andere Teile dominieren. Jeder hört viele Stimmen in seinem Innern, und es kommt oft vor, daß zwei oder drei dieser Stimmen die anderen übertönen. Aber die anderen Stimmen sind ebenfalls sehr wichtig. Und ich glaube, wenn man einen Menschen hat, mit dem man sehr gut befreundet ist, kann er diese andere Wahrnehmungsmöglichkeit verkörpern.

Ich stimme übrigens keineswegs immer mit dem überein, was meine Freunde über meine Musik sagen. Wir sind da oft unterschiedlicher Meinung, aber ihre Meinung ist mir trotz allem sehr wichtig.

Als ich ›On Land‹ fertig hatte, war ich sehr aufgeregt über diese Musik. Mir kam das, was ich da gemacht hatte, wie ein großer Aufbruch in ein unerforschtes Gebiet vor. Die Nervosität ging so weit, daß ich schließlich gar nicht mehr wußte, ob ich die Platte überhaupt veröffentlichen sollte.

Ich spielte sie Robert Quine vor. Und dabei dachte ich: Naja, den Part wird er mögen, diesen hier nicht usw. Aber es kam ganz anders. *Er liebte diese Musik.* Ich war total verblüfft! Damit gewann ich mein Selbstvertrauen zurück. Ich dachte: Gott sei Dank, vielleicht ist die Platte wirklich o.k.

Es hatte einfach zu viele Stimmen in meinem Innern gegeben, die mir immer wieder gesagt hatten: ›*Schluß jetzt, Brian, mach' endlich wieder eine ganz normale Pop-Platte!*‹ (Lacht). Das ganze alte Zeug war wieder hochgekommen und wollte mich zurück in die Normalität zwingen. (Lacht.) Aber als Robert das sagte... Die Platte hat tatsächlich große Bedeutung für mich.«

Die Klanglandschaften auf »On Land«, zum Beispiel ein Stück wie »Dunwich Beach«, haben eine sehr bildhafte Qualität. Es ist ja wohl auch kein Zufall, daß du während der Aufnahmen zu dieser Platte viel intensiver als früher mit Videofilmen experimentiert hast. Inwiefern hat die Videoarbeit deine Art, Musik zu machen, verändert?

»Anfangs habe ich mit den Videos ganz anders gearbeitet, als ich früher im Studio Musik machte. Fast alle Videos sind mit ganz einfachem Equipment gefilmt worden. Ich stellte meine Kamera auf und filmte aus dem Fenster meiner Wohnung hinaus. Dabei schaute ich immer nur auf den Monitor und versuchte, eine Bildeinstellung zu finden, die mir gefiel. Ich veränderte die Bildschärfe und manipulierte sehr stark die Farbzusammensetzung. Wenn ich dann ein Bild eingestellt hatte, das mir gefiel, schaltete ich den Recorder einfach ein und ließ den Apparat so lange laufen, wie ich mir dieses betreffende Bild anschauen wollte. Irgendwann begann ich, mit dem Aufnahmestudio genauso umzugehen. Statt mit vorgefertigten Ideen dort anzukommen, reproduziere ich nicht, sondern versuche, etwas zu *finden.*«

Beim Videofilmen hat man den großen Vorteil, daß man alles selber machen kann. Man ist Drehbuchautor, Kameramann, Regisseur usw., alles in einer Person.

»Man kann sehr viel Zeit damit verbringen. Ich arbeite manchmal einen ganzen Tag lang nur an einem einzigen Detail. Das wichigste aber ist tatsächlich, daß man alles allein machen kann. Du siehst sofort das Resultat deiner Arbeit. Früher mußten die Leute ihre Filmrollen abends zum Entwickeln weggeben, um am anderen Tag möglicherweise festzustellen, daß sie eine ganze Einstellung nochmal drehen mußten.«

Wie ist das in der Musik? Bist du auch dabei am liebsten allein?

»Für manche Projekte ist es wichtig, daß man sie alleine durchführt. Aber ich habe zwei bis drei Musiker gefunden, mit denen ich mich sehr gut verstehe. Es gibt keinerlei Kommunikationsprobleme zwischen uns. Im Gegenteil: Mit ihnen kommt es mir so vor, als spielte ich alleine. *Man muß sich für nichts entschuldigen.* Das ist der entscheidende Punkt.

Wenn man mit anderen Leuten gemeinsam Musik macht,

kriegt man oft das Gefühl, man muß sich fast dafür entschuldigen, daß man mal eine Idee hat. Das hat was mit einem falschen Demokratieverständnis unter Musikern zu tun. Jeder sollte immer die gleichen Chancen wie der andere haben. Musik funktioniert aber nicht immer nach solchen Gesetzen. Manchmal bist du derjenige, der die entscheidende Idee hat, manchmal ist es jemand anders. Ich kann es nicht ertragen, daß jeder den anderen ständig und mit aller Höflichkeit fragt, ob er nicht auch mal was spielen möchte.

Die Leute, mit denen ich Musik mache, haben solche Probleme nicht. Da ist immer eine Mischung aus Vertrauen und Bescheidenheit. Man muß so viel Vertrauen haben, daß man auch mal die Führung übernimmt. Und man sollte bescheiden genug sein, einem anderen die Spitze zu überlassen, wenn er die bessere Idee hat.

Es gibt Stücke, in denen ein einzelner neunzig Prozent des gesamten Geschehens ganz allein bestimmt. Leider fangen dann sehr viele Musiker an, nervös zu werden, und denken: O Gott, jetzt muß ich aber auch was tun.

Eine Zusammenarbeit scheitert häufig daran, daß die Leute nicht das nötige Verständnis füreinander haben, um mit solchen Situationen fertigzuwerden. *Manchmal ist das beste, was man tun kann, einfach still dazusitzen und nur mal zuzuhören.* «

Das kann schwierig sein.

»Es ist das schwierigste überhaupt!«

Dieses Problem stellt sich ja überall. Zum Beispiel bei den Radioleuten, die sagen, man müsse ein Programm für Mehrheiten machen. Es besteht bei einer solchen Politik immer die Gefahr, daß man bei diesem ganzen Streben nach »Ausgewogenheit« letztlich niemandem mehr was Wertvolles sagt. Das beste am Radio ist in manchen Fällen tatsächlich nur noch der Knopf zum Ausschalten.

»Absolut meine Meinung. Es gibt in bestimmten Situationen keinen Platz für Kompromisse. Sie führen zu nichts.

Du kennst die Quäker, diese religiöse Vereinigung? Sie haben eine interessante Art, mit Diskussionen fertigzuwerden. Normalerweise entscheidet die Mehrheit. Bei den Quäkern läuft das anders. Sie diskutieren über eine Sache, dann wird abgestimmt. Und wenn nur eine Person dagegen ist, wird weiter diskutiert. Dann wird nochmal abgestimmt. Die Resolution wird so lange nicht angenommen, bis nicht alle einer Meinung sind. Das finde ich sehr interessant. Ich halte nicht viel von Mehrheitsentscheidungen. Mir gefällt der Gedanke, daß Leute eine Position einnehmen, weil sie wirklich daran glauben. Und wenn sie nicht daran glauben, nehmen sie sie nicht an, bis sie dran glauben. Der eine will, daß der andere ihn überzeugt. Er fordert ihn heraus. Und indem man jemanden zu überzeugen versucht, lernt man selber eine ganze Menge über den betreffenden Tatbestand. Man findet zum Beispiel heraus, daß man oft selber nicht so ganz überzeugt war.«

Man Eno oft einen Intellektuellen und Cheftheoretiker der Rockmusik genannt. Ich habe nie diesen Eindruck gehabt. Deine Musik klingt für mich nicht ausgedacht. Ich sehe dich als einen sehr gefühlsbetonten, humorvollen Menschen. Über deine Platte »On Land« hast du mal gesagt, dir sei klar geworden, daß du im Grunde immer schon auf diese Art von Musik zugesteuert seist.

Man kommt nach langer Suche an einen Punkt und stellt selber ganz überrascht fest, daß man eigentlich schon immer da war. Trotzdem scheint es oft so, als müsse man erstmal durch diesen dunklen Tunnel hindurch, damit einem diese Dinge klar werden. Wie ist das nun mit den vorgefertigten Ideen beim Musikmachen?

»Wenn man ein Stück anfängt, hat man erstmal eine Art

Konzept davon, wo man hinkommen möchte. Man stellt sich den Weg vor, den man einschlagen will, um irgendwohin zu gelangen. Dann fängt man an und stößt bald auf eine Sperre. Es geht nicht weiter, oder eine neue Sache beansprucht plötzlich dein ganzes Interesse. Man geht also seitlich weiter. Und das mit diesen Sperren passiert immer und immer wieder.

Dann kommt man irgendwohin, und dieser Ort gefällt einem. Aber man kann nicht genau erkennen, wo man jetzt ist. Es ist auf jeden Fall nicht der Ort, den man ursprünglich angesteuert hatte. Es ist woanders.

Dann fängt man ein neues Stück an. Und wieder passiert dasselbe. Schließlich sieht man sich diese ganzen Arbeiten an. Und man stellt fest, daß sie erstaunliche Gemeinsamkeiten aufweisen, obwohl einem das nie vorher bewußt war. Man mußte immer wieder einen energischen Vorstoß in eine bestimmte Richtung machen, um danach jedesmal festzustellen, daß einen die Reise ganz woanders hingeführt hat.

Es hat aber überhaupt keinen Sinn, sich dadurch irritieren zu lassen und sich den Kopf darüber zu zerbrechen, was man am nächsten Tag machen soll, weil man ja doch immer wieder dieses Abgleiten erlebt hat. Man soll eine Sache anfangen, und dann soll man sich wegtreiben lassen! In mein Notizbuch habe ich geschrieben: ›Allow yourself to be blown by the Zeitgeist!‹ Um ehrlich zu sein, ich weiß gar nicht genau, was Zeitgeist eigentlich bedeutet. (Lacht.)

Jedenfalls lassen sich die meisten Künstler, die mit vorgefertigten Ideen arbeiten, nicht in dieser Weise treiben. Sie zwingen sich selber immer wieder zurück zum Ausgangspunkt. Also kriegen sie am Ende nur eine perfektere Version dessen, womit sie angefangen haben. Geht man den anderen Weg, dann stößt man auf neue Geheimnisse, neue Dinge, die einem wesentlich mehr sagen. Die Sache mit den Ideen in der

Musik interessiert mich sehr. Fast alle Ideen, die mir gekommen sind, kamen nach der eigentlichen Arbeit. Erst nachträglich habe ich vieles besser verstanden.«

Du hast dich viel mit Religion beschäftigt, vor allem mit den buddhistischen Lehren des Tibetaners Chögyam Trungpa. Würdest du dich selber als einen religiösen Menschen bezeichnen? »Ich habe viel darüber nachgedacht. Es gibt einen entscheidenden Unterschied zwischen religiösen und nicht-religiösen Menschen in dem Sinne, wie ich·das Wort ›Religion‹ gebrauche. Religiöse Menschen glauben daran, daß sie Teil von etwas Größerem sind und daß dieses höhere System außerhalb ihrer Kontrolle liegt. Sie glauben außerdem, daß es möglich ist, sich diesem System anzuvertrauen, was auch immer es ist. Das kann Buddha, der Tao oder Gott mit seinen Engeln sein... Die Hauptsache ist, daß bei ihrer Sicht des Universums der Mensch nicht ins Zentrum gestellt wird. Er ist nicht so schrecklich wichtig und kontrolliert nicht alles. Man sagt, es gebe da ein komplexes Netz von Dingen. Du verstehst sie nicht, ich verstehe sie nicht, aber wir können uns diesen Dingen anvertrauen. Es gibt einen Weg, um sein Leben so auszurichten, daß man immer zur richtigen Zeit am richtigen Ort ist. Man wird von ihnen keinen Schaden nehmen. Sie tragen einen auf wunderbare Weise mit sich fort.

In diesem Sinne bin ich tatsächlich ein religiöser Mensch. Ich glaube an all das. Menschen, die nicht religiös sind, glauben für gewöhnlich an den menschlichen Willen als die entscheidende Kraft im Universum. Sie denken, es ist sehr wichtig, daß Menschen dieses entscheiden und jenes tun: ›Das müssen wir endlich korrekt machen, und das hier ruinieren wir alles, außerdem muß sowieso alles ganz anders werden.‹ Die so denken, sind der Ansicht, daß die Welt sofort auseinanderfiele, wenn sie auch nur für einen Moment aufhörten, sich ständig um alles zu kümmern.

Ich glaube, daß jeder interessante Künstler im Grunde seines Herzens ein religiöser Mensch ist. Keiner, der etwas wirklich Interessantes kreiert, kann das, was er macht, verhindern. Er kann dir eine Menge Gründe dafür angeben, warum er etwas so und so gemacht hat. Aber sie entsprechen nie so ganz der Wahrheit. (Lacht.) Eigentlich weißt du selber gar nicht genau, was du da tust.

Man fängt irgendwo an. Aber man weiß, daß man ganz woanders landen wird. Und man vertraut darauf, daß man heil ankommen wird. Man vertraut sich dem Fluß der Dinge an.

Hast du mal was von dem irischen Dichter W.B. Yeats gelesen? Es gibt einen Satz von ihm, der mir immer sehr gefallen hat; Yeats sagte: ›You are unfruitful, therefore you lack belief.‹

Ich habe das immer für sehr wahr gehalten. Kreative Menschen haben eine bestimmte Sicht vom Universum. Sie *müssen* so denken. Denn sie wissen, daß es letztendlich nicht sie sind, die all das tun, zumindest kein bewußter Teil von ihnen selbst. Da sind andere Kräfte mit im Spiel. Auf einmal kommen da verschiedene Dinge in einem Musikstück zusammen. Und man ist selber genauso überrascht darüber wie die anderen, die es später zu hören kriegen. Menschen, die nicht kreativ sind, haben nicht diese Sicht der Dinge. Für sie ist alles ganz einfach, und man kann alles verstehen.

Ich habe in letzter Zeit sehr viel Gospelmusik gehört. Was mich daran interessiert, ist, daß alles so echt klingt. Dieses Gefühl von Echtheit vermisse ich in der Popmusik. Da macht man einen Take nach dem anderen, fummelt Tage und Wochen lang an irgendwas herum, und irgendwann hat die Sache einfach keine Ausstrahlung mehr. Bei den Gospelleuten war jedem Beteiligten klar, wann es passierte. Und genau dieses

Feeling soll meine Musik haben. Ich will, daß die Musik lebendig klingt und daß der lebendig klingt, der sie macht. In der Gospelmusik ist das so. Man kriegt als Zuhörer sofort die Verbindung zu den Leuten, die da vorne stehen und singen, weil sie ehrlich sind.«

Wie entsteht der Plan für eine neue Platte? Hilft es dir, wenn du unzufrieden bist über andere Musik, die du irgendwo gehört hast, und dir dann Alternativen überlegst?

»Normalerweise läuft das nicht so, nein.

Aber da ist trotzdem was Wahres dran. Als ich in New York gelebt habe, wollte ich mir eine Musik schaffen, die so sein sollte wie eine andere Welt, in der ich besser leben konnte. Sie sollte ruhig sein und mysteriös und dunkel, mit vielen Elementen, die New York nicht hat. Ich wollte nicht diese vielen Stimulanzen, die New York einem anbietet.

Ich hätte diese Platte ›On Land‹ tatsächlich nie gemacht, wenn ich irgendwo auf dem Land gelebt hätte. Es wäre gar nicht notwendig gewesen, dafür eine solche Musik zu erfinden, oder sie hätte in jedem Fall vollkommen anders geklungen.

Normalerweise entsteht bei mir Musik, weil ich mich über irgend etwas sehr gefreut habe, aus einer Aufregung heraus. Oft ist das eine Freude über kleine, scheinbar unbedeutende Dinge. Ich arbeite nicht oft aus einer Unzufriedenheit heraus. Bin nämlich gar kein so unzufriedener Mensch. (Lacht.)«

Viele, die die Musik von Brian Eno hören, empfinden sie sofort als sehr schön. Einige meinen, sie sei nur schön und nicht viel mehr, wie eine schöne Tapete oder ein hübscher Strauß Blumen. Es gibt tatsächlich kaum harte oder schräge Töne in deiner Musik. Ist es aber nicht doch die Aufgabe einesKünstlers, eine Totalität wiederzugeben? Stockhausen hat gesagt: »All noise is music.«

»Ich glaube nicht, daß man *alles* darstellen muß. Das ist so wie mit den Büchern, über die wir eben geredet haben. Du kannst entweder versuchen, sie alle zu lesen, oder nur eines nehmen und das dafür sehr sorgfältig lesen.

Einige Künstler versuchen, das gesamte Spektrum abzudecken. Andere jedoch finden einen Teil innerhalb dieses Spektrums, zu dem sie eine ganz besondere Beziehung haben, und dieser Teil genügt ihnen für ihre Arbeit.

Jemand wie van Gogh war ein sehr stilisierender Maler. Seine Bilder sind auf den ersten Blick wiedererkennbar. Aber keiner würde zu ihm sagen: ›Sieh mal hier, Vincent, warum machst du nicht mal was anderes?‹ *Das* war die Sache, die ihn beschäftigt hat.

Übrigens hat mir vor kurzem jemand erzählt, oder ich hab's irgendwo gelesen, daß van Gogh gegen Ende seines Lebens jeden Tag ein Bild gemalt hat und daß viele dieser Bilder zu seinen bedeutendsten überhaupt zählen.

Das beste ist, daß man sich selber den Bereich aussuchen kann, in dem man arbeiten will. Und dann hat man das Material vor sich. Das Problem ist dann nur noch, was man damit macht. (Lacht.)

Ich arbeite nicht mit einem sehr breiten Spektrum an Klängen, denn ich höre mir nicht gerne *alles* an. Ich will keine Migräne vom Musikhören kriegen.«

Cézanne hat gegen Ende seines Lebens praktisch nur noch ein Motiv gehabt. Er hat nur noch den einen Berg gemalt, in der Nähe von Aix-en-Provence, den Mont St. Victoire...

»Das hat was mit dem Reifeprozeß zu tun. Künstler hören auf, die Antwort irgendwo da draußen zu suchen. Denn ihnen ist klargeworden, daß die entscheidende Sache *zwischen* ihnen und dem Bild passieren muß. Und *das Ding da draußen* ist nur noch der Auslöser. Der Punkt, von dem aus man startet, hat fast nichts mit dem Punkt gemeinsam, wo man ankommt. In der Literatur ist Samuel Beckett jemand, dessen

Schreibweise mit den Jahren immer ähnlicher geworden ist. Von seinen letzten Büchern brauchst du nur einen Satz zu lesen, und schon weißt du, das ist Samuel Beckett. Und was den Rest des Buches betrifft, da brauchst du eigentlich nur..., du hast im Grunde schon fast alle Wörter in diesem einen Satz gelesen, die in dem ganzen Buch vorkommen, denn die Wörter aus dem einen Satz werden im Grunde nur immer hin und her bewegt. Ich glaube, das passiert sehr oft bei Künstlern. Sie finden einen Bereich und denken, der ist gut genug. Hier kann ich alles bekommen, wonach ich suche.«

Zweites Interview, Köln, 15.11.85

Wir hatten uns am Abend vor dem Interview im Kölner Stadtgarten-Café getroffen. Eine Unterhaltung war dort kaum möglich gewesen. Die Musik dort war so laut aufgedreht, daß man sich nur noch anschreien konnte. Und dazu bestand kein Grund. Brian Eno hat sich viel mit dem Thema »Backgroundmusik« beschäftigt. Von ihm stammt der Begriff »Ambient Music«, als Alternative zur einlullenden Hintergrundmusik in Supermärkten usw. gedacht. U.a. veröffentlichte der Engländer in seiner Plattenserie »Ambient Music« eine »Music For Airports«.

»Man denkt viel zu wenig daran, daß die Musik auch ein Teil des Raumdesigns ist. Im letzten Moment fällt einem ein, daß man ja auch Musik für seine Kneipe oder sein Restaurant braucht. Also nimmt irgend jemand zu Hause ein paar von seinen Lieblingsplatten auf Kassetten auf. Solche Dinge überläßt man einfach dem Zufall. Niemand würde so wenige Gedanken an einen anderen Aspekt des Designs verschwenden, keiner eine der Kellnerinnen fragen, ob sie nicht ein paar Stühle von zu Hause mitbringen könnte! Oh, was zu essen, ja, wir haben schließlich ein Restaurant. Also, wer kann was kochen? (Lacht.)«

Hast du schon mal selber daran gedacht, eine »Music For Restaurants And Bars« zu konzipieren?

»Naja, ein- oder zweimal war ich in Restaurants, wo mir die Musik sehr gefallen hat, die dort im Hintergrund lief. In einem dieser Restaurants lief eine Platte, die ich mit dem Pianisten Harold Budd gemacht hatte. (Lacht.) Ich fand damals, daß das die perfekte Backgroundmusik für dieses Restaurant war. Die Musik war sehr leise, so daß man nie gegen sie ankämpfen mußte. Sie kam dort genauso gut zur Geltung wie die Beleuchtung, die ebenfalls sehr schön war.

Die Akustik des jeweiligen Raumes spielt natürlich eine

sehr entscheidende Rolle. In dem Café, wo wir gestern abend waren, sind die Oberflächen von Fußboden und Wänden sehr hart und abweisend. Das begünstigt die Musik nicht, im Gegenteil, sie klingt immer sehr schroff in solchen Räumen.

Ältere Restaurants haben oft weiche Teppiche auf dem Boden, deshalb klingt die Musik dort viel besser.«

Du kennst die Idee von Erik Satie, eine »Musique d'ameublement« zu schaffen, bei der sich die Tischgespräche und Eßgeräusche der Menschen im Restaurant mit der leisen Musik im Hintergrund harmonisch zusammenfügen sollten...

»Das war eine großartige Idee. Ja, der Gedanke hat mich damals sehr inspiriert. Mich erinnert das immer an das, was Monet (oder war's Matisse?) über seine Malerei gesagt hat. Er wollte Bilder malen, die dem müden Menschen gefallen, wenn er abends von der Arbeit nach Hause kommt. Mir gefällt eine solche Art der Zielsetzung besser, als wenn jemand sagt, er wolle nur große Kunstwerke schaffen. Mir gefällt es, wenn jemand was herstellen will, das eine *praktische* Wirkung auf das Leben anderer Menschen hat. Finde ich sehr vernünftig.«

Ich denke an einen Sonntagmorgen im Café Einstein in Berlin. Da lief ganz weit hinten in einer Ecke dieses großen und mehrfach abgewinkelten Raumes aus einem einzigen Lautsprecher klassische Musik für Querflöte. Die Musik war sehr leise und trotzdem für jeden im Raum hörbar. Dadurch, daß sie nur aus einem einzigen Lautsprecher in einer Ecke des Raumes kam, wirkte sie auf mich wie ein tönendes Bild an der Wand. Sie störte überhaupt nicht, im Gegenteil. Das erstaunliche ist, wie wenig man manchmal tun muß, um einen großen Raum akustisch zu ›dekorieren‹.

»Wenn man die Musik auf einen Teil des Raumes beschränkt, dann können sich die Leute selber aussuchen, wo sie sitzen wollen im Bezug zur Musik.

Um aber gleich noch ein Gegenbeispiel zu bringen: Ich war vor kurzem in einem großen Restaurant in Stockholm. Dort waren überall im Raum Lautsprecherboxen installiert worden. Man konnte überhaupt keinen Eßplatz finden, der mehr als drei Meter von einem Lautsprecher entfernt war. Ich bin wieder rausgegangen, ohne was bestellt zu haben, und habe zu dem Ober gesagt: ›Ich kann hier nichts essen. Ich hasse die Musik, die Sie uns hier vorspielen, und ich kann ihr einfach nicht entfliehen.‹

Es ist wirklich allerhöchste Zeit, daß man anfängt, sich über solche Dinge zu beschweren, damit Leute, die Restaurants usw. führen, endlich anfangen, daüber etwas sorgfältiger nachzudenken. Bis jetzt stößt man überall fast nur auf Gleichgültigkeit, was das betrifft.«

Hinzu kommt, daß wir in einer Zeit leben, wo die Menschen dem Umweltlärm und auch der Musik ganz allgemein viel stärker ausgesetzt sind als irgendeine Generation vor uns. Ich habe oft die Erfahrung gemacht, daß es schwierig ist, Leuten eine neue Musik vorzuspielen, weil ich merke, daß viele einfach nicht zuhören können.

In deinen neuen Videoinstallationen wird die Musik, die im Hintergrund läuft, so eingesetzt, daß man ihr gut zuhören kann, ohne von ihr erdrückt zu werden.

»Ich glaube, was du über die wachsende Unfähigkeit zum Zuhören sagst, ist zum Teil auch ein Fehler der Komponisten. In den letzten zwanzig Jahren ist Musik immer verfügbarer geworden. Es gibt heute so viele Systeme, durch die Musik präsentiert werden kann. Zum Beispiel den Walkman, durch den man seine eigene Musik mit sich herumtragen kann wie die Schnecke ihr Haus!

Wir befinden uns in einer Situation, in der die Menschen

Musik mit einer ganz anderen Einstellung hören, als von den Komponisten angenommen wird, die diese Musik machen. Die Mehrzahl der Komponisten arbeitet noch immer mit der Voraussetzung, daß Musik auch jetzt noch gehört wird, wie man sie früher hörte, als die Menschen sich vor ein Orchester oder vor ihre Lautsprecherboxen setzten und man noch genau hinhörte.

Tatsächlich ist das aber heutzutage einfach nicht mehr die gängige Art, wie man Musik hört. Ich würde sagen, fünfundneunzig Prozent der heutigen Musik wird nicht mehr auf diese Art und Weise gehört.

Du kannst nun entweder sagen, das ist eine Katastrophe, oder du kannst sagen, es bietet vielleicht die Möglichkeit, eine *andere* Art von Musik zu machen. Ich bin der Meinung, es gibt diese Möglichkeit, eine neue Art von Musik zu machen.

Das Problem ist, daß heute noch immer eine Musik gemacht wird, die nur für die alte Art des Musikhörens bestimmt ist, und daß die Leute tatsächlich nicht mehr so Musik hören wie früher. In dem Restaurant, wo wir beide gestern abend waren, spielte man uns eine Musik vor, die zum Zuhören bestimmt war. Aber alle Leute redeten! Selbst wenn man der Musik gern zugehört hätte, wäre das überhaupt nicht möglich gewesen. Trotzdem war die Musik so laut, daß jeder im Raum gezwungen war, besonders laut zu sprechen. Da lag also ein klares Mißverständnis vor! (Lacht.)

Es gibt heute so viele neue, interessante Möglichkeiten, wie man Musik präsentieren kann. Der Walkman ist nur ein Beispiel von vielen. Aber ich habe den Eindruck, daß die Komponisten solchen Entwicklungen im allgemeinen hinterher hinken. Die Leute hören seit zehn, fünfzehn Jahren Musik auf diese andere Art. Nur haben die Komponisten auf diese Herausforderung noch nicht wirklich geantwortet.«

In den neuen Stücken und besonders in den Videos ist mir immer wieder eine extreme Langsamkeit der Ereignisse aufgefallen. Ein Stück wie »Thursday Afternoon«, das etwa sechzig Minuten lang ist, entwickelt sich fast unmerklich, in sehr langen Wachstumsperioden, mit ganz ruhigen, wellenförmigen Bewegungen. Es ist fast statisch, wenn man es nur oberflächlich hört.

Diese Langsamkeit steht in krassem Gegensatz zu den hektischen Bildschnitten in großen Kinofilmen, Pop-Videos, bei Nachrichtensendungen usw. Auch in der Popmusik sind heute viele Musikstücke mit Effekten vollgepackt, um die ohnehin geschwächte Aufmerksamkeit des Hörers permanent neu zu stimulieren.

In den USA hat man herausgefunden, daß die Bilder in den TV-Werbespots besonders in letzter Zeit immer schneller wurden, bis schließlich alle anderthalb Sekunden ein neues Bild kam. Als man dann feststellte, daß durch diese pausenlose Gehirnwäsche besonders die Konzentrationsfähigkeit von Kindern stark beeinträchtigt und möglicherweise sogar geschädigt wurde, erließ man ein Gesetz, das als unterste Grenze einen Drei-Sekunden-Bildrhythmus vorschreibt.

Noch ein letztes Beispiel: Auf vielen Maxisingles mit Discomusik werden die rhythmischen Schläge (!) pro Minute angegeben, damit die Discjockeys einen schier endlosen Einheitsrhythmus herstellen können. Eine amerikanische Disco-Zeitschrift verkündete, eine Discoplatte müsse soviel Power haben, daß selbst Taube den Beat (=Schlag) spüren.

Ist Enos »Entdeckung der Langsamkeit« als gezielte Gegenbewegung zu solchen Zeiterscheinungen gedacht?

»Ja, ganz klar. Und diese Gegenbewegung leitet sich aus meinen eigenen Gefühlen gegenüber solchen Tendenzen ab, das möchte ich ausdrücklich betonen.

Ich will einfach nicht selber ständig einen solchen Berg

von akustischen Informationen in mich hineinstopfen müssen. Ich mag, allgemeiner ausgedrückt, diese rasende Geschwindigkeit von Veränderung nicht.

Die Dinge, die mich, nicht nur in der Kunst, sondern auch in der Natur, am meisten faszinieren, sind die langsamen Prozesse. Ich beobachte am liebsten, wie sich etwas über einen langen Zeitraum hinweg verändert. Im normalen Alltagsleben gibt es kaum etwas Schöneres für mich, als irgendwo zu sitzen und zu beobachten, was um mich herum passiert.

Ich fühle mich dabei nicht wie ein Sightseeing-Tourist, dem man alle paar Sekunden eine neue Überraschung präsentieren muß. Wie amerikanische Touristen, die man in ganz kurzer Zeit überall herumführt. Sie klettern raus aus dem Bus, machen ein paar Fotos, klettern wieder rein. Und schon geht's weiter, irgendwoanders hin.

Mein eigenes Leben verläuft ganz anders. Egal, wo ich mich befinde, ich bin am liebsten ein Beobachter. Dabei müssen sich die Dinge nicht *schnell* verändern, um mein Interesse für sie wachzuhalten.

Bei meinen Videoinstallationen habe ich festgestellt, daß offensichtlich viele Leute ähnlich empfinden wie ich. Die Besucher bleiben erstaunlich lange da, um sich meine Videos anzusehen. Sie stecken nicht einfach kurz die Nase rein, schauen sich um und verschwinden sofort wieder, weil ihnen zu wenig geboten wird. Viele bleiben mehrere Stunden lang in der Galerie. Mehrere Stunden! Das ist wirklich verblüffend. Es zeigt genau das Gegenteil von dem, was uns die Vertreter der kommerziellen Kulturindustrie dauernd erzählen. Die Videomacher aus der Popszene sagen, man müsse die Leute ständig überraschen. Sie würden sich niemals hinsetzen und etwas anstarren, das sich kaum verändert. Die

Leute sind aber viel wählerischer, was ihren Geschmack betrifft, als wir uns das vorstellen!

Ich glaube außerdem, daß wir in den modernen Großstädten viele von den Erfahrungen verloren haben, die Menschen viele Jahrhunderte hindurch gemacht haben. Ich kann mir denken, daß sich im Leben derer, die vor unserem Jahrhundert gelebt haben, viel weniger ereignet hat. Wir versagen uns heute oft die simple Erfahrung, mit innerer Ruhe und Gelassenheit zu betrachten, wie das normale Leben vor uns abläuft. Wenn man drei bis vier Stunden in einem Straßencafé an einem Boulevard in Paris sitzt, sieht man im Grunde nichts anderes, als daß Leute, die man nicht kennt, an einem vorbeigehen. Es ist ein Schauspiel, das sich jeden Tag in der gleichen Weise wiederholt. Aber ist es nicht trotzdem wunderbar, stundenlang dazusitzen und sich das anzuschauen? Wie oft kommt es vor, daß wir uns diese Gelassenheit des simplen Betrachtens erlauben? Sehr selten, wir haben diese Art von Erfahrungen fast völlig verloren.

Kirchen können eine Atmosphäre dafür bieten. Oft, wenn ich irgendwo in einer Stadt bin und etwas Ruhe finden will, gehe ich in eine Kirche. Nicht unbedingt, um religiös zu sein, sondern weil man dort endlich Ruhe findet. Außerdem respektiert jeder, der in eine Kirche geht, den Charakter dieses Ortes. Auch das ist wichtig: ein Verständnis dafür zu haben, daß ein solcher Ort einen eigenen Charakter hat, den man achtet. Solche Inseln der Ruhe verschwinden immer häufiger aus unseren Städten. Überall rasen Autos herum, und die Menschen verhalten sich alle in derselben Weise, ganz gleich, in welcher Stadt man sich befindet.«

Im April 85 war ich zwei Wochen lang im Senegal und in Gambia. Die meiste Zeit verbrachte ich in der Altstadt von Dakar. Am letzten Tag vor meiner Abreise wartete ich mehrere Stunden lang auf einen afrikanischen Freund, der mir Kassetten mit afrikanischer Musik bringen wollte. Ich saß den ganzen Nachmittag vor seinem Haus in der glühenden Sonne, neben mir waren ein alter Mann und ein kleiner Junge, der mit seinen Ziegen spielte. Der Freund kam nicht, und ich wußte nicht, was ich machen sollte. Also blieb ich da sitzen. Mit dem alten Mann konnte ich nicht reden, weil er kein Französisch verstand, und es gab außerdem auch gar keinen Grund, irgend etwas miteinander zu bereden. Wir saßen einfach da, etwa vier Stunden lang, beobachteten die Frauen, die mit riesigen Wassertöpfen auf dem Kopf an uns vorbeischlenderten, und hörten dem islamischen Prediger zu, der vom Minarett herüberrief. Es war der schönste Tag der ganzen Reise, obwohl oder weil einfach *nichts* passierte!

»Man ist in solchen Momenten überrascht, wie schön sowas sein kann. Ich nehme oft ein Buch oder mein Notizbuch mit, wenn ich irgendwohin gehe. Irgend etwas, das mich ständig in meiner Welt bleiben läßt. Aber es kann sehr interessant werden, wenn das mal alles fehlt.

Ich habe vor kurzem mal einen Zug verpaßt und ärgerte mich zuerst sehr, weil ich dachte, jetzt muß ich drei Stunden lang auf den nächsten warten. Dann ging ich spazieren, fand einen Park in der Nähe des Bahnhofs und setzte mich dort auf eine Bank. Ich hatte keine Zeitung, kein Buch, nichts. Und mir ging es genau wie dir. Es war die schönste Sache, die mir seit Monaten passiert war! Einfach diese Zeit des Jahres zu genießen und mir anzuschauen, wie sich die Natur im Herbst verändert.

Wir erlauben uns all diese Erfahrungen nicht mehr, weil wir ständig denken, daß es so viel zu lernen gibt. So viele Bücher, die man lesen muß, so vieles, was man verstehen muß...

Als ich zwanzig war, hatte ich so eine wichtige Phase, wo

ich dachte, ich muß alles verstehen: alle wichtigen Bücher lesen, alle Bilder der berühmtesten Maler sehen, alle die vielen Schallplatten hören usw. Das ist die amerikanische Art, Kultur in sich aufzunehmen. Man will alles in sich hineinstopfen. Irgendwann wurde mir jedoch klar, daß das ganz unmöglich ist. Außerdem fand ich gar keinen echten Genuß dabei.

Jetzt verhalte ich mich in gewisser Weise wieder so, wie ich als Kind gelebt habe. Ich interessiere mich für *eine* Sache und beschäftige mich immer wieder nur mit dieser *einen* Sache. Es ist wie eine Art Rückkehr zu den gleichen Erfahrungen. Eine ganz begrenzte Anzahl von Dingen stehen im Brennpunkt meines Interesses.

Das Resultat davon ist, daß ich über viele Dinge *nicht* Bescheid weiß. Aber ich hoffe, *vieles* verstehen zu können durch das gründliche Verstehen *einer* Sache.

Was dein Erlebnis in Afrika betrifft: Man erfährt tatsächlich am meisten über die Kultur eines anderen Volkes, wenn man sich das alltägliche Leben der Menschen in Ruhe anschaut. Wie sie miteinander reden, was sie tun, was sie mit sich herumtragen, wie sie gekleidet sind usw. Es ist nicht unbedingt die Teilnahme an geheimen Voodoo-Ritualen, obwohl auch das sehr interessant sein kann...«

Die Stücke auf Enos Platten »On Land«, »Apollo« und »The Pearl« enthalten keine Texte. Es sind geheimnisvolle Klanglandschaften und Atmosphären, die keine expliziten Botschaften vermitteln, sondern pure Sinneseindrücke. Sie erinnern in ihrem Gefühlsgehalt stark an die Werke der französischen Impressionisten. Du hast mal gesagt, an den »Wasserlilien« von Monet fasziniere dich, daß dieses Bild keinen Mittelpunkt enthalte, sondern »out of focus« sei. Demgegenüber werden in Popsongs und Videos fast immer

Botschaften übermittelt. Ärgert es dich nicht, daß einige Kritiker dich als einen »Spätromantiker« bezeichnet haben und als einen »Neoimpressionisten«, der abseits aller aktuellen Trends und Tendenzen steht?

»Nein, das ist mir ziemlich egal. Ich denke zwar immer, daß es mir *nicht* egal sein sollte und daß mir meine eigenen Arbeiten vielleicht eines Tages in der Rückschau altmodisch vorkommen werden, zumindest einige von ihnen. Aber es bekümmert mich nicht. Ich vertraue da ganz meinem Instinkt. Das ist sowieso das Einzige, was ich habe, und nur dieser Instinkt kann mich leiten. Ich besitze keine ausgeprägten handwerklichen Fähigkeiten und auch nicht die anderen Talente, auf die man sich eventuell berufen könnte. Alles was ich habe, ist meine eigene Reaktion auf das, was ich mache. Ich stelle etwas her, sehe mir an, was ich gemacht habe, und finde meinen Gefallen daran. Das läßt mich hoffen, daß die Arbeiten auch anderen Leuten gefallen werden.

Zum Beispiel gefällt mir die Farbkombination der drei Gegenstände, die vor mir auf dem Tisch liegen: das *weiße* Taschentuch, die *rote* Rose und die *grüne* Flasche. Mein Gefühl sagt mir, daß diese drei Dinge in der Art, wie sie sich mir zeigen, auch anderen Leuten gefallen könnten, wenn ich sie auf interessante Weise zeigen könnte.

Meine Videos werden bisher von den Kunstkritikern kaum wahrgenommen. Ich weiß nicht, was sie über meine Arbeiten denken, denn ich lese nirgendwo was darüber. Aber ich kann mir denken, der Grund dafür ist, daß Kritiker immer nach formalen Neuerungen suchen. Sie spähen immer nach einem Programm. Sie sind immer auf der Suche nach einer Story. Man wirft einen kurzen Blick auf meine Videos und sagt: Hm, nichts Neues, sieht wie ›Impressionismus‹ aus, nur eben auf Video.

Ich sehe jedoch etwas *Neues* in anderer Hinsicht. Ich sehe

etwas Neues in der Tatsache, daß sich die Besucher der Ausstellungen anderthalb Stunden lang etwas ansehen, das sich nur ganz langsam verändert! Das hat es in Kunstgalerien schon lange nicht mehr gegeben. Wann hast du zuletzt jemanden dort gesehen, der sich anderthalb Stunden lang eine einzige Skulptur angesehen hat? Sowas kommt kaum noch vor. Es passiert also tatsächlich etwas Neues. Aber das hat mehr mit dem Verhältnis zwischen dem Kunstwerk und dem Publikum zu tun als vielleicht mit werkimmanenten Dingen. Daraus könnte sich möglicherweise ein neues Kunstverständnis entwickeln.

Vielleicht ist das, was ich mache, nicht gerade populäre Kultur wie z.B. die Musik von Duran-Duran, aber auch nicht Avantgarde-Kunst, wie die von Wolf Vostell u.a. Die Sachen liegen irgendwo dazwischen. Man spürt hoffentlich, daß es mir sehr wichtig ist, *wie* etwas präsentiert wird und ob es den Leuten gefällt. Wenn ich eine Videoshow machen würde, für die sich niemand interessiert, dann wäre das für mich ein Fehlschlag. Ich könnte nicht glauben, daß ich in dem Fall was Gutes gemacht hätte. Die meisten Künstler im Bereich der Bildenden Kunst sehen das anders. Sie sagen, daß die Leute lernen müssen, *ihre* Werke zu verstehen und sich *ihre* Sicht der Dinge anzueignen.

Ich glaube nicht, daß man ihnen die eigene Sicht der Dinge aufdrängen sollte. Der Künstler sollte vielmehr selber ein Verständnis dafür entwickeln, wie Wahrnehmung funktioniert, um dann etwas zu schaffen, was dazu in einer Beziehung steht. Das ist es, was Popmusiker tun. Sie haben irgendwie ein intuitives Verständnis dafür, wie Leute gefühlsmäßig auf bestimmte Dinge reagieren. Das extremste Beispiel dafür sind die Musiker, die Tanzplatten produzieren. Sie wissen ganz genau, was es ist, daß dich zum Tanzen bringen wird! Also arbeiten sie nur an dieser Sache.

Ich halte sowas nicht für dumm oder kommerziell, sondern nehme das ernst.

Seit mehreren Jahren denke ich daran, einen Club zu eröffnen, der genau das Gegenteil von den üblichen Kneipen, Discos usw. wäre. Bei den Discos steht die Idee im Vordergrund, den Besucher mehr und mehr zu stimulieren. Ich würde gerne in einen Club gehen, der so wäre wie die alten Clubs, die es früher gab. In England nannte man sie die ›gentlemen's clubs‹. Dort setzt man sich irgendwo hin, liest eine Zeitschrift, redet leise miteinander oder sieht sich die Bilder an, die an der Wand hängen, es gab häufig Ausstellungen in solchen Clubs. Jedenfalls ist diese Idee, einen ruhigen Club zu eröffnen, heute mit einem Male fast wieder revolutionär! (Lacht.) Man hört nie von sowas. Das ist plötzlich eine neue Idee geworden. Und das würde mich interessieren.

Dort könnte sich dieses neue Kunstverständnis, von dem ich gesprochen habe, in vielfältiger Weise zeigen. Es wäre nicht die Avantgarde, man könnte sowas nicht mit einer Präsentationsform wie dem Kölner Kunstmarkt vergleichen, und es wäre andererseits auch keine Disco. Es wäre etwas Neues bzw. etwas sehr Altes.

Musik wird heutzutage auf verschiedene Art und aus verschiedenen Gründen gehört. Das ist eine Sache, die die Komponisten bis heute noch nicht wirklich erfaßt haben. Ich kann mir vorstellen, daß genau das mit dem Fernsehen passieren wird. In vielleicht vier Jahren werden wir Fernsehschirme haben, die so groß sind wie normale Wandposter und so flach wie das Bild, das da an der Wand hängt. Wir könnten heute schon solche Fernseher haben, von denen man sich gleich mehrere in einem Zimmer an die Wände hängt. Das wäre jetzt schon machbar, aber die Industrie will die alte Technologie nicht so schnell über Bord werfen. Erstmal möchte man aus dem alten System soviel Geld herausholen

wie möglich. Stell' dir trotzdem mal vor, daß du statt dieser vier Bilder hier im Zimmer vier Fernsehschirme an den Wänden hängen hast. Sobald das zu haben ist, wird man über das Fernsehen anders denken als bisher. Man würde sich nicht gleichzeitig ›Dallas‹, ›Denver-Clan‹, die Nachrichten *und* den Wetterbericht auf allen vier Bildschirmen gleichzeitig vorspielen lassen. Es würde einem klar, daß dieses System auch noch was anderes leisten kann. Es könnte eine andere Funktion in deinem Leben ausfüllen.

Die Künstler hinken solchen Entwicklungen im Moment fast immer nach. Ich habe den Eindruck, das Publikum selber zeigt den Künstlern den Weg und benutzt Technologie auf neue und interessante Arten, lange bevor die Künstler das heutzutage tun. Die Kunst hat da eine Menge aufzuholen.«

Das Gespräch schweift auf andere Themen ab. Ich erzähle Brian später, daß ich auf dem Land aufgewachsen bin und wie sehr mich sein Stück mit den Kirchenglocken auf der LP »On Land« an meine Kindheit erinnert, als ich allein im Wald spielte und bei Einbruch der Dämmerung von fern die Glocken der Dorfkirche hörte. Kurz bevor ich mein Tonband abschalte, erzählt er von einer Freundin.

»Ich kannte diese Frau in New York, die noch nie in ihrem Leben auf dem Land gewesen war.

Sie war aus Cleveland gekommen und hatte ihr ganzes Leben nur in dieser Stadt verbracht. Dann hatte sie eines Tages einen Zug genommen und war nach Manhattan gekommen.

Sie war nie aus Manhattan herausgekommen, bis ich sie eines Tages mit nach England nahm. Wir wollten ein paar Freunde von mir besuchen, die in einer wirklich *wilden* ländlichen Umgebung im Norden von England leben. Es gab im weiten Umkreis kein anderes Haus.

Schon als wir ankamen, starrte die Frau mit weit aufgerissenen Augen alles an, was sie um sich herum sah. Zum Beispiel hatte sie in ihrem ganzen Leben noch nie lebende Kühe gesehen. Das stimmt, es war so! (Lacht.)

Dann machten wir einen Spaziergang. Wir kletterten einen ziemlich steilen Hügel hinauf. Als wir oben am Gipfel ankamen, sah sie sich um und bekam sofort eine furchtbare Angst. Sie warf sich auf den Boden, klammerte sich dort fest und konnte einfach nicht mehr aufstehen. Sie dachte tatsächlich, sie würde runterfallen, obwohl der Abhang gar nicht so steil war. Man konnte gar nicht runterfallen. Aber sie war noch nie vorher mit einer solchen Situation konfrontiert worden.

Ich dachte: Unglaublich, wie anders sie empfindet. In ihrer Welt zu leben muß einen völlig anderen Menschen hervorbringen.«

Momentaufnahmen 4

Köln, 7.5.86

Es war ein heißer Nachmittag, einer der ersten in diesem Jahr. Als ich nachmittags in die Stadt ging, um einen Kaffee zu trinken, sah ich mitten auf einer großen Wiese in der Nähe der Uni einen Afrikaner völlig bewegungslos in der Sonne stehen. Er bewegte sich nicht mal um einen winzigen Zentimeter, stand einfach so da, mit verschränkten Armen, und rührte sich nicht. Ich ging weiter. Und nach hundert Metern schaute ich mich um. Er stand immer noch da. Genauso wie vorher. Er schaute starr geradeaus. Der Verkehr rauschte vorbei – Autofahrer, Radfahrer, spielende Kinder –, niemand beachtete den schwarzen Mann auf der grünen Wiese. Wie eine Statue stand er in der Landschaft. Keine Ahnung, was mit ihm los war. Aber irgendwie faszinierte er mich. Ich dachte, man kann durch eine winzige Veränderung sein normales Leben, so wie es jeden Tag aufs neue abläuft, radikal ändern, so daß man den Rest des Tages völlig anders erlebt. Man muß nur den Rhythmus ändern, und schon klickt es im Kopf. Befürchtungen allein sind zu befürchten, schrieb Robert Walser.

Welches ist das Geheimnis der Musik, daß alle, die sie hören, von ihr angezogen werden? Es ist der Rhythmus, der erzeugt wird. Es ist der Ton der Musik, der die Seele einstimmt und sie über die Depression und die Verzweiflung des täglichen Lebens hinaushebt. Und wüßten wir, welchen Rhythmus und welchen Ton jeder einzelne in seinen Sorgen und in seiner Verzweiflung gerade braucht, auf welche Schwingung die Seele gerade eingestimmt werden muß, dann wären wir in der Lage, ihn mit Musik zu heilen.
Hazrat Inayat Khan

Köln, 29.5.86

Cecilia erzählte von dem Moment, in dem sie zum ersten Mal begriff, was »Klang« ist.

»Ich muß so etwa zehn oder zwölf Jahre alt gewesen sein, als ich zusammen mit meinem Vetter in Brasilien an einem Strand entlang eine Fahrradtour machte.

Er fuhr vor mir her und redete ständig mit mir, allerdings ohne sich dabei zu mir umzudrehen. Ich verstand ihn trotzdem. Jedoch immer, wenn ich ihm antwortete, verstand er mich nicht. Die Erklärung war natürlich ganz einfach: Der Wind trug seine Worte zu mir herüber und riß meine mit sich fort.

Es war völlig simpel. Aber ich begriff in diesem Moment zum ersten Mal, daß sich Klänge in der Luft, die uns umgibt, bewegen. Sie nähern sich uns, und sie verschwinden wieder, sie dringen in uns ein, und sie laufen durch uns hindurch. Wir sind ständig von Klängen umgeben wie von einem unsichtbaren Rauch oder wie von den Vögeln, die durch die Luft an uns vorbeischwirren.

Köln, 12.12.86

Wie man nicht wehren kann, daß einem die Vögel über den Kopf herfliegen, aber wohl, daß sie nicht auf dem Kopfe nisten, so kann man auch bösen Gedanken nicht wehren, aber wohl, daß sie nicht in uns einwurzeln und böse Taten hervorbringen.

Martin Luther

London, 24.11.86

Greetings from An Island Britisher:

Bonjour Herr Commandant,

Hello Karl. This is the tape of my new album, I think it's the best thing I've ever done. I hope to tour soon, but meanwhile

I'm looking over some film-scripts. When my head talks to me, I thank it for sharing with me, and then ignore its advice. Hope you are well, Oberführer. Karl – see you soon –
Love, *Jah Wobble.*

»Um 18 Uhr, zum Sonnenuntergang, wie jeden Abend Platten mit klassischer Musik. Und plötzlich die ›Toccata‹, in dem Augenblick, als die Sonne hinter den Wolken verschwindet, die sich unmittelbar über der Linie des Horizonts gesammelt haben... Die ›Toccata‹ über dieser schlummernden See,... der Augenblick ist unvergeßlich. So sehr, daß das ganze Schiff schweigt, die Passagiere, die sich auf der westlichen Seite der Decks drängen, werden zur Stille zurückgeführt und zu dem, was am wahrsten in ihnen ist, werden einen Augenblick lang dem Elend der Tage und dem Schmerz des Daseins entrückt.«
Albert Camus, Reisetagebücher, 9. Juli 1949:

Uwe Kraemer, Begleittext zu »Horowitz spielt Scarlatti« (CBS 39762):
»Daß Scarlatti trotz seines Könnens und Ruhms nicht den Mittelpunkt des hauptstädtischen Musiklebens von Madrid bildete, lag an Farinelli. Der um zwanzig Jahre jüngere Kastrat war nach beispiellosen Triumphen in ganz Europa 1737 nach Spanien verpflichtet worden. Dort mußte er dem

gemütskranken und geistig verfallenden König Philipp V.
jahrelang täglich die immer gleichen fünf italienischen Arien
vorsingen, die der König beim ersten Auftreten des Künstlers
von diesem gehört hatte – aufgrund dieser bevorzugten
Stellung übte der Sänger einen erheblichen musikalischen
und politischen Einfluß am Hofe aus und verdunkelte den
Ruhm Scarlattis.«

So wird unser Leben sein:
    Immer ein Nachmittag zum Vergessen
    Ein Stern, der im Dunkeln erlischt
    Ein Weg zwischen zwei Gräbern -
    Daher müssen wir wachen
    Leise sprechen, leicht auftreten, die
    Nacht in die Stille schlafen sehen.
Vinicius des Moraes

 Die brasilianische Musik ge-
hört für mich zur schönsten
Popmusik der Welt. Ich finde in den Liedern von Chico
Buarque, Caetano Veloso,
João Bosco, Djaván, Milton
Nascimento und vielen an-
deren das meiste von dem,
wonach ich überhaupt in ei-
ner Musik suche. Brasilianische Musik hat, wenn sie gut ist,
vollkommen organisch fließende Rhythmen. Sie ist voll
unerwarteter Akkordwechsel, die einen innerlich aufwärmen
wie Sonnenstrahlen, die plötzlich durch eine Wolke hin-
durchdringen. Die Melodien der Lieder strahlen eine Wärme
aus, die sofort meine innere Heizung in Gang bringt.
    Es gibt so vieles, was ich in der Musica Popular Brasileira

liebe, kleine Dinge, wie bestimmte Eigenarten bei einem Menschen, den man sehr gut kennt.

Ich warte jedesmal gespannnt auf die Stelle im »Samba Dobrado« von Djaván, wo einer der Mitspieler dem Sänger zuruft: »Djaván, vai!«. Wie ein Jockey, der sich, bei einem hitzigen Rennen im Sattel stehend, zum Ohr seines Pferdes hinüberbeugt und ihm sanft, aber bestimmt das Kommando zum Endspurt gibt. Wie João Bosco in »Preta-Porter De Tafetá« die Anfangssilben der Worte herausschleudert. Klingt wie eine atemlos vorgetragene Liebeserklärung. Man braucht kein Wort Portugiesisch zu verstehen, um sich einfach schon am Klang der Worte endlos zu berauschen. Ich bin jedesmal aufs neue begeistert von der Art, wie Antonio Carlos Jobim in »Ana Luiza« den Namen dieser Frau singt, mit einer unbeschreiblichen Zärtlichkeit, ständig den Klang dieser beiden Worte neu variierend. Sein Landsmann Egberto Gismonti, der ebenfalls ein hervorragender Musiker ist, nennt Jobim einen genialen »musikalischen Architekten«. Man entdeckt seinen großen Sinn für die Harmonie der Formen in der Art, wie in »Ana Luiza« die langsamen Bewegungen der Streicher ganze Klangräume verschieben und mit den subtil wechselnden Bewegungen der Flötisten kontrastieren.

In Sekundenschnelle springen einem Momente großer Schönheit entgegen. Es ist wie in diesem alten Film von Jean Renoir, in dem eine Flußlandschaft gezeigt wird. Der Fluß fließt ganz langsam, kleine Wellen bewegen sich auf seiner Oberfläche, und sie blinken in einem milden Mondlicht. Da habe ich zum ersten Mal begriffen, daß Film so etwas wie bewegliche Malerei sein kann. Der Brasilianer Jobim hat den Einfluß von Ravel und Debussy in die populäre Musik herübergebracht. Sein Meisterwerk, die LP »Jobim« (auf MCA 350), ist ein großangelegter, symphonischer Songzyklus von zeitloser Schönheit, eine der fünf oder zehn Platten, die ich auf die berühmte einsame Insel mitnehmen würde, wenn es dort einen Plattenspieler und eine Steckdose gäbe.

»Weißt du, daß die Dichter in früherer Zeit verehrt wurden und daß ihre Lieder für die primitiven Völker die Stimmen der Götter verkörperten?«

Georges Simenon, Intime Memoiren, S. 250

Auribeau, 17.-30.4.86

Jede Nacht lag ich mit geschlossenen Augen lange wach und hörte in die Stille hinein. Eine Stille, die mich völlig ausfüllte und die ich durch nichts stören wollte. Es war kein unangenehmes Gefühl der Leere, das ich dabei empfand. Im Gegenteil, die Stille *öffnete* mir die Ohren. Ich konnte stundenlang einfach so daliegen und ihr zuhören. In Köln dagegen ständiger Lärm von allen Seiten. Es gibt fast kein Entkommen, außer an Feiertagen oder ganz früh, wenn die ganze Stadt noch schläft.

Alle Dichter haben die Stille besungen. Es ist, als ob für sie alle Inspiration aus einer tiefen Empfindung von Stille kommt. Heute fehlt sie vielen, und man merkt es denen an, die sie nicht mehr erleben.

»Ich fühle, daß es immer anormaler wird, zu schreiben. Ich weiß nicht genau zu sagen, warum. Aber es ist, als überschritte man eine verbotene Schwelle. Man muß dabei schweigen, die Stille finden, und in dieser Stille (...) beginnt das Schreiben.«

Peter Handke in einem Interview der französischen
Tageszeitung »Libération«, 25.3.86 (Übers. d.A.)

»Pleures, poètes, les poètes sont faits pour ça!
Cavanna

Das perfekte Publikum ist nach Stings Einschätzung jedoch das italienische. »Das ist wirklich das musikalischste Publikum. Ich liebe die Kommunikation mit den Konzertbesuchern, will sie in Gang bringen, ihre Reaktion herausfordern. Und wenn man dann mehrere tausend Leute den Refrain richtig mitsingen hört, ja sogar Harmoniegesang – das ist mir in Italien passiert –, es ist phantastisch, ein echtes Hochgefühl. Und natürlich haben sie in den südlichen Ländern ein starkes rhythmisches Gefühl. Je näher man an Afrika herankommt, desto besser. Nein, schreib das nicht! (Er lacht.) Das Gegenteil ist aber ganz sicher wahr. Je weiter nördlich man kommt, desto weniger musikalisch und rhythmisch sind die Leute. Deutschland ist ziemlich übel (er gluckst), aber wenn man nach Skandinavien kommt... nun, wenn man möchte, daß die den Off-Beat klatschen, vergiß es! Keine Chance.«

Sting-Interview, *Musik-Express, Juni-Heft 86*

Ich habe keine Vorlieben für bestimmte Arten von Musik. Es gibt Leute, die sich nur für Klassik oder nur für den Rock'n'Roll der fünfziger Jahre interessieren. Mein eigenes Interesse an Musik habe ich nie auf ein Gebiet beschränkt. Wenn ich mir ansehe, von wem ich in den vergangenen fünfzehn Jahren Musik im Radio vorgestellt habe, dann stoße ich immer wieder auf Namen, die häufiger vorkamen als andere: Lee Perry, Brian Eno, Joni Mitchell, Miles Davis und einige andere. Alles, was sie als Musiker machen, interessiert mich, und mein Interesse ist mehr an die Personen gebunden als an die Musikrichtung, die sie vertreten.

Lee Perry, der geniale Klangzauberer aus Jamaika, wurde mal gefragt, welche von seinen vielen Schallplatten für ihn die beste sei. Perry antwortete, er könne diese Frage nicht beantworten und eine Platte gegenüber allen anderen her-

vorheben. Für ihn sei jede Produktion mit bestimmten Erinnerungen verbunden, jede habe ein Eigenleben und sei wie ein winziger Stein in einem großen Mosaik. Tatsächlich eröffnet einem jede seiner Aufnahmen neue Einblicke in eine der schillerndsten Persönlichkeiten der gesamten populären Musik. Wenn man sich mit diesem Mann und seiner Arbeit beschäftigt, wird es irgendwann ziemlich gleichgültig, wie man seine Musik nennt. Man kann längst nicht alles, was diesen Mann so genial macht, musikwissenschaftlich analysieren. Seit ich vor über zehn Jahren zum ersten Mal im Radio seinen Song »Bird In Hand« hörte, durchstreife ich Plattenläden der westlichen Welt, um Platten von Lee Perry zu finden, weil mich dieser Mensch so fasziniert. Für ihn ist Musikmachen kein Job, sondern das beste Kommunikationsmittel, um sich nach außen hin mitzuteilen.

»Dichter zu sein ist nicht mein Ehrgeiz. Es ist meine Art, einsam zu sein.«
Fernando Pessoa, »Das Buch der Unruhe«

Für Miles Davis ist Musik die zweitwichtigste Sache in seinem Leben: »It's the most fun I had with my clothes on!« Als Miles Davis am 25.5.86 seinen sechzigsten Geburtstag feierte, konnte ich im Deutschlandfunk eine sechsstündige Sendung nur mit seiner Musik machen. Zwei Wochen vor dem Sendetermin nahm ich mir alle meine achtundachtzig Miles Davis-Platten auf Kassetten auf und fuhr in ein kleines, abgelegenes Dorf in Südfrankreich, um vierzehn Tage lang von morgens bis abends nur dieser Trompete zuzuhören. Ich hatte kein Telefon und sah kaum Leute während dieser Zeit, aber das war auch nicht nötig. Miles erzählte mir jeden Tag neue, aufregende Dinge.

Es war interessant, alle Aufnahmen, die es von ihm gibt, in chronologischer Abfolge zu hören. Man merkt dabei, wie organisch seine Entwicklung verlaufen ist und wie viele Dinge zusammenpassen. Vor ein paar Jahren regten sich einige Kritiker darüber auf, daß Miles Davis die Hitsongs von Michael Jackson und Cindy Lauper nachspielte. Das hatte er aber auch schon in den fünfziger Jahren getan und Interpretationen geliefert, die heute als absolute Klassiker gelten. Immer, wenn Frank Sinatra eine neue LP veröffentlichte, spielte Miles ein paar Monate später die besten Songs nach. (»My Funny Valentine«, »Autumn Leaves«, »It Could Happen To You« u.a.) Ich kannte seine legendäre LP »Sketches Of Spain«, oder, besser gesagt, ich glaubte sie zu kennen, denn immer legte ich die erste Seite der Platte auf, um das »Concierto de Aranjuez« zu hören. Auf der zweiten Seite gibt es aber ein Stück, in dem Miles eines der ergreifendsten Soli spielt, die ich von ihm kenne. In »Solea« singt und schreit er durch sein Horn wie ein andalusischer Flamenco-Sänger. Wenn man dieses Solo mit denen vergleicht, die er und andere bekannte Jazztrompeter vorher gespielt haben, dann wird deutlich, daß Miles Davis in »Solea« völlig neue Ausdrucksmöglichkeiten für Jazzmusiker erschloß. Angedeutet hatte sich diese neue Richtung im »Prayer« aus der vorangegangenen LP »Porgy & Bess«, aber »Solea« kann auch ohne Vergleiche mit anderen Stücken von Miles Davis als Erstbesteigung eines Jazzgipfels gelten. Es ist ein elf Minuten langer Trip ins musikalische Hochgebirge.

Bei einem Konzert im New Yorker Lincoln-Center wurden 1964 zwei Liveplatten mitgeschnitten, »My Funny

Valentine« und »Four'n'More«. Die erste enthält die langsamen Balladen und wird von Jazzern oft als eine ihrer Lieblingsplatten von Miles Davis genannt. »Four'n'More« mit den Uptempo-Stücken ist leider viel zu wenig bekannt geworden. Es ist eine schwierig zu hörende Musik. Man muß für sich selber den richtigen Moment erwischen, um sie zu hören, denn »Four'n'More« ist Jazz hart an der Überschallgrenze.

Ich fand in diese Musik hinein, als ich nachts im Auto durch Köln fuhr und »Four'n'More« bei voller Lautstärke hörte, ungefähr so laut, wie die Musik im Konzert tatsächlich geklungen haben muß. Die echte Lautstärke für eine Musik zu finden ist eine wichtige Sache. Viele hören Musik entweder zu laut oder zu leise. Es gibt für jede Musik einen ganz bestimmten Lautstärkebereich, in dem sie am besten zur Geltung kommt. Ich drehte an dem Abend die Boxen voll auf, und Miles' Trompete klang so laut, als würde jemand einem aus nächster Nähe ins Ohr schreien. Auf einmal hörte ich, wie die anderen Musiker der Band auf Miles reagierten, wie die Fäden verliefen. Die Musik ist geprägt von einer Atemlosigkeit, die einen völlig mitreißt. Die Anfänge der Stücke werden nur kurz angespielt, und schon stürzten sich alle kopfüber ins Geschehen. Der Applaus vom Publikum am Ende jedes Stückes wird gar nicht lange abgewartet, Miles & Co. im Anflug auf einen anderen Planeten.

»My Funny Valentine«, die Platte mit den langsamen Stücken aus dem Konzert von 1964, zählt unter Musikern zu seinen besten Platten überhaupt. Das Trompetensolo zu Beginn von »Stella by Starlight« hat diesen Charakter von »otherworldliness«, es trägt einen binnen weniger Minuten weit weg an einen anderen Ort, wie Jon Hassell sagt. Die Stimmung im Publikum ist in diesem Moment zum Zerreißen angespannt. Es herrscht eine große Ruhe, es ist sehr still im Saal, aber diese Stille ist hochintensiv. Als Miles sein Solo spielt, passiert nach wenigen Minuten etwas sehr Merkwürdiges. Der Sound der Trompete dringt durch den Saal, niemand spricht, und plötzlich spielt Miles einen einzigen langgezogenen Ton, der irgend jemandem im Publikum so in den Kopf steigt, daß er schreit! Ganz laut hört man diesen Schrei, und Miles hört ihn auch, er antwortet darauf, und dann geht das Stück, das ganz langsam begann, mit einer unaufhaltsamen Bewegung langsam, aber stetig hoch und dann immer höher. Der Schrei war wie ein plötzlich aufkommender Wind, der nach einer langen Flaute auf einmal alle Segel gleichzeitig aufbläht und das Schiff wegträgt. Ein wirklich magischer Moment.

Seit Jahren gehört der Bluesmusiker Lightnin' Sam Hopkins ebenso zu meinen großen Favoriten. Mein Interesse gilt fast immer mehr der Person als dem musikalischen Genre, das er vertritt. Jemand sagt, der spiele Blues, und gleich denkt man an die alten Neger auf den Baumwollfeldern von Louisiana, jedenfalls an bestimmte Klischees, die einem oft den Zugang zu einer Musik verbauen können. Hopkins war zweifellos ein Bluesmusiker, aber er war vor allem eine faszinierende Persönlichkeit, ein brillianter Geschichtenerzähler und ein großartiger Selbstdarsteller. Es gibt eine herrliche Platte von ihm, die aufgenommen wurde, als er mit ein paar Freunden im Studio herumsaß, Whisky trank, Zigaretten rauchte und mit ihnen spontan ein paar Songs erfand. »First Meetin' Of The Blues Giants« heißt diese Platte mit Lightnin' Hopkins,

Brownie McGhee, Sonny Terry und Big Joe Williams. Da gibt es einen Song, der fast acht Minuten lang von den Freuden eines überzeugten Whiskytrinkers berichtet, von den Frauen und von den lebenslangen Fahrten kreuz und quer durch alle Gegenden der USA. Es sind Lieder und Geschichten von vier alten Männern, die mit ihren zerbeulten Autos jahrzehntelang herumgefahren sind, mit der Gitarre und dem Verstärker im Kofferraum, dazu ein paar Klamotten und das kleine Adreßbuch mit den Telefonnummern von Freundinnen und Clubbesitzern. Wem das zu romantisch klingt, dem empfehle ich, das kleine Buch zu lesen, das der weiße Gitarrist Michael Bloomfield über seine Zeit mit Big Joe Williams geschrieben hat. Da steht mehr über die Bluesmusiker zu lesen als in vielen »schlauen« Büchern über das Thema.

Auf »First Meetin'« wird deutlich, was Hopkins von seinen drei Mitspielern unterscheidet. Vielleicht war er an dem Tag, an dem die Aufnahmen in Hollywood entstanden, einfach besser in Form als seine Freunde, auf alle Fälle ist er der herausragende Mann bei dieser Session. Es gibt viele gute Bluesmusiker, aber wie in jedem anderen Bereich gibt es einige wenige, die besser sind als alle anderen. Hopkins hat ein sehr genaues Gespür dafür, wie man eine Story erzählt, wie man einen Song aufbaut, wie man anfängt, wie man weitermacht, wo man die Leute ein bißchen hinhält, um sie dann langsam zum Höhepunkt zu führen. Lightnin' Hopkins hat eine unnachahmliche Art, bestimmten Worten einen elektrisierenden Sound zu geben. Seine Sprache ist sehr musikalisch, jeder Satz klingt wie ein gesprochenes Gitarrensolo. Zum Beispiel, wenn er singt: »I'm gonna send you back to your dear ol' mother, baby. Maybe she can talk some sense into your head.« Nicht nur eine wunderbare, bildhafte Zeile, sondern auch in der Art, wie er den Satz bringt, ein Kunststück.

Hopkins' gesamter Vorrat an Ausdrucksmitteln, der viel umfangreicher ist, als man bei oberflächlichem Hören zunächst annimmt, wird von ihm sehr geschickt eingesetzt. Während er einen Song mit der folgenden Zeile beginnt, liefert er auf der Gitarre unauffällig genau die Begleitung, die dem Ganzen eine notwendige zusätzliche Schubkraft gibt: »Come on, honey, come take a ride in my brand-new automobile...« Kaum hat man diese erste Zeile gehört, sitzt man schon mit drin in dem Auto! Die Gitarre hat einen 'reingehievt, ohne daß man's gemerkt hat.

Ein Freund aus Düsseldorf hat angerufen und mir erzählt, er habe seine gesamten New Wave-Platten verkauft und höre jetzt Lightnin' Hopkins. Als ich einmal einen Song von ihm im Radio spielte, schrieb mir jemand aus dem Knast einen langen Brief über seine Liebe zur Musik von Sam »Lightnin'« Hopkins.

Und es ist nicht nur die Musik, die einen so begeistern kann. Ich liebe die Art, wie er aussieht, auf den Coverfotos der LPs »Bluesville«, »Houston's King Of The Blues« oder »Lightnin' Sam Hopkins«. Eine *andere* Hose, *andere* Socken, *andere* Schuhe und ein *anderes* Hemd in einer *anderen* Kombination, als man sie bei allen anderen sieht! Miles Davis hat mal gesagt: »Alles an dir muß eine eigene Identität haben. Die Art, wie du spielst, muß zusammenpassen mit der Art, wie du gehst und wie du redest.« Das brauchte er Mr. Hopkins nicht zu sagen.

Es ist schade, daß diese Musik fast nur von Insidern gehört wird; jedenfalls kommt mir das oft so vor. Ich habe meiner Frau, die noch nie von Sam Hopkins gehört hatte, einen Song von ihm vorgespielt und ihr vorher gesagt, um was es darin geht. Dann hab' ich gesagt: »Paß auf, wie er mit seinen Musikern redet, während er spielt. Hör' mal drauf, wie sie ihm antworten, wie er auf der Gitarre das kommentiert, was er singt.« Sie saß da und hörte völlig gebannt zu, seitdem ist sie ein Sam Hopkins-Fan.

Hopkins singt über alles. Er singt über sein neues Auto, singt über seine Frau, singt von einer dicken Nutte, vom Vietnam-Krieg und vom Wetter. Das erinnert an den Satz des französischen Schriftstellers Emmanuel Bove: »Mein nächster Roman ist schon fertig. Alles, was mir noch fehlt, ist ein Sujet.« Er konnte über alles singen. Und es ging nicht nur um das Was, sondern auch um das Wie.

Einmal fand ich seine LP »Houston's King Of The Blues«, wo er auf einem kleinen, billigen Verstärker spielt, 1952 und 53 entstanden die Aufnahmen. Man hört nach ein paar Minuten, wie der Verstärker nahe daran ist, seinen Geist aufzugeben. Er ist voll aufgedreht, und je länger Hopkins darauf spielt, um so verzerrter klingt das Ding. Anstatt jedoch die Aufnahmen abzubrechen, spielt Hopkins weiter. Es reizt ihn, diesen eigenartigen verzerrten Klang voll auszukosten. Er weiß genau, was man da noch herausholen kann.

So könnte man jetzt endlos weiter schwärmen von Sam Hopkins und seiner Musik. Aber wie hat Charles Mingus gesagt: »Listen man, it's all there, it's all in the music!«

John Francis III Pastorius
(1.12.51 - 21.9.87)

»Auf dem E-Baß hat alles mit Jaco angefangen«, meinte
Jonas Hellborg, schwedischer Bassist, als ihn Serge Loupien
im Mai 91 interviewte. Hellborg hatte eine Musik für
Streichinstrumente, Baß und Drums komponiert, die er mit
Jacos Lieblingsdrummer Tony Williams und dem Soldier
String Trio auf der CD »The Word« spielte.

Als ich die Musik hörte, dachte ich, die Platte hätte jemand
Jaco Pastorius schenken sollen. Ihm hätte sowas gefallen,
arabische Musik mit Bartók und Mahavishnu Orchestra zu
mischen. Ich habe selten einen Musiker getroffen, mit dem es
so einfach war, über praktisch jede Art von Musik zu reden.
Das erste Mal lernte ich Jaco in Berlin kennen, als er, noch zu
seiner Zeit mit Weather Report, überraschend den Auftrag
für ein Solokonzert in der Berliner Philharmonie erhielt.

Wir sahen uns ein paarmal. Er war fast eine Woche damit
beschäftigt, sich auf seinen Auftritt vorzubereiten, im Gepäck
den braunen Fender-Baß und einen Stapel Tonbänder. Die
hatte er in seinem Haus in Florida, das bis unters Dach mit
Musikinstrumenten vollgestopft war, aufgenommen. Ich saß
oft mit Jaco und seiner Frau, die so schön war, daß es einem
den Atem verschlug, in der Künstlerkantine. Manchmal übte
er nebenan in einem Raum. In diesem Aufwärmzimmer, in
dem auch ein Klavier stand, spielte Jaco Pastorius mit dem
belgischen Mundharmonikaspieler Jean »Toots« Thielemans
eine der schönsten Jam-Sessions, die ich je erlebt habe.

Neben ihnen stand eine Flasche Champagner. Toots, der
altersmäßig sein Vater hätte sein können, lachte und schwitz-
te übers ganze Gesicht, ein sympathischer, musikbe-
sessenerBelgier in Hosenträgern und Unterhemd. Das Bandgerät lag in der Tasche, wenn wir »backstage« auf der Treppe

saßen oder Jaco im Auto von seiner Kindheit in Florida erzählte. Ich sagte ihm, daß ich fast meinen Job verloren hätte, als ich es wagte, in einer Jugendsendung nachmittags ein Stück von Frank Sinatra zu spielen. »Only The Lonely« war seine Lieblingsplatte; er kannte die Arrangements von Gordon Jenkins, Nelson Riddle und Billy May in- und auswendig, sprach begeistert von Perez Prado und Sam & Dave. »Check this out, man.«

Dann kam die Stunde des Auftritts in der Berliner Philharmonie. Jaco war über den Aufzug in die höchste Spitze des Raumes gefahren. Als der Toningenieur Wolfgang Hirschmann vom PA aus die Streicherklänge aus Florida über die Boxen einspielte, setzte Jaco zu den Mahler-ähnlichen String-Sections ein. Drahtlos über eine Fernbedienung kamen die langgezogenen Töne seines Fender-Fretlessbasses aus dem Verstärker. Das ganze Publikum drehte sich um, Jaco kam langsam die Treppen runter, eine fesselnde Musik spielend. Später folgte eine »wüste« Hommage an Jimi Hendrix, »Purple Haze«, das er dann auch ein paarmal in seinen Solo-Features mit Weather Report brachte. Wir sahen uns noch einmal wieder nach einem Konzert in der Kölner Sporthalle. Als er mit Weather Report auf Tour war, spielten Peter Erskine, Jaco, Wayne Shorter und Joe Zawinul in der Band. Die Trennung von der Gruppe war der Anfang vom Ende: finanzielle Probleme, Drogen, Ego-Trips...

Es gab ein paar Versuche, bei Weather Report wieder einzusteigen, aber die Sache klappte nicht. Dann häuften sich Streitereien bei Auftritten in New Yorker Clubs, Flucht aus New York, Rückkehr und eines Tages die Nachricht, Jaco Pastorius sei nach einer Schlägerei mit einem Clubbesitzer 1987 gestorben. Bei unserer ersten Begegnung hatten wir für eine Radiosendung ein kurzes Interview aufgenommen.

»Mein Vater war Musiker. Er hat als Drummer und Sänger

gearbeitet. Meine Mutter und er sind schon so lange auseinander, wie ich denken kann. Vielleicht hab' ich was von ihm gelernt, als ich klein war, vielleicht durch Zuschauen, wenn er spielte. Vielleicht durch sowas wie Osmose, ich weiß es nicht. Er war Musiker, und er war nie zu Hause, seit meinem vierten Lebensjahr. Möglich, daß ich anfangs Musiker werden wollte, um meinen Vater zu beeindrucken. Ich sah ihn ja nie; weißt du, was das heißt? Danach kreuzte er ein paarmal im Jahr auf, aber wir sind eben nie eine richtige Familie gewesen. Um genau zu sein, er war sowas wie ein ›streetmusician‹, so wie ich. In den USA wirst du immer gefragt, ob du eine formale Erziehung gehabt hast. Und dann sage ich immer: ›Yeah, I'm formally self-taught, haha.‹ Mein Daddy hat sich auch alles selber beigebracht, er war ein Naturtalent.

Jeder kann sich ein Wissen über Musik aneignen, das meiste davon ist sowieso reine Mathematik, zumindest was das Erlernen der Spieltechnik betrifft. Wenn du diese mathematischen Sachen einmal drauf und begriffen hast, wie du deine Gefühle in Musik umsetzen kannst, darauf kommt es an, die Sache in die Hände zu bekommen, vom Gehirn aus zu steuern und dann einfach loszulegen. Dann läuft alles wie von selbst, alles spielt mit hinein, bricht hervor in der Mu-sik: football-games, bullshit, comedy, tv... Alles kommt da hoch, aber ich hasse üben. Spielen, spielen, spielen, darauf kommt's an.

Auf ›Birdland‹ spiele ich einen Fretless-Baß, weil ich am Anfang so 'ne Art Gitarrensound erzeugen will. Bee-boo-boo-be-bah-aabah-beeooobaah... Das ist ein Baß, was du da hörst, keine Gitarre. Ich arbeite schon lange mit dem Fretless, das ist kein Trick, ich spiele seit neun Jahren auf diesem Instrument. Deshalb kann keiner so sauber darauf intonieren wie ich. Das Ding ist verdammt schwer zu beherrschen. Wie eine Geige, du kannst auch Geige nicht über Nacht lernen, da muß man jahrelang studieren. Ich spiele eben seit ewigen Zeiten, obwohl ich erst dreißig bin. Bis zu acht Stunden dauerten die Gigs mit den Soulbands in Florida, manchmal mit acht Sets in einer Nacht!

Ich ging abends um neun in den Club und kam morgens um sechs wieder nach Hause, verdiente mein eigenes Geld und ging tagsüber in die Highschool. Als ich sechzehn oder siebzehn war, war ich ein working man, ein bad boy, ein working bad kid. Ich hatte meine Sachen drauf, es hieß einfach schwimmen oder absaufen. Ich war da draußen an der Front und hab' einfach alles gemacht. Brachte meiner Mutter das Geld, das ich in den Clubs verdient hatte, und verdiene seit meinem zwölften Lebensjahr meinen eigenen Lebensunterhalt. Ich habe meiner Mutter zweitausend Dollar gegeben, als ich achtzehn war, alles selbstverdientes Geld. Ich bin einfach ziemlich verrückt aufgewachsen.

Durch die geographische Lage Floridas kam ich mit den unterschiedlichsten Musikrichtungen in Berührung und saugte alles in mich auf. Deshalb klingt meine Musik so anders, ja einzigartig. Niemand hat mich je wirklich gezwungen, irgend etwas zu lernen. Ich bin anders aufgewachsen als die meisten Kids. Hinzu kommt, daß ich nie krampfhaft versucht habe, Berufsmusiker zu werden. Ich bin einfach mehr oder weniger in die Sache reingestolpert.

Eines Tages fand ich mich als Musiker wieder. Es war einfach 'ne coole Art, das Geld zum Leben zu verdienen. Zufällig war ich gut und wurde immer besser, hab' stets versucht, mein Bestes zu geben, und allmählich kam ich auf die Beine.

Der Produzent Bobby Colomby hörte mich in Florida. Ich wollte eine Platte machen, und der erste, der bei mir anklopfte, sollte mich kriegen. Es gab einen Punkt, da wurden sie alle hellhörig, jeder wollte mich spielen sehen. Colomby kam als erster, und deshalb machten wir zusammen die erste LP für Epic-Records.

Ich war später sauer auf die Typen von Epic, weil sie absolut nichts für die Platte taten. Also werde ich mit den Jungs nicht mehr arbeiten, das ist klar. Deshalb hat es so lange gedauert von der ersten bis zum Erscheinen der zweiten Platte. Ich will mich einfach nicht verarschen lassen. Ich trage so viel Musik mit mir herum, daß ich einfach eine weitere Platte machen *muß*, verstehst du? Es ist einfach nicht gut, soviel Musik im Kopf zu haben und sie keinem vorzuspielen, oder?

Joni Mitchell hatte mein Soloalbum gehört und mich angerufen. Sie wollte, daß ich auf ihrer LP ›Hejira‹ mitspielte. Als wir zusammen im Studio waren, sagte sie mir, sie fühle sich unfähig, jemanden zu lieben. Ich schlug ihr vor, ›Also sprach Zarathustra‹ zu lesen, was sie dann auch getan hat, sie liebte Nietzsche. Das beste Stück, das ich mit ihr damals gespielt habe, war, glaube ich, der Titelsong ›Hejira‹. Sie hat einfach das Grundband aufgelegt, ich hab's mir ein paarmal angehört und dann gesagt: ›O.k., ich geh' rein und mach' was dazu‹. Es war nichts aufnotiert, sie kann keine Noten schreiben. Aber sie wußte, was sie spielen wollte, das reichte.

Ich höre immer auf Texte. Und immer, wenn es Stellen gab, die mich besonders beeindruckten, schrieb ich mir die Zeilen auf. Dann lief das Playback, und ich unterlegte diese Stellen mit einer Baßbegleitung.

Auf einer der Platten mit Weather Report, ›Mr. Gone‹, gibt es zwei Stücke von mir, ‹River People‹ und ›Punk-Jazz‹. Wenn du die hörst, haut es dich um (Jaco spielte hier mit Tony Williams, s.o.). ›Teentown‹, ein anderes Stück von mir, war der Name einer Teenager-Disco in Florida. Da bin ich als Dreizehnjähriger immer am Wochenende hingefahren. Man kam nur rein, wenn man zwischen dreizehn und achtzehn Jahre alt war. Der Laden war wirklich hip, kann ich dir sagen. Sie hatten immer hervorragende Rock'n' Roll- und Soul-Bands, die dort live spielten. Viele dachten später, es sei einfach ein netter Name für einen Song, aber für mich war's ein realer Ort, eine Kultstätte.

›Nativity‹ entstand als achtminütige Improvisation mit dem brasilianischen Perkussionisten Airto Moreira für sein Album ›I'm fine, how are you?‹ Airto war mit seinem Sound-mixer im Studio und rief mich an, weil ihm noch sieben Minuten für seine Platte fehlten. Ich setzte mich ins Auto, fuhr hin, wir spielten, eine halbe Stunde später war ich wieder draußen und saß in einem mexikanischen Restaurant.

›Nativity‹ beschreibt einen Wetterumsturz am Amazonas. Ich sagte dem Toningenieur, wie ich den Baßsound haben wollte. Er hatte Umweltgeräusche auf Band, und Airtobenutzte eine unglaubliche Sammlung von Flöten, die die Indianer zur Imitation von Vogelgeräuschen gebaut hatten. Wir nahmen alles in einem Take auf, und das war's. Die Sache dauerte nicht länger als das Stück, so, wie es später auf die Platte kam. Ich spiele da sehr schöne Melodien und habe es danach nur noch einmal gehört. Aber ich kann mich noch sehr gut daran erinnern.«

Tim Hardin

Ich bin allein zu Hause. Aus dem Nebenzimmer erklingt leise
»The Homecoming Concert«. Während ich nach einer Telefonnummer suche, höre ich einzelne Textzeilen deutlicher als
andere heraus: »Knowing that you lied straight-faced while
I cried, still I looked to find a reason to believe.«

Alle zwei bis drei Minuten, wenn Tim Hardin einen Song
gesungen hat, ertönt Beifall. Man hört, wie er seine Gitarre
neu stimmt und mit dem Publikum redet. Er lacht viel. Und
keiner der Anwesenden wußte, daß dies die letzte Platte von
Tim Hardin sein würde.

Tim Hardin hat wunderbare Lieder geschrieben. Aber das
seltsame ist, daß sie nicht durch ihn, sondern immer nur
durch andere Sänger zu Hits wurden. Das hat er, glaube ich,
nie verstehen können. Die Texte sind so persönlich. Man
merkt, wie dieser Mann gelitten hat, um all das zu schreiben.
Und dann will keiner diese Lieder aus seinem Mund hören! Er
bekam zwar viel Geld für die Songs, aber es muß ihn wahrscheinlich tief getroffen haben, daß die anderen das Geld mit
seiner Musik verdienten. Für das, was er bekam, kaufte er sich
Drogen, Unmengen von Drogen, stopfte sich voll damit, um
seine Depressionen zu bekämpfen.

Auf den frühen Platten sieht Tim Hardin wie ein Holzfäller
aus. Wenn man ihn so sieht, denkt man, dem könne eigentlich
nicht viel passieren. Und dann das letzte Foto auf dem Cover
zu »The Homecoming Concert«. Es entstand zehn Jahre nach
seiner ersten Platte, und darauf wirkt er wie sein eigener
Großvater. Aber er lacht. (Eine seiner Konzertansagen: »This
song ist dedicated to my grandmother, who deserves a big
hand anyway!«) Auf dem Coverfoto zusammen mit seiner
Großmutter. Er sitzt an einem weißen Klavier, in ihrem
Wohnzimmer. Ein Jahr später ist er tot.

Nach dem Tod von Tim Hardin veröffentlicht eine kleine Plattenfirma in Hamburg diese LP. Sie findet kaum Gehör, wird so gut wie nie im Radio gespielt, aber es ist vielleicht die beste Tim Hardin-Platte, die ich gehört habe, und eine der besten Liveplatten überhaupt. Gegen Ende seines Lebens lieferte dieser schwerkranke Mann ein Konzert, wie man es wohl nur ganz selten zu hören bekommt.

Ich habe lange darüber nachgedacht, warum ich diese Platte so liebe. Vielleicht liegt es daran, daß man spürt, daß es Tim Hardin an jenem 17. Januar 1980 im Community Centre von Eugene/Oregon wirklich ganz gleichgültig war, was irgend jemand über seine Musik dachte. Es war ihm egal, ob die Leute seine Stimme hören wollten oder nicht. Es war ihm jetzt egal, daß er es war, der all die Lieder geschrieben hatte, die nur durch andere zu Hits wurden. Es war ihm offenbar absolut gleich, wie lange er brauchte, um seine Gitarre für das nächste Lied neu zu stimmen. All das hört man auf dieser Platte. An jenem Abend hat Tim Hardin einfach nur Musik machen wollen. Am 29. Dezember desselben Jahres ist er gestorben, sechs Tage nach seinem 39. Geburtstag.

Der letzte Schrei

Es war elf Uhr morgens. Ich fuhr zur Bäckerei, um Brot zu holen. Grauer Himmel, Dauerregen, das Kölner Selbstmordwetter. Zwei Frauen, eine jüngere und eine ältere, standen zitternd und mit nassen Haaren an einer häßlichen Hauswand und warteten. Plötzlich, als ich vor der Bäckerei anhielt und aussteigen wollte, heulten sämtliche Sirenen der Stadt auf einmal los. Ich sah, wie sich die jüngere Frau ängstlich an die ältere klammerte und laut rief: »Mama, Mama, Mama!« Die ältere lächelte hilflos und wich meinem Blick aus. Als ich aus der Bäckerei herauskam, standen die beiden immer noch da und schauten sich mit leeren Blicken um. Einen Moment lang dachte ich: »Weg von hier, Mann. Bloß weg aus dieser verdammten Stadt!« Aber wohin? You can run, but you sure can't hide. In »Himmel über der Wüste« von Paul Bowles gibt es ein Zitat von Franz Kafka: »An einem gewissen Punkt angelangt, gibt es kein Zurück mehr. Das ist der Punkt, der erreicht werden muß.«

Reklametafel im Schaufenster einer Metzgerei in der Kölner Innenstadt: DER NEUE TREND: SCHNELL MAL IM STEHEN WAS SCHICKES ESSEN!

ARD-Kommentar zu Peter Lilienthals neuem Film »Das Schweigen des Dichters« (1986): »Jakov Lind spielt mit Einfühlungsvermögen diesen Dichter, der von sich behauptet, er habe seine Melodie verloren. Er hat für sich das Alibi konstruiert, nur noch für seinen zurückgebliebenen Sohn dazusein.

Der Film zeigt die Schicksalsgemeinschaft von zwei Menschen, die einander behüten.

Im Schwachsinn und im Schweigen, den Eigenschaften seiner Filmfiguren, sieht der Regisseur eine Art Opposition gegenüber der Sprachverkommenheit unserer Zeit.«

Michael Holzach fand in »Deutschland umsonst« das richtige Verb, die Aggressivität des Autolärms zu beschreiben: »Autokolonnen toben uns dreispurig entgegen.« Seit ich diesen Satz gelesen habe, assoziiere ich das Geräusch vorbeifahrender Autos oft mit diesem Wort.

Die Gruppe DAF im Beiheft zu ihrer LP »First Step To Heaven«: »Das Album ist im Quick-Mix-Style gehalten. Es enthält Material, wie man es in den New Yorker Clubs – dem ›Palladium‹, dem ›Area‹ oder der ›Danceteria‹ – mixt und auf das die Leute ausflippen. Sie holen sich an der Kasse Percussion-Instrumente wie Rasseln oder Trommeln, und der DJ läßt Minimal-Passagen laufen, auf die sie selbsttätig den Percussion-Part spielen können. Oder er ruft Scream!, und die Leute schreien. Schreien ist überhaupt der letzte Schrei in NYC. (...) Zur Zeit ist in der Musik alles erlaubt. Entsprechend dem persönlichen Geschmack.«

Je mehr wir entdecken, daß Geräusche der äußeren Welt musikalisch sind, um so mehr Musik wird es geben.
John Cage

Jon Hassells LP »Power Spot« (ECM 1327): Zuerst klingen alle Stücke mehr oder weniger ähnlich. Interessant wird es erst, wenn man nach mehrmaligem konzentriertem Hören anfängt, in die *Mikrostrukturen* dieser Musik hineinzufinden.

Es ist, wie wenn man von einem hell erleuchteten Raum in einen dunklen kommt. Zuerst sieht man gar nichts. Dann, wenn sich das Auge langsam an die neue Umgebung gewöhnt hat, beginnt man sich ganz allmählich darin zurechtzufinden. Auch die Ohren müssen sich manchmal erst langsam gewöhnen an eine Musik wie diese.

Töne sind Blasen auf der Oberfläche der Stille.
Henry David Thoreau

Klänge haben kein Ziel! Sie sind und mehr nicht. Sie leben. Musik ist das Leben der Klänge. (...) Jeder Klang hat seine eigene Seele, sein eigenes Leben.
John Cage

Köln, 8.8.83
Interview mit dem Gitarristen John McLaughlin:
»(...) Musik ist wie das Leben eine kontinuierliche Bewegung, keine statische. Das einzige, was diese Bewegung festhält, ist eine Schallplatte. Eine Platte ist wie ein Gemälde. Es sind beides ›gefrorene Momente‹. Sie können nicht mehr nachträglich verändert werden. Man kann durch diese ›gefrorenen Momente‹ hindurchsehen. Man entdeckt in ihnen die Entwicklung eines Musikers, Maler, Bildhauers oder Dichters.

Man hofft immer, solche unsterblichen Momente einzufangen. Man sehnt sich nach ihnen. Aber man hat keine Kontrolle über diese Vorgänge. Sie hängen von der Inspiration ab. Die Inspiration ist der goldene Vogel, der deinem Willen nicht gehorcht. Wenn das Feeling stimmt und die Muse dich küßt, dann bist du in einer sehr glücklichen Lage, ein wirklich privilegierter Mensch.

Du hast mich gefragt, ob ich einige von meinen Aufnahmen in dem Zusammenhang besonders hoch einschätze. Es fällt mir schwer, das zu beantworten. Ich kann nur sagen: Das sind die Nächte, für die ich lebe. In Momenten echter Inspiration erlebt man die wahre Befreiung. Diese fünf Minuten sind unsterblich. Du vergißt sie nie, solange du lebst. Das ist eine Erfahrung.

Du kannst solche Erfahrungen auch durch Meditation machen, denn diese ›ewigen Momente‹ sind eine innere Erfahrung. Der Unterschied bei der Musik ist, daß diese Erfahrung sofort geäußert wird. Das ist das wunderbare an Musik. Sie ist immer die Erweckung eines inneren Vorganges. Wenn dieser innere Vorgang sehr inspiriert ist, nimmt Musik eine besondere Qualität an. Dafür lebt man als Musiker, dafür lebe ich.

Musik war immer mein Weg. In diesem Sinne bin ich ein sehr glücklicher Mensch. Von meinem neunten Lebensjahr an gab es nichts anderes, was ich lieber tun wollte. Meine Mutter war Geigerin. Sie hat mir sehr geholfen. Musik hat mir von Anfang an sehr viel bedeutet. Sie war *alles* für mich.

Ich glaube jedoch, daß das für viele Bereiche zutreffen kann: Wenn du irgendeine Sache weit genug verfolgst, kannst du in deinem Leben an aufeinanderfolgende Stufen gelangen, auf denen du mit deiner eigenen Unwissenheit konfrontiert wirst. Das kann sehr frustrierend sein. *Man fühlt sich oft, als stünde man plötzlich vor einer riesigen Mauer. Du weißt, du mußt sie überwinden, aber es erscheint dir fast unmöglich. Du weißt auch nicht, was dich hinter dieser Mauer erwartet. Du weißt nur, daß du da bist und nicht mehr weg kannst.* An diesem Punkt erlebst du eine totale Frustration, du leidest fürchterlich, und es quält dich in der Seele. Alles hängt dabei von der einzelnen Person ab, von dem, was sie will und was sie anstrebt. Nur durch äußerste Anstrengungen und härteste Arbeit erreicht man schließlich, daß diese verdammte Mauer eines Tages endlich umfällt. Und dann gehst du weiter und kannst vielleicht sogar eine Zeitlang richtig ›fliegen‹. Aber dann kommst du an ein neues Hindernis. Alle diese Hindernisse

sind natürlich nur die Grenzen unseres eigenen Wissens. Da gibt es immer diese Ignoranz. Und ich glaube, die Mauern sind nur dazu da, um uns zu sagen, daß wir beständig tiefer in uns selbst vordringen müssen.«

19.9.86
Konzert des nigerianischen Superstars Fela Kuti in der Düsseldorfer Philipshalle. Überraschend viele Besucher, obwohl diese Musik kaum im Radio gespielt worden ist. Fela will noch immer Präsident von Nigeria werden. Nach fünfzehn Monaten Gefängnis wegen angeblichen Devisenschmuggels ist er zum ersten Mal wieder in Europa auf Tournee. Vier Stunden ekstatische Tanzmusik mit ihm und seinen dreiundzwanzig Musikern sowie sechs Tänzerinnen. Auf Tickets und Plakate ließ Fela Kuti den Satz schreiben: MUSIC IS THE WEAPON OF THE FUTURE.

18.10.86

Interview mit James Brown im »New Musical Express«. Der Autor Mark Sinker hat einige Probleme, seine Fragen durchs Telefon von London nach Augusta/Georgia an den Godfather of Soul zu übermitteln: Mr. Brown, is there any clash between the sex in your songs and the religion?

»The what?«

The religion.

»In the what?«

Is there any clash between the subject of your songs and your religion?

»No clash.«

It used to be said, Mr. Brown, that when you invented funk you took soul back to its African roots.

»No, I took it right back to its God roots.«

Have you heard any of the new African musicians?

»I heard all of them.«

Who d' you think we should be looking out for, then?

»Should be looking out for all of them.«

22.10.86

Heute morgen fiel's mir wieder ein. Als ich die neuen Platten auspackte, dachte ich daran, daß mir eine Plattenfirma tatsächlich mal eine Langspielplatte geschickt hat, die aus feinster Vollmilchschokolade bestand. Das Cover sah so aus wie das einer normalen LP, und man konnte sogar Rillen auf der Scheibe erkennen. Es handelte sich um eine Werbung für eine neue LP des schwergewichtigen Soulsängers Barry White. Natürlich hab' ich das Riesending gleich aufgegessen und mich anschließend sehr gefreut über die problemlose Beseitigung der Platte, die ich sowieso nicht hören wollte. Die *echte* LP habe ich von seiner Firma nie bekommen. Aber eine Schallplatte aus Schokolade, das hielt ich für eine grandiose

Idee! Sachen, die man nicht mag, einfach dadurch beseitigen zu können, indem man sie aufißt!

19.10.86
Ray Davies, Sänger der Kinks, sagt an diesem Sonntagmorgen in einer ARD-Musiksendung: »Ich war zwei Wochen nicht aus. Deswegen weiß ich nichts über die Musikszene. In zwei Wochen tut sich eine ganze Menge.« Er grinst.

Das Interview findet in einem Studio statt. Ray Davies sitzt vor einem riesigen 32-Spur-Mischpult. Man fragt ihn nach seinen musikalischen Zielen für das nächste Jahr. Er lehnt sich zurück und deutet auf das Mischpult: »Das hier will ich schlagen. Ich glaube, man nennt es ›Technologie‹. In letzter Zeit habe ich mich sehr viel mit technischen Dingen beschäftigt. Ich will zeigen, daß man sie meistern und immer noch einfache Dinge sagen kann. Die einfachen Sachen, auf die kommt es an. Das sind die besten.«

In Fellinis »Julia und die Geister« ist das, was wirklich in den Personen vorgeht, zu jeder Zeit hinter den Worten, die sie sprechen, deutlich erkennbar. Die Worte sind nur ein Teil der Geräuschkulisse.

Das Sprechen ist nur ein Spiel, während die Sprache der Gesichter die eigentliche Kommunikationsebene zum Zuschauer darstellt, eine Ebene, die ähnlich der musikalischen Welt jenseits der Worte liegt.

5.10.86
Hinter der Autobahnausfahrt plötzlich ein Schild:
KOBLENZ-CITY

10.10.86

Das Flaschenwerfen und Anspucken bei Popkonzerten hat wieder stark zugenommen. Bei einem Konzert von Public Image in Italien wurde der Gitarrist John McGeoch von einer Zwei-Liter-Weinflasche am Kopf getroffen. Er mußte sofort ins Krankenhaus eingeliefert und mit vierzig Stichen genäht werden. Der »New Musical Express« über die Spucker und Werfer: »What exactly are these people trying to say?«

Jon Hassell im Gespräch mit Achim Hebgen (SWF) am 21.9.86 über seine »Musik aus der Vierten Welt«: »Die Idee dahinter war, die Welt als ein globales Ganzes zu sehen. Wir haben diesen Riesenunterschied zwischen den technologisch hochstehenden nördlichen Ländern und den ›unterentwickelten‹ südlichen Ländern. Und ganz offensichtlich wird sich die Zukunft als ein Hybrid, eine Mischung aus beiden, entwikkeln. Es *muß* so sein, und da ist kein anderer Weg.

Es wäre einmal denkbar, daß die technologische Welt die nichttechnologischen Länder überwältigt. Es wird ganz sicherlich nicht andersherum passieren. Das hat einfach mit der Natur von Macht zu tun. ›Fourth World Music‹ meint dagegen: ›Das Beste vom Alten. Verschmilz es mit dem Besten vom Neuen. Vergiß nicht das Alte. Übersieh nicht den Wert von Tradition.‹

Im Gegenteil, man kann es durchaus so sehen, daß Tradition eine wichtige Rolle in der Zukunft spielen wird. Man wird nach und nach einsehen, daß es da Leute gegeben hat, die adäquate Formen des Lebens gefunden haben, eine Balance zwischen Verstand und Gefühl. Die Idee war, ein Modell zu präsentieren. Ich sage, die Idee *war...* Ich habe mich nicht hingesetzt und eine Formel niedergeschrieben, die du zu befolgen hast, sondern es war etwas, was sich ganz allmählich entwickelt hat. Und wenn ich jetzt zurückschaue, dann zeigt sich einfach: So sehe ich die Dinge.

Die Erste Welt hat sich aus der Dritten Welt entwickelt und nicht die Dritte Welt aus der Ersten.

Und wenn du diese Logik akzeptierst, dann muß du nach den Wurzeln suchen, danach, wo wir herkommen und wohin wir gehen werden. Du hast zu untersuchen, welche Art von Musik sich in bestimmten Environments herausgebildet hat.

Wo kommt Musik überhaupt her? Warum haben die Pygmäen angefangen, so zu singen, wie sie singen? Und wie hat sich das bei den Pygmäen entwickelt? Die Antworten ergeben jedesmal grundlegende Einsichten, Erkenntnisse, die weiterführender sind als Erkenntnisse allein über die Environments. Im Dschungel beispielsweise hast du bestimmte Arten von Wasser, bestimmte Instrumente, die Geräusche und Klänge des Waldes, Vögel usw. Und du kannst weitergehen und sagen: Es gibt auch noch die Planeten und ihre unterschiedliche Dichte, und dann hast du noch den Rhythmus deines Herzschlags, dein Atmen, die Art und Weise, wie ein Blatt vom Baum zu Boden fällt in dieser ganz bestimmten Dichte der Luft...

Das sind alles grundlegende Prägungen des Kreislaufs menschlicher und auch anderer Geschöpfe. Daraus entstehen diese Arten von Mustern. Wir tragen solche Muster, Strukturen in uns, die, wenn sie etwas wahrnehmen, was zu diesen Strukturen in einer Beziehung steht, dann sympathetisch dazu schwingen. Daraus entsteht, daß du etwas als schön empfindet.«

»*Kölner Stadtanzeiger*« vom 15.10.86: »Konzert« soll Vogelfänger verstimmen

EB Euskirchen – Mit einem Konzert besonderer Art wollen am Sonntag Umweltschützer gegen den Vogelfang in Belgien protestieren. Der Deutsche Bund für Vogelschutz hat zu einem »musikalischen Kulturprogramm« auf der

Bundesstraße 265 zwischen Losheim und Kehr an der belgischen Grenze eingeladen. Nachdem Euskirchens Oberkreisdirektor Decker den Naturschützern untersagt hatte, Geräte wie Pfeifen, Rasseln, Knarren und Blechdeckel zu benutzen, weil sie »dazu bestimmt oder vorgesehen sind, Lärm zu erzeugen«, meldete Organisator Gunther Heerwagen jetzt das musikalische Ereignis an.

Bei dem »Konzert« handelt es sich laut Einladung um ein »mehrteiliges Musikstück für Chor, Solisten und Orchester in Besinnung auf elementare Rhythmik und einfache, dem Primitivismus nahestehende Melodik«. Vielsagender Titel: »Disharmonie im Vollzug der EG-Vogelschutzrichtlinien«. Das Konzert soll von acht bis achtzehn Uhr dauern. Der ursprünglich geplante Lärm, der die Vögel aufscheuchen und so vor den Fangnetzen retten sollte, war nur von dreizehn bis sechzehn Uhr geplant.

Lester Bowie, Jazztrompeter, im Gespräch mit dem US-Journalisten Howard Mandel: »Ich werde alles spielen, verstehst du? Im Krieg und in der Liebe ist alles erlaubt und in der Musik auch. Wir versuchen, ein totales Gefühl auszudrücken, ein ganzes Leben, den ganzen emotionalen Querschnitt durch all die verschiedenen Dinge, und irgendwo in diesem Spektrum wird jeder etwas finden, was ihm vertraut ist. Es ist, als hätten wir uns so lange zurückhalten müssen, daß wir jetzt allen Leuten zeigen wollen, wie das ist, wenn man die Musik öffnet, sich selbst öffnet, Dinge ausprobiert und alles fließen läßt.«

Köln, 18.7.86
Der brasilianische Songschreiber Chico Buarque hat über seine Kindheit gesagt: »Musik hörend wuchs ich auf.« Noch heute, wenn ich Lieder von Schubert höre, empfinde ich diese

Musik sofort als typisch deutsch. Es ist ein Gefühl, das sich beim Hören dieser Musik unwillkürlich einstellt. Ich sehe ein bestimmtes Grün vor mir, das dunkle Grün der Tannenwälder im Bergischen Land östlich von Köln, wo ich aufgewachsen bin. Die Sängerin Joni Mitchell erzählte einem Journalisten, daß sie ihren Musikern oft durch Farben zu beschreiben versucht, welchen Akkord sie an einer bestimmten Stelle in einem Song haben will. Sie kann keine Noten lesen. Zu dem Saxophonisten Wayne Shorter sagte sie während einer Aufnahme: »Hier, wenn ich diese Zeile singe, muß es *blau* klingen.« Hazrat Inayat Khan, der indische Musiker und Mystiker, hat viel über die Zusammenhänge zwischen Klang und Farbe geschrieben. Für ihn sind beide in Wirklichkeit eins: »Deshalb können diejenigen, die wirklich sehen können, die Farbe sogar im Hörbaren, das wir Klang nennen, erkennen; und für diejenigen, die hören können, ist sogar der Klang der Farbe hörbar.«

Köln, 19.7.86
Die Idee von Ray Conniff, Bläsersätze mit menschlichen Stimmen zu koppeln, so daß Frauen mit Trompeten zusammen singen und Männer mit Posaunen, war genial. Das hat was mit dieser uralten Idee zu tun, daß ein Musiker auf seinem Instrument »sprechen« kann. Ein Gedanke, der einem besonders beim Hören von ethnischer Musik leicht kommen kann und der auch im Jazz eine große Rolle spielt. Von dem Tenorsaxophonisten Lester Young sagten seine Fans, er könne Geschichten auf seinem Horn erzählen. Und Charlie Parker hat gesagt: »Wenn du's nicht gelebt hast, kommt es nicht aus deinem Horn.« Obwohl man Ray Conniff zu seiner Glanzzeit als einen James Last der späten Swing-Ära ansah, hat er diese wunderbare Idee mit der Kopplung von Stimmen und Bläsern gehabt und damit besonders auf Schallplatten

eine enorme Wirkung erzielt. Er machte »mediengerechte« Musik für das amerikanische Radio der vierziger und fünfziger Jahre.

Seine alten Aufnahmen faszinieren mich heute noch genauso wie die Art des Gitarristen Les Paul, das Tonstudio als Instrument zu benutzen. Beide waren ihrer Zeit weit voraus. Les Paul hatte sein ganzes Haus als Studio umfunktioniert. Er saß im Keller an seinen Bandmaschinen und verfremdete die Klänge seiner elektrischen Gitarre mit allen möglichen Mitteln – Verdopplung der Bandgeschwindigkeit, Vervierfachung, Overdubbing, Hall- und Echoeffekte. Erstaunlich ist, daß die Musik trotz ihrer Künstlichkeit so warm und menschlich klang, und gleichzeitig war sie »larger than life«. Die Gesangsparts übernahm seine Frau Mary Ford, keine außergewöhnliche Sängerin, deren Stimme jedoch viel Charme besaß. Les Paul verwendete ihren ungekünstelten Gesang wie ein Regisseur, der mit Laiendarstellern arbeitet. Er beließ sie in ihrer wahren Natur und setzte sie in eine total künstliche Umgebung, denn seine Musik, die in einem hochkomplizierten Herstellungsprozeß entstand, existierte nur auf Schallplatten. Sie ist nicht live reproduzierbar.

Köln, 20.7.86

Einer der besten Radiosender, die ich kenne, ist Radio Nova. Ein freier Sender in Paris, der heute mit enormen Schwierigkeiten zu kämpfen hat, zeitweise jedoch ein Pionier des neuen Radios war.

Die Musiksendungen haben nicht nur einen Moderator, der dauernd Platten auflegt und nicht viel mehr zu sagen hat als: »Das *war* die neue Single von Madonna *und jetzt* ein Ausschnitt aus der brandneuen Scheibe der Simple Minds.« Dazwischen vielleicht noch ein paar Witzchen, kurze Bemerkungen über das Wetter und ein paar abgelesene Sätze aus den Waschzetteln der Plattenindustrie. Bei Nova gibt es keine DJs im üblichen Sinne mehr, die Selbstdarsteller am Mikrofon hat man abgeschafft.

Jeder, der bei Radio Nova seine Sendungen macht, verkörpert mehrere Rollen in einer Person. Jeder ist sein eigener Schreiber, Sprecher und Techniker. Die Sendungen sind kunstvoll zusammengesetzte Collagen aus Musik, Sprache und Geräuschen, so aufregend wie ein spannender Film zum Hören.

Morgens um elf hörte ich auf Radio Nova eine Sendung über italienische Kochkunst. Ein Italiener sprach mit starkem Akzent französisch und erklärte alles über die Geheimnisse von italienischen Gaumenverführern. Man hörte, wie der Maestro in seiner Restaurantküche herumrumorte, wie Zwiebeln zerhackt und Saucen angerührt wurden, dazu jede Menge italienische Opernmusik, hysterisches Popgeschrei, stampfende Discorhythmen, Folklore, Autohupen, Geschrei, Lachen, Geschmatze und Geschlürfe. Nur die Gerüche von Basilikum und Oregano fehlten, ansonsten wurde man bestens bedient. Ebenso spannend war eine Nova-Sendung über den Fotografen Helmut Newton. Obwohl man nie ein einziges Bild von ihm sehen konnte, klebte man mit dem Ohr zwei Stunden lang am Empfänger und hörte gespannt zu. Sowas gibt es noch – Radio zum Zuhören.

Köln, 20.7.86

Ich glaube, Alan Bangs hat mir mal diese Geschichte erzählt: Es gab in England einen bekannten Moderator mit einer populären Show, die jeden Tag live über den Äther ging. Irgendwann hatte der Mann die ewige Routine, mit der seine Show ablief, gründlich satt. Er sagte eines Tages völlig unerwartet zu seinen Hörern: »Ich will nicht mehr so weitermachen. Mir steht's bis oben hin. Immer das gleiche

Spielchen. Ihr sitzt da draußen, während ich hier mutterseelenallein in meinem Studio hocke und zu euch rede. Ich sag' euch, was ich jetzt tun werde. Ich steh' jetzt einfach mal auf und geh' raus!« Und genau das tat der Mann. Bei offenem Mikrofon konnte man hören, wie er seine Papiere zusammenpackte, aufstand, zur Tür lief und verschwand. Fünf Minuten lang blieb er draußen. Das Mikrofon blieb geöffnet, und es passierte *nichts*. Es herrschte, wie man so sagt, totale Funkstille. Dann kam er wieder und machte weiter, als sei nichts gewesen.

Jedesmal, wenn ich an diese Story denke, stelle ich mir vor, daß Stille etwas sehr Spannendes sein kann. Vielleicht waren das damals die spannendsten fünf Minuten, die einige von seinen Hörern je erlebt hatten.

Kenkô, »Betrachtungen aus der Stille«: »Menschen, die auch nur für einen Augenblick den Wert der Zeit vergessen, sind wie Tote.«

Brian Eno, Musician-Interview, Heft 9/85: »The idea is to produce things that are as strange and mysterious to you as the first music you ever heard.«

William Leith ist Plattenrezensent beim New Musical Express. Am 10.8.85 schrieb er in der Singles-Kolumne zu Jean Carns neuer Single »Was that all it was?« den lapidaren Kommentar: »Yes, Jean. That was all it was. Cigarette?«

Diskographie

João Bosco »Ao Vivo« (Barclay 817 282-1)
Chico Buarque »C.B.« (Barclay 825 161-1)
Harold Budd »The Plateaux Of Mirror«
(EG Records 2311165)
Leonard Cohen »Songs Of Love And Hate« (CBS 64090)
John Coltrane »Giant Steps« (Atlantic ATL 50239)
Paolo Conte »P.C.« (CGD Records/Ariola-Import 804754)
Holger Czukay »Movies« (EMI 1Co38 1457541)
Miles Davis »My Funny Valentine« (CBS-Japan 25AP 760)
Djaván »Agua« (Brasil. EMI 31C064 422926)
Nick Drake »Fruit Tree« (Island 801 005/Ariola-Import)
Bob Dylan »Blood On The Tracks« (CBS 69097)
Duke Ellington »The Pasadena Concert«
(Jazz Legacy 500201/Teldec-Import)
David Forman »D.F.« (Arista Al 4084)
Peter Gabriel »Birdy – The Original Soundtrack«
(Virgin 206 995)
Tim Hardin »The Homecoming Concert« (Line 6.24894)
Jon Hassell »Possible Musics« (EG Records EGED 7)
Billie Holiday »Billie Sings The Blues« (Sandy Hook S.H.2066)
Lightnin' Hopkins »First Meetin' Of The Blues Giants«
(United Artists-Japan GXF-38)
Mississippi John Hurt »Last Sessions« (Vanguard VSD-79327)
Antonio Carlos Jobim »Jobim« (MCA 350/Teldec-Import)
Robert Johnson »King Of The Delta Blues Singers«
(CBS 62456)
John Lennon »Plastic Ono Band« (EMI-Japan EAS 80704)
John Lurie »Stranger Than Paradise«
(Normal Records 21/EfA-Vertrieb)
Bobby McFerrin »The Voice« (Elektra-Musician 960366-1)
John McLaughlin »Best Of...« (CBS 84455)

Joni Mitchell »Hejira« (Asylum AS 53053)

Youssou N'dour »Immigrés« (Celluloid 6709/EfA-Vertrieb)

Charlie Parker »Anthology« (America 008/9/10)

Arvo Pärt »Tabula Rasa« (ECM 1275)

Les Paul »All Time Greatest Hits« (Capitol 5C134-53027/8)

Art Pepper »Today« (Galaxy GXY 5119/IMS-Import)

Lee Perry »Reggae Greats« (Island 804 844/Ariola-Import)

Public Image Ltd. »Flowers Of Romance« (Virgin V 2189)

Sonny Rollins »Great Moments With...«
(MCA2-4127/Teldec-Import)

Zoot Sims »If I'm Lucky« (Pablo 2310803)

Frank Sinatra »Sings For Only The Lonely« (Capitol SM-1053)

Soft Machine »Triple Echo« (Engl. EMI SHTW 800)

Karlheinz Stockhausen »Hymnen«
(Deutsche Grammophon 2707 039)

Caetano Veloso »A Arte Maior De...«
(Fontana 6606008/IMS-Import)

Jah Wobble/Holger Czukay »Full Circle« (Virgin 205 866)

Robert Wyatt »Old Rottenhat« (Rough Trade ROUGH 69)

Inhaltsverzeichnis

© **Nieswand Verlag, Kiel 1991**

Ingo Wulff *Gestaltung*
Brandner GmbH *Lithografie*
Nieswand Druck GmbH *Gesamtherstellung*

Gesetzt aus der Garamond 3 normal und der Avenir extrafett.
Gedruckt auf Poet Werkdruck 100g/qm und Chromo-Euro-Kraft 400 g/qm.

Printed in Germany
ISBN 3-926048-47-6

© **der Abbildungen bei den Fotografen**
Charles Stewart *Umschlag: Zoot Sims, 1956*
Wolfgang Burat Köln *255*
Karl Lippegaus Köln *4, 106, 136, 137, 217*
Jan Putfarcken Hamburg *25*
Ralph Quinke Hamburg *6*
Lars Schwander Kopenhagen *156*
Birgitta Singer Köln *184, 199, 212*
Ydo Sol Gütersloh *241*
Gorm Valentin Kopenhagen *100*
ECM Records *71*
intuition records (Dennis Keeley) *62*
Line Records *236*
jazzpoint *231*
Rough Trade *47*
Virgin (Anton Corbijn) *146*
WEA *99*

*Die 1987 im Amman Verlag erschienene Ausgabe von »Die Stille im Kopf« wurde in
der hier vorliegenden Neuauflage in großen Teilen völlig überarbeitet und erweitert.*